古典文獻研究輯刊

三四編

潘美月・杜潔祥 主編

第 20 冊

明史雲南廣西土司傳考證（中）

楊 勝 祥 著

國家圖書館出版品預行編目資料

明史雲南廣西土司傳考證（中）／楊勝祥 著 -- 初版 -- 新北
市：花木蘭文化事業有限公司，2022〔民111〕
目 4+154 面；19×26 公分
（古典文獻研究輯刊 三四編；第 20 冊）
ISBN 978-986-518-875-7（精裝）
1.CST：官制 2.CST：土司制度 3.CST：歷史 4.CST：明代
011.08   110022684

ISBN-978-986-518-875-7

古典文獻研究輯刊
三四編　第二十冊　　　　　　ISBN：978-986-518-875-7

明史雲南廣西土司傳考證（中）

作　　者　楊勝祥
主　　編　潘美月、杜潔祥
總 編 輯　杜潔祥
副總編輯　楊嘉樂
編輯主任　許郁翎
編　　輯　張雅淋、潘玟靜、劉子瑄　美術編輯　陳逸婷
出　　版　花木蘭文化事業有限公司
發 行 人　高小娟
聯絡地址　235 新北市中和區中安街七二號十三樓
　　　　　電話：02-2923-1455／傳真：02-2923-1452
網　　址　http://www.huamulan.tw 信箱 service@huamulans.com
印　　刷　普羅文化出版廣告事業
初　　版　2022 年 3 月
定　　價　三四編 51 冊（精裝）台幣 130,000 元　　版權所有·請勿翻印

明史雲南廣西土司傳考證(中)

楊勝祥 著

《明史》卷三百十五
（列傳第二百三）考證

雲南土司三

緬甸（二宣慰司）

（一）明太祖即位，遣使齎詔諭之。至南安，留二年，以道阻
不能達而返，使者多道卒〔註1〕。

舊考，四庫館臣：「至南安。南安，改『安南』。按『南安』當作『安南』，
見《明實錄》。」〔註2〕

今按，四庫館臣之說，是也。辨證如下：

南安，據《明史·地理志》，為楚雄府下之一州〔註3〕。本傳此句與《明
史·麓川傳》「洪武六年遣使田儼、程斗南、張禕、錢允恭齎詔往諭。至安南，
留二年，以道阻不通。有詔召之，惟儼還，餘皆道卒」〔註4〕，皆取材《明太
祖實錄》卷八六洪武六年閏十一月乙酉條：「田儼等使緬國，不至而還。緬國

〔註1〕《明史》卷三一五，清乾隆四年武英殿刻本，葉一。參見《明史》，中華書局
1974年，第8129頁。

〔註2〕《明史考證攟逸》，《續修四庫全書》第294冊，第412頁。

〔註3〕《明史》卷四六，清乾隆四年武英殿刻本，葉七。參見《明史》，中華書局1974
年，第1181頁。

〔註4〕《明史》卷三一四，清乾隆四年武英殿刻本，葉二〇。參見《明史》，中華書
局1974年，第8111頁。

在雲南之西南，與八百國、占城接境，謂之緬甸。元時最強盛，麓川、平緬皆服屬之。上聞其嘗通貢於元，因遣儼與程斗南、張禕、錢允恭齎詔往使。儼等至安南，值占城以兵相攻，道阻不通，留二年餘，不得進。有詔召之還。至是，惟儼至，餘皆道卒。」〔註5〕田儼等還朝，在洪武六年，其被派遣，在兩年以前。黃雲眉誤讀《麓川傳》，以為洪武六年遣使，遂判本傳「明太祖即位，遣使齎詔諭之」為誤〔註6〕，其實誤矣。由《實錄》及《麓川傳》，知本傳「南安」為「安南」之訛。

（二）洪武二十六年，八百國使人入貢，言緬近其他，以遠不能自達。帝乃令西平侯沐春遣使至八百國王所，諭意。於是緬始遣其臣板南速剌至，進方物，勞賜之〔註7〕。

舊考，四庫館臣：「遣使至八百國王所。國王改『土司』。按《地理志》洪武二十四年置八百大甸宣慰使司，是八百在爾時特一土官耳，此作國王未協。」〔註8〕檢《文淵閣四庫全書》本《明史》，實改「國王」為「土官」〔註9〕。

今按，四庫館臣之說，猶需商榷。辨證如下：

此句之取材，《明太祖實錄》卷二二六洪武二十六年三月戊申條：「緬國遣其臣板南速剌進方物。初，上即位，嘗遣使往諭之，使者不能達而返。及是，八百國遣使洪都入貢，因言緬國近其邊，以地遠不能自達，上迺令西平侯沐春遣使至八百國王所，諭意。至是遣板南速剌至，詔賜綺帛有差。」〔註10〕原稱國王。此與《明史‧麓川傳》之稱「緬國王」者同，參見卷三一四考證第六九條。似不需改。

（三）初，卜剌浪分其地，使長子那羅塔管大甸，次子馬者速管小甸。卜剌浪死，那羅塔盡收其弟土地人民。已而其弟復入小甸，遣人來朝，且訴其情。敕諭那羅塔兄弟和好如初，毋干天討〔註11〕。

〔註5〕《明太祖實錄》，第1534頁。

〔註6〕《明史考證》，第2485頁。

〔註7〕《明史》卷三一五，清乾隆四年武英殿刻本，葉一。參見《明史》，中華書局1974年，第8129頁。

〔註8〕《明史考證攟逸》，《續修四庫全書》第294冊，第412頁。

〔註9〕《明史》，《景印文淵閣四庫全書》第302冊，第518頁。

〔註10〕《明太祖實錄》，第3303頁。

〔註11〕《明史》卷三一五，清乾隆四年武英殿刻本，葉二。參見《明史》，中華書局1974年，第8130頁。

今考，已而其弟復入小甸，當作「已而其弟欲復入小甸」。辨證如下：

此句之取材，《明太宗實錄》卷七一永樂五年九月庚申條：「緬甸故土官卜剌浪次子馬者速遣人朝貢。初，卜剌浪分其地，使長子那羅塔管大甸，次子馬者速管小甸。卜剌浪死，那羅塔盡收馬者速土地人民。馬者速往依速覩嵩土官板洋為贅婿。至是欲復居小甸，遣人來朝，且訴其情。勅諭那羅塔曰：爾違父命，逐弟而據其地，奪其資財，致弟無所歸。甚乖孝友之道，其即改行為善，所得爾弟地土資產，悉以還之，兄弟相好如初則朕汝嘉，不然，天殃人禍，悔將無及。」〔註12〕言馬者速「欲復居小甸」，故遣人來朝。此句脫「欲」字，則使未然之事成為已然，誤。

查《明史稿》作：「馬者速往依速覩嵩土官板洋為贅婿。至是復居小甸，遣人來朝，且訴其情。」〔註13〕是《明史稿》刪採《實錄》之時，脫去「欲」字。而《明史》因襲《明史稿》致誤。

（四）（正統）十二年，木邦宣慰罕蓋法，緬甸故宣慰子馬哈省以速剌，遣使偕千戶王政等獻思任發首及諸俘馘至京，並貢方物。帝命馬哈省以速剌並為宣慰使，賜敕獎勞，給冠帶、印信。未幾，以速剌奏求孟養、戞里地，且請大軍亟滅思任發之子思機發兄弟，而已出兵為助。帝諭以機發可不戰禽，宜即滅賊以求分地，弗為他人得也〔註14〕。

舊考，中華書局：「『十二年木邦宣慰罕蓋法』至『並貢方物』。本書卷三一四《麓川傳》繫於十一年，又卷一〇《英宗前紀》及《英宗實錄》卷一三六均繫於正統十年十二月丙辰。」〔註15〕

今按，獻任發首至京，帝命馬哈省以速剌為宣慰使，及以速剌求地並奏討任發子，俱在正統十一年。辨證如下：

據《明英宗實錄》卷一四四正統十一年八月癸卯條：「木邦宣慰罕蓋法、緬甸故宣慰子卜剌浪馬哈省以速剌，遣陶孟刀路猛等，偕千戶王政等，獻思任發首及諸俘馘至京，並貢金銀什器、象牙、土錦等物。上命卜剌浪馬哈省以速剌襲為宣慰使，賜路猛等宴並彩幣表裏等物有差。路猛等還，俾齎敕及彩幣褒賜

〔註12〕《明太宗實錄》，第 995 頁。
〔註13〕《明史稿》第七冊，第 141 頁。
〔註14〕《明史》卷三一五，清乾隆四年武英殿刻本，葉三。參見《明史》，中華書局1974 年，第 8131 頁。
〔註15〕《明史》，中華書局 1974 年，第 8163 頁。

兩宣慰。仍給賜卜剌浪馬哈省以速剌冠帶印信。」〔註16〕知《實錄》記馬哈省以速剌等獻任發首至京，帝命以為宣慰使，在正統十一年八月。又據《明英宗實錄》卷一四五正統十一年九月庚辰條：「今卜剌浪馬哈省以速剌，又奏求孟養戞裏地方，且請大軍剿滅思機發兄弟，而已出兵為助……上敕諭卜剌浪馬哈省以速剌曰，爾能調度夷兵，南據戞裏，北度金沙，置思機發於陷阱，可不戰而成擒矣。至易之功，勿為他人所得，以膺重賞，以樹茂功，時不可失，爾其勉之。」〔註17〕知《實錄》記以速剌求地並奏討任發子，皇帝敕諭之，在正統十一年九月。又《明史稿》亦繫年於正統十一年〔註18〕。故本傳繫年於十二年誤。

至於中華書局點校本所提出諸書互異之處。《明英宗實錄》卷一三六正統十年十二月丙辰條：「雲南千戶王政誅麓川賊思任發于緬甸。先是，總兵官黔國公沐斌等，遣政賫敕幣諭賚緬甸宣慰男卜剌浪馬哈省以速剌，索思任發。卜剌浪馬哈省以速剌猶豫不即遣。適晝晦二日，術者曰，天兵至矣。卜剌浪馬哈省以速剌懼。於是發思任發及其妻孥部屬三十二人付政。時思任發不食已數日。政慮其即死，遂戮于市，函首及俘，馳獻京師。」〔註19〕《英宗前紀》據此條曰：「（正統十年）十二月丙辰，緬甸獲思任發，斬其首送京師。」〔註20〕謂斬任發首，開始送京師，在正統十年十二月。至於所謂《明史‧麓川傳》繫於十一年者〔註21〕，非繫年於十一年，實追溯之文，語俱在卷三一四考證第八九條。以此知，《明英宗實錄》卷一四四正統十一年八月癸卯條所記與《明史》、《明實錄》其他部分不發生矛盾，且相互接續。謹附識。

又識，于謙《忠肅集》中收有景泰二年兵部為邊務事抄出的馬哈省以速剌的奏文：「兵部為邊務事兵科抄出譯出緬甸大頭目馬哈息哈速剌番字奏文一道。甸頭目馬哈息哈速剌，十分敬順，奏知天生寶位，管主萬方，善人上與利益，惡人上與法度的天皇帝的敕諭，常時聽見了。臣十分敬順天皇帝，他賊子弟兄兩箇住處，天皇帝的尚書總兵同臣眾頭目計議出征。天皇帝總兵官來時，他賊子聽的逃躲山中了。他躲了時，總兵官住的日少，眾總兵官將地方

〔註16〕《明英宗實錄》，第 2839 頁。

〔註17〕《明英宗實錄》，第 2857 頁。

〔註18〕《明史稿》第七冊，第 142 頁。

〔註19〕《明英宗實錄》，第 2704、2705 頁。

〔註20〕《明史》卷一〇，清乾隆四年武英殿刻本，葉八。參見《明史》，中華書局 1974 年，第 135 頁。

〔註21〕《明史》卷三一四，清乾隆四年武英殿刻本，葉二九。參見《明史》，中華書局 1974 年，第 8119 頁。

與了臣，回去了時節，臣就差軍馬征收去了。臣將地方西領亞輪賈息睿古擺康板卜浪撒兒割板藥杭戶哀長梯展踏槀馬達處，都依了大城池看守，住這等計議時。賊子兩箇又復出來占了。如今時他還住的不穩，天皇帝可差人同臣齊力征伐這賊。時賊子容易得了，斷絕根芽，地方又得了。如今若不征取，他住定時難了。臣得的百夷每，臣根前也住不穩。若過後計議，天皇帝纔差人馬來時，誠恐勞苦。故先差人去奏知。因孟養緣，臣人馬不得住一處，不好計較。臣地方邊上常有木邦人馬打攪不絕，軍馬常常守備，總兵官都知道了。天皇帝可勅諭木邦敬信天皇帝聖旨。若取孟養時，天皇帝可差人馬一處好計較，因此臣差兩箇頭目去天皇帝前聽聖旨。」〔註22〕此雖非十一年以速刺求地並奏討任發子之奏文，亦涉求討思機發之意。故識於此。又馬哈省以速刺，此翻作馬哈息哈速刺。

　　再識，「禽」，中華書局點校本徑改作「擒」〔註23〕。本傳此段兩處「馬哈省以速刺」，中華書局點校本皆點作「馬哈省、以速刺」，誤，理由見下條考證。

（五）帝命馬哈省以速刺並為宣慰使，賜敕獎勞，給冠帶、印信〔註24〕。

　　今考，此有「並」字，是以馬哈省、以速刺為兩人。馬哈省以速刺，當即一人之名也。辨證如下：

　　此句之取材，《明英宗實錄》卷一四四正統十一年八月癸卯條：「木邦宣慰罕蓋法、緬甸故宣慰子卜剌浪馬哈省以速刺，遣陶孟刀路猛等，偕千戶王政等，獻思任發首及諸俘馘至京，並貢金銀什器、象牙、土錦等物。上命卜剌浪馬哈省以速刺襲為宣慰使，賜路猛等宴並彩幣表裏等物有差。路猛等還，俾賫敕及彩幣褒賜兩宣慰。仍給賜卜剌浪馬哈省以速刺冠帶印信。」〔註25〕既云「兩宣慰」，又云「卜剌浪馬哈省以速刺」，是「卜剌浪馬哈省以速刺」為一宣慰，另一宣慰為木邦宣慰罕蓋法。

　　《明英宗實錄》無單獨出現「馬哈省」或「以速刺」，皆以「卜剌浪馬哈

〔註22〕〔明〕于謙：《忠肅集》，《景印文淵閣四庫全書》第1244冊，臺灣商務印書館1986年，第170頁。
〔註23〕《明史》卷三一五，清乾隆四年武英殿刻本，葉三。參見《明史》，中華書局1974年，第8131頁。
〔註24〕《明史》卷三一五，清乾隆四年武英殿刻本，葉四。參見《明史》，中華書局1974年，第8131頁。
〔註25〕《明英宗實錄》，第2839頁。

省以速剌」出現。如卷一一七正統九年六月申辰條〔註26〕，卷一三一正統十年七月戊子條〔註27〕，卷二〇六景泰二年七月癸亥條〔註28〕等等。故「卜剌浪馬哈省以速剌」為一人之可能性較大。上則考證所引于謙《忠肅集》中收有景泰二年兵部為邊務事抄出的馬哈息哈速剌的奏文，馬哈息哈速剌即馬哈省以速剌，單稱「臣」而不稱「臣等」，可證其為一人。《韓門綴學》於《緬》曰：「明則曰卜剌浪，曰那羅塔，曰莽得剌，曰馬哈省以速剌，曰莽紀歲，曰瑞體，曰應裏。自莽得剌後，知為莽姓，馬亦莽也，今作孟、作猛，與莽一也。」〔註29〕亦以「馬哈省以速剌」為一人。

　　查《明史稿》作：「帝命馬哈省以速剌為宣慰使。」〔註30〕無「並」字。蓋《明史》館臣惑於後文「褒賜兩宣慰」〔註31〕，未注意到尚有「木邦宣慰罕蓋法」，又以「馬哈省以速剌」過長，誤析為「馬哈省」、「以速剌」二人，遂添一「並」字。其實誤矣。

　　「卜剌浪馬哈省以速剌」者，「卜剌浪」為緬語國王之意。按《西園聞見錄》：「至緬國，國王，眾呼為卜剌浪，王之妻，呼為米潑剌。」〔註32〕「馬哈省以速剌」為故緬甸宣慰莽得剌之子。按《明英宗實錄》卷一一六正統九年五月丁丑條：「敕諭緬甸軍民宣慰使司宣慰使莽得剌男卜剌浪馬哈省以速剌及大小頭目人等。」〔註33〕莽得剌既歿，「馬哈省以速剌」雖暫未襲宣慰職，而實為緬地之首領。故綴「卜剌浪」於其名。

　　（六）成化七年，鎮守太監錢能言，緬甸宣慰稱貢章、孟養舊為所轄，欲復得之。帝命往勘，貢章係木邦、隴川分治，孟養係思洪發所掌，非緬境，乃令雲南守臣傳飭諸部。而緬甸以所求地乃前朝所許，貢章乃朝貢必由之途，乞與之。又乞以金齒軍餘李讓為冠帶把事，以備任使。兵部尚書余子俊等以

〔註26〕《明英宗實錄》，第 2372 頁。
〔註27〕《明英宗實錄》，第 2608 頁。
〔註28〕《明英宗實錄》，第 4430 頁。
〔註29〕〔清〕汪師韓：《韓門綴學》，《續修四庫全書》第 1147 冊，上海古籍出版社 2002 年，第 514 頁。
〔註30〕《明史稿》第七冊，第 142 頁。
〔註31〕《明史稿》第七冊，第 142 頁。
〔註32〕〔明〕張萱：《西園聞見錄》，《續修四庫全書》第 1169 冊，上海古籍出版社 2002 年，第 522 頁。
〔註33〕《明英宗實錄》，第 2353 頁。

> 思洪發不聞有過，豈可奪其地，李讓中國人，而與為把事，亦非體，宜勿許。帝命兵部諭其使，孟養、貢章是爾朝貢所由，當飭邊臣往諭思洪發，以通道往來，不得阻遏，餘勿多望〔註34〕。

今識，貢章，《明實錄》之取材處原作「貢掌」，當是同音異寫。又識，本傳「而緬甸以所求地」至「不得阻遏，餘勿多望」，實發生於成化十五年。辨證如下：

本傳此段之取材，《明憲宗實錄》卷九四成化七年八月癸亥條：「鎮守雲南太監錢能等奏，初，緬甸宣慰卜剌浪奏稱，貢掌、孟養二地，舊為所轄，欲爭據之。尋奉旨往勘，貢掌係木邦、隴川分治，孟養係思洪發所掌，非緬甸地。難從所請。事下兵部議，宜令雲南守臣，移文戒飭諸夷。從之。」〔註35〕本傳此段之又一取材，《明憲宗實錄》卷一九五成化十五年十月乙酉條：「緬甸求孟養、貢掌地，不許。緬甸宣慰卜剌浪等奏，昔麓川思任發叛，朝廷勒有能擒獲者，以麓川孟養地與之。後臣擒思任發及其妻子以獻，而不蒙賜地。今思洪發復欲奪貢掌地，貢掌乃緬甸朝貢駐泊之所，乞與緬甸。且今所遣金齒衛軍餘李讓，乞令為冠帶把事，以備役使。兵部尚書余子俊等以為，思任發族屬累經赦宥，思洪發不聞有過，豈可奪其土地，李讓中國人，而與為把事，是變於夷也，宜勿許。上令兵部諭其使臣曰，朝廷一視同仁，無間華夷，凡經赦不再犯者，俱不復治。孟養、貢掌，是爾朝貢往來之所，已詔邊臣諭思洪發，凡爾使經過，不得阻滯。李讓聽該管官司專遣，伴送往還，勿令姦人擾規奪利，爾其體悉朕意，毋得復有所望。」〔註36〕皆作「貢掌」。《明實錄》中除此兩條外，不見有貢掌之記錄，貢章之記錄則有一十八條。地方志等諸書中亦只見貢章，不見貢掌。蓋貢掌、貢章，同音異寫。然「貢章」為常見寫法。

據上所引《明憲宗實錄》卷一九五成化十五年十月乙酉條，本傳「而緬甸以所求地」至「不得阻遏，餘勿多望」，實發生於成化十五年。謹附識，以防誤讀。

〔註34〕《明史》卷三一五，清乾隆四年武英殿刻本，葉四。參見《明史》，中華書局1974年，第8132頁。

〔註35〕《明憲宗實錄》，第1810頁。

〔註36〕《明憲宗實錄》，第3436頁。按及其妻子，原作「叛其妻子」。乞令，原作「乞今」。皆據《校勘記》改。見《明憲宗實錄校勘記》，第572頁。

（七）因假道攻孟養及迤西諸蠻，以復前仇，又使其黨卓吉侵孟養
　　　境。後卓吉為思真壻猛乃頭目別混所殺，瑞體怒，自將攻
　　　別混父子，禽之〔註37〕。

今考，「又使其黨卓吉侵孟養境」之「孟養」，當作「孟密」。辨證如下：

《明世宗實錄》卷四八二嘉靖三十九年三月甲午條：「先是，雲南緬酋莽
噠喇者忿先是紀歲為孟密土官思真與孟養土夷思倫所殺，欲報之……因假道
攻掠孟養、迤西諸夷，以復前仇，又使其黨卓吉侵奪孟密境，後卓吉為思真
壻猛乃頭目別混所殺，噠喇怒，自將兵攻別混父子，擒之。」〔註38〕是《實
錄》作「孟密」。且已言假道攻孟養及迤西，別出「又」字，是當別有一地點，
不當仍作「孟養」。另外，《明史‧地理志》於孟密宣撫司下曰：「北有猛乃、
猛哈。」〔註39〕卓吉為猛乃頭目所殺，亦可證其所侵者為孟密。本傳此處作
「孟養」誤。又識，「禽」，中華書局點校本徑改作「擒」〔註40〕。

（八）箇聞援兵至，喜，令土目馬祿喇送等領兵萬餘，絕緬糧道，
　　　且導大兵伏戞撒誘緬兵深入〔註41〕。

舊考，四庫館臣：「令土目馬祿喇送等領兵萬餘。馬改『烏』。按《明實
錄》作烏祿喇送。」〔註42〕

今按，今本《明實錄》無「馬祿喇送」，亦無「烏祿喇送」。或因四庫館
臣所見之《實錄》與今本有異。本傳此句取材《蠻司合誌》：「思箇聞援至，
喜甚，令土目烏祿刺送領兵萬餘，絕緬糧道于阿瓦寨，且督大兵伏戞撒誘緬
兵入。」〔註43〕作「烏祿刺送」。《滇考》卷下：「思箇聞援兵將至，甚喜，
潛令頭目烏祿刺送領兵萬餘於阿瓦地，絕緬糧道，督大兵伏於戞撒誘緬兵

〔註37〕《明史》卷三一五，清乾隆四年武英殿刻本，葉五。參見《明史》，中華書局
　　　　1974 年，第 8133 頁。
〔註38〕《明世宗實錄》，第 8058、8059 頁。按孟密土官，原作「蓋密土官」。迤西，
　　　　原作「以西」。又使其黨，原作「人使其黨」。猛乃，原作「孟乃」。噠喇怒，
　　　　原作「噠喇恕」。皆據《校勘記》改。見《明世宗實錄校勘記》，第 2511 頁。
〔註39〕《明史》卷四六，清乾隆四年武英殿刻本，葉一八。參見《明史》，中華書局
　　　　1974 年，第 1195 頁。
〔註40〕《明史》，中華書局 1974 年，第 8133 頁。
〔註41〕《明史》卷三一五，清乾隆四年武英殿刻本，葉七。參見《明史》，中華書局
　　　　1974 年，第 8134 頁。
〔註42〕《明史考證攟逸》，《續修四庫全書》第 294 冊，第 412 頁。
〔註43〕《蠻司合誌》，《中國少數民族古籍集成（漢文版）》第二冊，第 209 頁。

入。」〔註44〕同之。則當改作「烏祿喇送」。

（九）岳鳳嗾應裏殺罕拔，盡俘其眾〔註45〕。

舊考，中華書局：「盡俘其眾。此繫於萬曆十年，同卷《木邦傳》作『萬曆十一年』，彼此互異。」〔註46〕

今按，本傳此句，取材《蠻司合誌》：「（萬曆）十年，岳鳳領緬兵襲破干崖，土婦罕氏久臣緬，今復奪其印，俘之。無何莽瑞體死，子應裏嗣。當岳鳳罕拔之臣緬也，為瑞體招附諸夷拒中國，浸已成勢。顧鳳心忌拔，常譖拔于瑞體不應。至是，嗾應裏殺拔，併木邦地。」〔註47〕《滇考》卷下亦云：「十年……緬莽瑞體死，子應裡嗣。岳鳳執遮放頭目刀落恩送應裡。又嗾應裡殺罕拔。」〔註48〕而《明史‧木邦傳》云：「瑞體死，子應裏用岳鳳言誘拔殺之。時萬曆十一年也。」〔註49〕繫於十一年，不識何據。似當以本傳為是。

（一〇）鳳子曩烏領眾六萬，突至孟淋寨，指揮吳繼勳、千戶祁維垣戰死〔註50〕。

今考，祁維垣，當作「初維垣」。辨證如下：

《明神宗實錄》卷一五三萬曆十二年九月乙亥條：「又令曩烏率緬兵六萬突主猛淋，指揮吳繼勳、千戶楊維垣、百戶徐應彩戰死之。」〔註51〕《實錄》此處是追溯之記，作楊維垣。《蠻司合誌》：「十一年正月朔，焚掠施甸。剖孕婦以卜，男寇永昌，女寇順寧，腹破得女，攻順寧。破猛淋寨，指揮吳繼勛，千戶祁維垣死之。」〔註52〕作祁維垣。本傳此句，蓋參合《實錄》、《蠻司合誌》以成之，於「維垣」之姓，從《蠻司合誌》。

〔註44〕 《滇考》，《中華文史叢書》之二二，第 323 頁。

〔註45〕 《明史》卷三一五，清乾隆四年武英殿刻本，葉七。參見《明史》，中華書局 1974 年，第 8135 頁。

〔註46〕 《明史》，中華書局 1974 年，第 8163 頁。

〔註47〕 《蠻司合誌》，《中國少數民族古籍集成（漢文版）》第二冊，第 210 頁。

〔註48〕 《滇考》，《中華文史叢書》之二二，第 326 頁。

〔註49〕 《明史》卷三一五，清乾隆四年武英殿刻本，葉二〇。參見《明史》，中華書局 1974 年，第 8149 頁。

〔註50〕 《明史》卷三一五，清乾隆四年武英殿刻本，葉七。參見《明史》，中華書局 1974 年，第 8135 頁。

〔註51〕 《明神宗實錄》，第 2827 頁。

〔註52〕 《蠻司合誌》，《中國少數民族古籍集成（漢文版）》第二冊，第 210 頁。

《滇史》：「二月二十四日，緬兵破猛淋寨，防守官楚雄指揮吳繼勛、鶴慶千戶初維垣皆死之。」〔註53〕《滇考》：「二月，破猛淋寨，防守指揮吳繼勛，千戶初維垣皆死之。」〔註54〕《滇史》、《滇考》皆作「初維垣」，且較《蠻司合誌》與《滇史》之文，《滇史》之材料更為原始。蓋「初」、「祁」形近，而《蠻司合誌》訛「初」為「祁」。當從《滇史》作「初維垣」。

（一一）復率兵出隴川、孟密，直抵阿瓦，緬將猛勺詣綖降。勺，瑞體弟也〔註55〕。

舊考，四庫館臣：「緬將猛勺詣綖降。猛改『莽』。」〔註56〕

今按，勺，當改作「灼」。辨證如下：

此句之取材，《蠻司合誌》：「阿瓦酋莽灼，瑞體弟也。聞官兵至，大懼，糾猛密思忠、蠻莫思順詣綖請降。既而灼行至曩朴病死。」〔註57〕又《滇考》：「阿瓦頭目莽灼，瑞體族弟也。糾猛密思忠、蠻莫思順，詣綖請降。應裡聞之，起兵破灼，灼內奔，行至曩朴寨，病死。」〔註58〕皆作「莽灼」。《滇史》之記載則更為詳細：「劉綖率兵至隴川，岳鳳不敢拒敵，率眾乞降；綖姑納之，為諸夷倡。於是兵不血刃而猛密（思忠）、蠻莫（思順）同阿瓦莽灼（瑞體族弟）皆望風而降……萬曆十三年（乙酉），莽應裏復起兵攻破阿瓦，莽灼內奔，行至曩濮寨，憤疾而死。騰越知州陳克侯憐其忠順，備禮祭葬之，目把皆感泣。」〔註59〕作「莽灼」。此外，《（康熙）雲南通志》：「萬曆十一年，莽灼來歸，應裏怒攻之，灼奔騰越。」〔註60〕亦作「莽灼」。「猛」、「莽」或為同音異寫，但「勺」當為「灼」之訛。

（一二）應裏乃以其子思斗守阿瓦〔註61〕。

〔註53〕〔明〕諸葛元聲撰，劉亞朝校點：《滇史》，德宏民族出版社1994年，第377頁。
〔註54〕《滇考》，《中華文史叢書》之二二，第327頁。
〔註55〕《明史》卷三一五，清乾隆四年武英殿刻本，葉八。參見《明史》，中華書局1974年，第8135頁。
〔註56〕《明史考證攟逸》，《續修四庫全書》第294冊，第412頁。
〔註57〕《蠻司合誌》，《中國少數民族古籍集成（漢文版）》第二冊，第210頁。
〔註58〕《滇考》，《中華文史叢書》之二二，第328頁。
〔註59〕《滇史》，第382頁。兵不血刃，原作「兵不血丸」。蓋排印時訛誤，以意改之。
〔註60〕〔清〕范承勳、吳自肅：《（康熙）雲南通志》卷二七，清康熙三十年刻本，葉三一。
〔註61〕《明史》卷三一五，清乾隆四年武英殿刻本，葉八。參見《明史》，中華書局1974年，第8135頁。

舊考，其，庫本作「勺」〔註62〕。

今按，思斗為應裏子。辨證如下：

殿本《明史》敘此句於「官軍定隴川，遂歸」後，又補一「其」字，是明確思斗為應裏子。而庫本改「其」為「勺」，則又以思斗為〔灼〕（勺）子。檢《明史》成書前之稿本，王鴻緒《明史稿》敘此句於「緬酋猛勺詣綎降。勺，瑞體弟也」後，作：「應裏乃以子思斗守阿瓦。」〔註63〕則有表意不明之嫌，思斗或為應裏子，或為〔灼〕（勺）子。而檢更早之《蠻司合誌》云：「應裏乃以灼子乃篤改名思斗莽肘者守阿瓦。」〔註64〕則以思斗為灼子。四庫館臣或據《蠻司合誌》回改殿本。

《滇考》：「及灼死，應裡以子乃篤改名思斗莽肘者守阿瓦。」〔註65〕敘此猶有表意不明之嫌。然而明代之《（天啟）滇志》：「萬曆十一年，莽灼來歸。應裡怒，攻之，灼奔騰越。應裡以次子思斗莽肘者居之。而洞吾、猛別、雍會等處，悉授其弟姪守焉。」〔註66〕既然洞吾等處悉授其弟姪，則思斗為應裏子。

（一三）（萬曆）二十三年，應裏屬孟璉、孟艮二土司求朝貢，鎮巡以聞。朝議令原差官黎景桂齎銀幣賜之，至境，不受。詔以景桂首事貪功納侮，下於理〔註67〕。

今考，孟艮，《明實錄》原作「孟銀」，當從《明史》。黎景桂，當作「黎京桂」。辨證如下：

此句之取材，《明神宗實錄》卷二九二萬曆二十三年十二己酉條：「緬酋莽應裏既託孟璉、孟銀二土司，求納款且致方物。議者遂令原差官黎京桂等齎銀幣往賜之。至境，託詞不受。撫臣陳用賓以聞，勅下雲南撫按等官從長計議。禮部覆請，言緬酋阻我，使人卻我賞賚，罪不勝誅，然當初惟據黎京桂往來轉說及璉、銀二司轉申之文，其於緬酋原無的據，京桂原係首事，宜從重問，擬以為貪功納侮之戒。上詔如部議。」〔註68〕作「孟銀」，作「黎京桂」。

〔註62〕《明史》，《景印文淵閣四庫全書》第302冊，第522頁。
〔註63〕〔清〕王鴻緒：《明史稿》第七冊，文海出版社1962年，第144頁。
〔註64〕《蠻司合誌》，《中國少數民族古籍集成（漢文版）》第二冊，第210頁。
〔註65〕《滇考》，《中華文史叢書》之一二二，第328頁。
〔註66〕《（天啟）滇志》，《大理叢書方志篇》卷三，第478頁。
〔註67〕《明史》卷三一五，清乾隆四年武英殿刻本，葉八。參見《明史》，中華書局1974年，第8136頁。
〔註68〕《明神宗實錄》，第5406、5407頁。按，原差官，原作「原官差官」。銀幣，原作「銀弊」。皆據《校勘記》改。見《明神宗實錄校勘記》，第1212頁。

孟銀者，《蓬窗日錄》：「南徼緬甸、木邦、老撾、車里、八百、干崖、隴州、孟銀、孟定諸處，俱女外事。」〔註69〕《（光緒）續修順甯府志》於「孟璉土司」下云：「由姚關東南行十九程至其地，又七程至孟銀，其東為車里，西為木邦。」〔註70〕俱有「孟銀」。觀《順甯志》之記錄，其位置大致與孟艮相當。而其他書籍中，有孟艮之記，無孟銀之載，蓋「孟銀」為「孟艮」之訛。孟艮訛作孟銀，古有之也。《（崇禎）吳興備志》於《松雪齋集二則》曰：「先侍郎阡表女孟艮集，誤作孟銀，松雪有手書，今宰先生勒之鴻寶堂帖中可据也。」〔註71〕《實錄》此處之孟銀，變《明史》之孟艮，當編纂《明史》之有意改訂者。

黎京桂者，事件之前奏，《明神宗實錄》卷二六一萬曆二十一年六月丙申條：「禮部議，緬酋莽應裏因緣黎京桂一通把進貢方物，又無金葉緬文，止托孟璉土司代進，而又求賞賚，求差使，頒諭封號。臺臣薛繼茂欲允其貢。嘉興更始科臣張貞觀欲遣京桂等詰以已貢而復構兵之繇，語以已賞而復暫停之故。無非慎重馭夷遠慮，合移該撫按從長計議。或先頒已行之賞以示我信，而後責其背盟之故，以察彼情。果真有乞貢之意，亦必申明約束，以後毋得肆毒屬夷，藉口未犯天朝為解。即孳緣別部，不得以不知為辭。然後徐議封貢。從之。」〔註72〕亦作「黎京桂」。是《實錄》作「黎京桂」無疑。檢《滇史》云：「當事者以夷相攻，置不問。鑿空者黎京桂數輩過之，供給道上，芻糧薪藁不絕。」〔註73〕當即此黎京桂。《實錄》無誤。「景」、「京」音近，是《明史》無意訛「京」為「景」。

檢《明史稿》作「孟艮」，作「黎景桂」〔註74〕，則此處之異文，有意改訂自《史稿》，無意訛誤亦自《史稿》。

干崖（宣撫）

（一四）干崖，舊名干賴睒，僰人居之〔註75〕。

〔註69〕〔明〕陳全之：《蓬窗日錄》，《續修四庫全書》第1125冊，上海古籍出版社2002年，第32頁。

〔註70〕〔清〕党蒙修，周宗洛纂：《（光緒）續修順甯府志》卷三八，清光緒刊本，葉一七。

〔註71〕〔明〕董斯張：《（崇禎）吳興備志》卷三二，清康熙抄本，葉三三。

〔註72〕《明神宗實錄》，第4842頁。

〔註73〕《滇史》，第392頁。

〔註74〕《明史稿》第七冊，第144頁。

〔註75〕《明史》卷三一五，清乾隆四年武英殿刻本，葉九。參見《明史》，中華書局

四庫館臣：「僰人居之。僰人改『白蠻』。按《元史》稱鎮西路舊為白蠻所居。考白蠻、黑僰，種類自殊。此作僰人誤。」〔註76〕

今按，此作僰人誤，然僰人當改「白夷」。辨證如下：

《元史》：「鎮西路，在柔遠路正西，東隔麓川。其地曰干賴睒，曰渠瀾睒，白夷蠻居之。」〔註77〕是稱白夷蠻。非四庫館臣所云之白蠻，白夷蠻與白蠻自殊也。本傳地理沿革之取材，《大明一統志》：「其地舊名干賴睒，曰渠瀾睒。白夷居之。」〔註78〕稱白夷。《（正德）雲南志》：「白夷居之。」〔註79〕《（萬曆）雲南通志》：「僰夷居之。」〔註80〕「僰夷」同「白夷」。皆稱白夷。又《咸賓錄》：「干崖，舊名干賴睒。白夷居之。元置鎮西路，國初改府，今陞宣撫司。」〔註81〕亦稱白夷。故知僰人當改「白夷」。

（一五）東北接南甸，西接隴川，有平川眾岡〔註82〕。

今考，西接隴川誤，當作「南接隴川」。辨證如下：

本傳地理沿革之取材，《大明一統志》：「干崖宣撫司，東至南甸宣撫司界，南至隴川宣撫司界，西、北俱至南甸宣撫司界。」〔註83〕言南接隴川。雲南志書，《（景泰）雲南圖經志》：「東至南甸，南至隴川，西至孟哈驛，北至南甸作水甸。」〔註84〕《（正德）雲南志》〔註85〕、《（萬曆）雲南通志》〔註86〕同《明一統志》。俱言南至隴川。又據《中國歷史地圖集》，干崖宣撫司之南為隴川宣撫司〔註87〕。此作「西接隴川」誤。

1974 年，第 8136 頁。

〔註76〕《明史考證攟逸》，《續修四庫全書》第 294 冊，第 413 頁。

〔註77〕《元史》，第 1483 頁。干賴睒，原作「于賴睒」，據《校勘記》改。見《元史》，第 1488 頁。

〔註78〕《大明一統志》，第 1345 頁。

〔註79〕《（正德）雲南志》，《天一閣藏明代方志選刊續編》第 70 冊，第 589 頁。

〔註80〕《（萬曆）雲南通志》，《大理叢書·方志篇》卷一，第 319 頁。

〔註81〕〔明〕羅曰褧：《咸賓錄》，《續修四庫全書》第 736 冊，上海古籍出版社 2002 年，第 358 頁。

〔註82〕《明史》卷三一五，清乾隆四年武英殿刻本，葉九。參見《明史》，中華書局 1974 年，第 8136 頁。

〔註83〕《大明一統志》，第 1345 頁。

〔註84〕《（景泰）雲南圖經志》，《大理叢書·方志篇》卷一，第 122 頁。

〔註85〕《（正德）雲南志》，《天一閣藏明代方志選刊續編》第 70 冊，第 589 頁。

〔註86〕《（萬曆）雲南通志》，《大理叢書·方志篇》卷一，第 319 頁。

〔註87〕譚其驤：《中國歷史地圖集》第七冊（元、明時期），中國地圖出版社 1982 年，第 78 頁。

（一六）至元中，置鎮西路軍民總管府，領三甸〔註88〕。

今考，領三甸，疑當作二甸。辨證如下：

本傳地理沿革之取材，《大明一統志》：「至元中，置鎮西路軍民總管府，領二甸。」〔註89〕作二甸。《（正德）雲南志》：「至元十三年，置鎮西路，隸金齒等處宣撫司，領二甸。」〔註90〕《（萬曆）雲南通志》：「至元中，置鎮西路軍民總管府，領二甸。」〔註91〕皆作二甸。《大明清類天文分野之書》：「鎮西府。舊路。元中統元年，立鎮西路軍民總管府。在騰衝之南，二日程。領二甸。本朝洪武十五年置。」〔註92〕其置軍民總管府之時間，與諸書互異，然亦作領二甸。則似當作二甸。黃彰健曾論及之：「由《元史‧地理志》『其地曰于賴睒、渠瀾睒』觀之，疑作二甸是也。」〔註93〕

檢《大明一統志》：「其地舊名干賴睒，曰渠瀾睒。」〔註94〕《（正德）雲南志》〔註95〕、《（萬曆）雲南通志》〔註96〕同《明一統志》。皆與《元史‧地理志》同。然據《大元混一方輿勝覽》於鎮西路下有：「乾崖，渠闌睒，大明睒。」〔註97〕此乾崖，當即乾崖甸，《（景泰）雲南圖經志》：「干崖宣撫司。舊名乾崖甸。元置鎮西路軍民總管府。」〔註98〕又似有三甸，未詳孰是。

（一七）洪武十五年改鎮西府。永樂元年設干崖長官司。二年頒給信符、金字紅牌并賜冠服。三年，干崖長官曩歡遣頭目奉表貢馬及犀、象、金銀器，謝恩，賜鈔幣〔註99〕。

舊考，「府」下庫本增入「後廢，屬麓川平緬司」八字。為保字數不變其

〔註88〕《明史》卷三一五，清乾隆四年武英殿刻本，葉九。參見《明史》，中華書局1974年，第8136頁。

〔註89〕《大明一統志》，第1345頁。

〔註90〕《（正德）雲南志》，《天一閣藏明代方志選刊續編》第70冊，第589頁。

〔註91〕《（萬曆）雲南通志》，《大理叢書‧方志篇》卷一，第319頁。

〔註92〕《大明清類天文分野之書》，《續修四庫全書》第586冊，第216頁。

〔註93〕黃彰健：《明史纂誤再續》，《臺灣中央研究院歷史語言研究所集刊》，1967年，第548頁。

〔註94〕《大明一統志》，第1345頁。

〔註95〕《（正德）雲南志》，《天一閣藏明代方志選刊續編》第70冊，第589頁。

〔註96〕《（萬曆）雲南通志》，《大理叢書‧方志篇》卷一，第319頁。

〔註97〕〔元〕劉應李：《大元混一方輿勝覽》，四川大學出版社2003年，第482頁。

〔註98〕《（景泰）雲南圖經志》，《大理叢書‧方志篇》卷一，第122頁。

〔註99〕《明史》卷三一五，清乾隆四年武英殿刻本，葉九。參見《明史》，中華書局1974年，第8136頁。

下凡減八字，即「元年」改「初」，「頒給信符、金字紅牌」改「給信符、金牌」，「干崖長官囊歡」改「長官囊歡」，「奉表貢馬」改「貢馬」〔註100〕。

今按，庫本所增更為準確。辨證如下：

庫本當據《明史・地理志》而增。《明史・地理志》：「干崖宣撫司。元鎮西路。洪武十五年三月為府，後廢，屬麓川平緬司。永樂元年正月析置干崖長官司，直隸都司，後屬金齒軍民指揮使司。」〔註101〕鎮西府廢屬麓川平緬事，未見明確文獻記載。《明太宗實錄》卷一六永樂元年正月乙未條：「設者樂甸、大侯、干崖、灣甸、潞江五長官司，隸雲南都司。時西平侯沐晟言，其地舊屬麓川平緬，而地廣人稠，宜設長官司治之，故有是命。」〔註102〕蓋其證。

（一八）宣德六年改隸雲南都司〔註103〕。

舊考，四庫館臣：「宣德六年。六改『五』。」〔註104〕中華書局：「本書卷四六《地理志》、《宣宗實錄》卷六七宣德五年六月壬午條繫於宣德五年。」〔註105〕

今按，是也。此句之取材，《明宣宗實錄》卷六七宣德五年六月壬午條：「改雲南金齒軍民指揮使司干崖長官司隸雲南都司。」〔註106〕《明史・地理志》：「宣德五年六月復屬都司。」〔註107〕俱繫於宣德五年。

（一九）（正統）六年陞干崖副長官刀怕便為長官司，賜綵幣，以歸附後屢立功，從總兵官沐昂請也。九年陞干崖為宣撫司，以刀怕便為宣撫副使，劉英為同知，從總督王驥請也〔註108〕。

〔註100〕《明史》，《景印文淵閣四庫全書》第 302 冊，第 522 頁。
〔註101〕《明史》卷四六，清乾隆四年武英殿刻本，葉一六。參見《明史》，中華書局 1974 年，第 1193 頁。
〔註102〕《明太宗實錄》，第 295 頁。
〔註103〕《明史》卷三一五，清乾隆四年武英殿刻本，葉九。參見《明史》，中華書局 1974 年，第 8137 頁。
〔註104〕《明史考證攟逸》，《續修四庫全書》第 294 冊，第 413 頁。
〔註105〕《明史》，中華書局 1974 年，第 8164 頁。
〔註106〕《明宣宗實錄》，第 1579 頁。
〔註107〕《明史》卷四六，清乾隆四年武英殿刻本，葉一六。參見《明史》，中華書局 1974 年，第 1193 頁。
〔註108〕《明史》卷三一五，清乾隆四年武英殿刻本，葉九。參見《明史》，中華書局 1974 年，第 8137 頁。

今考，長官司，當作「長官」。辨證如下：

此句之取材，《明英宗實錄》卷七九正統六年五月戊午條：「陞雲南干崖長官司副長官刀怕便為長官，龍川江百夫長刀烏孟為百戶，各賜綵幣六表裏。初，怕便、烏孟二人皆為思任發所拘，二人脫身歸順來雲南，其家屬又皆被害，後屢立功，總兵官都督同知沐昂請褒恤之。故有是命。」〔註109〕言陞干崖副長官刀怕便為長官。長官司是機構名，長官是職務名，刀怕便可為長官，不可為長官司。此作長官司不規範。黃彰健曾論及之。

然黃彰健據《明實錄》又云：「『副使』應改為副長官。」〔註110〕則不妥。《明英宗實錄》卷一一七正統九年六月癸未：「陞雲南南甸州及干崖長官司俱為宣撫司。以南甸知州刀落硬為南甸宣撫通判，劉思勉為同知。干崖長官刀怕便為干崖宣撫副長官，劉英為同知。」〔註111〕雖言刀怕便為干崖宣撫副長官。但副長官不如副使規範。按《明史·職官志》：「宣撫司，宣撫使一人，從四品，同知一人，正五品，副使一人，從五品，僉事一人，正六品。」又云：「長官司，長官一人，正六品，副長官一人，從七品。其屬，吏目一人，未入流。」〔註112〕是宣撫司有副使，長官司有副長官。既以干崖為宣撫司，則刀怕便稱副使為宜。

（二〇）（萬曆）十一年，遊擊劉綎破隴川，鳳降，追印竟不得〔註113〕。

舊考，中華書局：「十一年遊擊劉綎破隴川。本書卷二〇《神宗本紀》繫於十二年。」〔註114〕

今按，「遊擊劉綎破隴川，鳳降，追印竟不得」，為發生於萬曆十二年者。辨證如下：

《明神宗實錄》卷一五三萬曆十二年九月乙亥條：「上御午門樓，刑部以雲南俘獲緬賊岳鳳等獻，詔磔之，文武百官致詞稱賀。是日磔岳鳳于市，曩

〔註109〕《明英宗實錄》，第1576頁。干崖長官司副長官，原作「千崖長官」，據《校勘記》改。見《明英宗實錄校勘記》，第220頁。

〔註110〕《明史纂誤再續》，《臺灣中央研究院歷史語言研究所集刊》，1967年，第548頁。

〔註111〕《明英宗實錄》，第2360頁。

〔註112〕《明史》卷七六，清乾隆四年武英殿刻本，葉二一。參見《明史》，中華書局1974年，第1875頁。

〔註113〕《明史》卷三一五，清乾隆四年武英殿刻本，葉一〇。參見《明史》，中華書局1974年，第8137頁。

〔註114〕《明史》，中華書局1974年，第8164頁。

烏、招色、尚著、喇渺慢、莽糜啞、晏得皮等皆伏誅。」〔註115〕其後文追溯
岳鳳反叛之經歷：「七月，應裡催鳳父子進兵入犯，東寇姚關，北據灣甸。芒
市何知州開諭百方，與之盟誓。九月，鳳始差頭目入見，繼令兄子亨赴永昌
投見各道，俱厚賞遣回。游擊劉綎遣人諭以禍福。十二月，方遣妻子及大頭
目隴漢等，率夷民九十六人來見綎，差張把總責取敕書金牌，許以招降蠻莫
猛蜜贖罪。二十六日，綎以送鳳妻子回隴川為名，遂分兵于沙木籠山諸處，
鳳度四面皆兵，欲遁無門。明年正月朔，鳳詣軍門降。綎復分兵追緬，擒能改
刻里乜腿莽惱等，又率大兵直搗隴川，曩烏亦降。乃攜鳳父子攻降蠻莫，招
撫猛養等處。」〔註116〕然未言具體年份，蓋摘錄當時文書檔案者。

　　《明神宗實錄》卷一四八萬曆十二年四月丁巳條，亦追溯岳鳳反叛之經
歷，然無具體繫年：「先是，岳鳳屯隴遮，見我兵聲大振，遣侄岳亨詣騰永軍
中聽撫。撫臣選委游擊劉綎宣諭朝廷威德，岳鳳遂遣妻刁氏及幼子喃歇請降。
綎率兵至，臘底擒獲賊諜，言緬人散奪已知我動靜。綎乃兼程前進，抵隴川，
岳鳳率妻子弟侄及所部夷人等于道左迎降，而散奪則已于先日駕象遁去，但
留遮改四人並隨從數十名駐隴川而已。綎既分兵馳追散奪，乃身督將士，四
面圍隴川窠。岳鳳從中而應。各賊突圍而出，綎躍馬擒其賊首，官兵競前，所
留餘賊三十六名悉就縛，奪獲緬書、緬碗、緬銀、緬傘、緬袱、蟒牙、衣甲、
刀槍、鞍馬等物甚眾。蠻莫知岳鳳已內附，即飛報莽賊，約各土司將會兵寇
隴。綎乘勝長驅，整兵三道並進，掩蠻莫所未備，擊之，賊倉皇敗走，我兵追
入賊窠，賊窘甚，因乞降。綎以五事，一擒陪臣，二追獲罕民並干崖印信，三
獻偽篆，四奪回被虜人民，五招徠迤西。限以五日。賊遂生擒緬人一十八名，
象一隻，馬五匹，並莽酋所給偽關防一顆詣軍前投獻。雲南撫鎮官劉世曾、
沐昌祚以捷聞。上諭鎮巡官相機處置，一應善後事宜，以前功次，巡按御史
速勘奏聞。」〔註117〕時岳鳳父子已降，並攜之攻降蠻莫。又據《明神宗實錄》
卷一三六萬曆十一年四月甲子條：「雲南撫鎮劉世曾等各題，稱莽酋應裡用罕
虔、岳鳳之計。以酋叔阿瓦猛別率領諸夷，分道入寇。又用附近姦夷為內應，
如刀落參兄弟，謀襲騰越。放正堂叔侄父子擁兵潞江，景宗真、放國忠輩謀
襲順、永。四面皆兵，動稱數萬，幸二刀三放，天奪其魄，隨已就擒。各隘將

〔註115〕 《明神宗實錄》，第 2827 頁。
〔註116〕 《明神宗實錄》，第 2828 頁。
〔註117〕 《明神宗實錄》，第 2761 頁。

士倚險出奇，順寧、平戞土舍猛效忠、莽惠，力抗賊兵，二月之內所獲功次三百五十餘顆。正擬具題，忽有都司王三聘，賊兵方退，輒為猛淋之移，輕信寡謀，損威傷重，乞將所報功次典，失事官員，通查功罪，奏請定奪。土舍猛效忠、莽惠重加獎賞。上命王三聘，著巡按御史提問有功、有罪人員，並查勘具奏。」〔註118〕時岳鳳尚未降附。故知岳鳳之投降，在萬曆十一年四月至萬曆十二年四月之間。則《明神宗實錄》卷一五三萬曆十二年九月乙亥條所述投降始末，當在此時間段，以此繫其年。萬曆十一年十二月二十六日，劉綎以送岳鳳妻子回隴川為名，分兵於沙木籠山等處。十二年正月初一日，岳鳳詣軍門投降。之後劉綎率大兵直搗隴川，岳鳳之子曩烏亦降。

《蠻司合誌》：「十一年正月朔，焚掠施甸剖孕婦以卜……是年冬，又攻盞達，副使刁思定求救不應，糧盡城破，妻子旅屬，盡為所擄。當是時……詔下兵部議。巡撫劉世曾、巡按董裕請以南京坐營中軍劉綎為騰越游擊，移武靖參將鄧子龍為永昌參將。各提兵五千赴援，副以土兵。應裏亦西會孟養、猛密、蠻莫、隴川兵于猛卯，東會車里、八百、孟艮、木邦兵于猛炎，大併眾入犯姚關。綎與子龍大破緬兵于攀枝花地，斬宗真、罕虔首，乘勝追招罕、招色，所向無敵。其捷奏有名地者，曰盞達，曰隴川……而行間紀功有名，則土同知高承祖……等，自十年十月至十一年四月，斬首萬餘，恢復蠻地三千里。乃復用蒲人為偵探，以計擒招罕、招色于三尖山，獲罕虔妻朽、妾博、招罕妻羅，送獄。于是綎、子龍率兵出隴川、猛密，直抵阿瓦……而岳鳳瞻顧行間，深悔緬不足恃，乃遣姪岳亨、妻刁、幼子喃歇先請降，綎詰以五事，皆如約而後許之。一斬陪臣首，二追罕氏、干崖印，三獻偽鐸，四還被擄男婦，五招徠迤西。鳳初出緬所給鐸，無干崖印，不許。既而復遣子曩烏，送罕氏金牌、敕書及緬賂象馬，然後詣軍門請罪。時劉世曾等謂鳳有心計，欲借之以招諸夷，議處之金沙上游，許不死。故當時猛哈思化，迤西思威，木邦罕鳳皆殺緬使詣綎降。進忠亦集其餘眾來奔。會六月熇毒，緬謂官軍必不前……十二年冬，征南將軍沐昌祚等，檻車傳岳鳳父子五人及莽糜啞晏得皮一人致京師，上御皇極門受之，祭告如例。」〔註119〕所記錄事件之先後、時間較為混亂，蓋拼湊不同來源之材料而得，實不可知岳鳳投降之年份。而本傳此處蓋據《蠻司合誌》而書，惑於其「十一年」之文，遂繫岳鳳投降之年於十一年下而致誤。

〔註118〕《明神宗實錄》，第2534頁。
〔註119〕《蠻司合誌》，《中國少數民族古籍集成（漢文版）》第二冊，第210、211頁。

至於《明史‧神宗本紀》：「（十二年四月）丁巳，游擊將軍劉綎討平隴川賊。」[註120]是據前所引《明神宗實錄》卷一四八萬曆十二年四月丁巳條[註121]而書。時雲南撫鎮官劉世曾、沐昌祚以劉綎之捷聞，皇帝諭鎮巡官等，實非劉綎討平隴川之期。

又《滇史》亦置岳鳳之投降於萬曆十一年下：「劉綎率兵至隴川，岳鳳不敢拒敵，率眾乞降；綎姑納之，為諸夷倡。於是兵不血刃而猛密（思忠）、蠻莫（思順）同阿瓦莽灼（瑞體族弟）皆望風而降，孟養土舍思義亦來歸，木邦土舍罕鳳亦殺緬使，猛密土舍思混遣弟思化送緬偽鐸，皆來降。」[註122]蓋劉綎至隴川，在十一年末，岳鳳之投降，在十二年初。《滇史》統言其事，故置於十一年下。

潞江

（二一）至元間，隸柔遠路[註123]。

舊考，四庫館臣：「隸柔遠路。隸改『立』。」[註124]

今按，可不必改，然若照顧下文「永樂元年內附」之改「洪武十五年為府，後廢，永樂元年」，則當改。辨證如下：

本傳歷史沿革部分，蓋整理《明一統志》關於「潞江」記載之大意而來，以《明一統志》無單獨關於潞江之記錄，只於永昌軍民府下略言之，而四庫館臣之改動，亦據《明一統志》而來。《大明一統志》云：「潞江安撫司。在司城西一百三十五里，舊名怒江甸，訛為潞江。元至元間，始置柔遠路軍民總管府，治怒江甸，隸金齒等處宣撫司。後為麓川宣慰司所據。本朝洪武十五年改為柔遠府，後置潞江長官司，永樂九年陞安撫司。」[註125]柔遠路軍民總管府雖於至元間立，然其治怒江甸，則言怒江甸隸柔遠路，亦可通也。

然下文「永樂元年內附」，四庫館臣改為「洪武十五年為府，後廢，永樂

〔註120〕《明史》卷二〇，清乾隆四年武英殿刻本，葉七。參見《明史》，中華書局1974年，第269頁。

〔註121〕《明神宗實錄》，第2761頁。

〔註122〕《滇史》，第382頁。兵不血刃，原作「兵不血丸」。蓋排印時訛誤，以意改之。

〔註123〕《明史》卷三一五，清乾隆四年武英殿刻本，葉一〇。參見《明史》，中華書局1974年，第8138頁。

〔註124〕《明史考證攟逸》，《續修四庫全書》第294冊，第413頁。

〔註125〕《大明一統志》，第1340頁。

元年」。洪武十五年為柔遠府。若直接言「洪武十五年為府」，泛無所指，則「隸柔遠路」之「隸」當改「立」。

（二二）永樂元年內附，設潞江長官司〔註126〕。

舊考，四庫館臣：「永樂元年內附。改『洪武十五年為府，後廢，永樂元年』。」〔註127〕

今按，是也。本傳此句之取材，《明太宗實錄》卷一六永樂元年正月乙未條：「設者樂甸、大侯、干崖、灣甸、潞江五長官司，隸雲南都司。時西平侯沐晟言，其地舊屬麓川平緬，而地廣人稠，宜設長官司治之，故有是命。」〔註128〕是《明實錄》無「內附」語。本傳此句前無明代沿革，忽言「永樂元年內附」，似「潞江」之地永樂元年之前不附於明朝。故當改之。

按潞江之地，在元為柔遠路。《元史‧地理志》：「柔遠路，在大理之西，永昌之南。其地曰潞江，曰普坪瞼，曰申瞼僰寨，曰烏摩坪。僰蠻即《通典》所謂黑爨也。中統初，僰酋阿八思入朝。至元十三年，與茫施、鎮康、鎮西、平緬、麓川俱立為路，隸宣撫司。」〔註129〕《大明一統志》：「潞江安撫司……元至元間，始置柔遠路軍民總管府，治怒江甸，隸金齒等處宣撫司。後為麓川宣慰司所據。本朝洪武十五年改為柔遠府，後置潞江長官司，永樂九年陞安撫司。」〔註130〕《明太祖實錄》卷一四三洪武十五年三月己未條，其時「更置雲南布政司所屬府、州、縣，為府五十有二」，中有「柔遠」府〔註131〕。是四庫館臣添「洪武十五年為府」之由。

至於《明史考證攟逸》所記其下所改諸條，「『宜設長官司治之』改『故設司治之』」，「『頒給信符金字紅牌』改『給信符金牌』」，「『潞江長官司曩壁』，刪『潞江』二字」〔註132〕。是為字數不變而作之刪減。但文淵閣本《明史》未刪「潞江」二字。

〔註126〕《明史》卷三一五，清乾隆四年武英殿刻本，葉一〇。參見《明史》，中華書局1974年，第8138頁。

〔註127〕《明史考證攟逸》，《續修四庫全書》第294冊，第413頁。

〔註128〕《明太宗實錄》，第295頁。

〔註129〕《元史》，第1482頁。

〔註130〕《大明一統志》，第1340頁。

〔註131〕《明太祖實錄》，第2250頁。

〔註132〕《明史考證攟逸》，《續修四庫全書》第294冊，第413頁。

（二三）（永樂）九年，潞江長官司曩壁遣子維羅法貢馬、方物，賜鈔幣〔註133〕。

舊考，四庫館臣：「潞江長官司曩壁。壁改『璧』。按《明實錄》作『曩璧』。遣子維羅法貢馬方物。維改『惟』。按《明實錄》作『惟羅法』。」〔註134〕

今按，壁不必改「璧」，維可改「惟」。辨證如下：

此句之取材，《明太宗實錄》卷一一四永樂九年三月甲戌條：「雲南潞江長官司長官曩璧遣子惟羅法等貢馬及方物，賜之綵幣。」〔註135〕原作「曩璧」，作「惟羅法」。是為四庫館臣校改之由。

然則「曩壁」與「曩璧」，並見於《明實錄》。作「曩璧」者八見，除上所引《明太宗實錄》卷一一四永樂九年三月甲戌條〔註136〕，尚有《明太宗實錄》卷一二二永樂九年十二月甲午條〔註137〕，《明太宗實錄》卷一二二永樂九年十二月丙申條〔註138〕，《明太宗實錄》卷一二二永樂九年十二月丙午條〔註139〕，《明太宗實錄》卷一五八永樂十二年十一月甲辰條〔註140〕，《明仁宗實錄》卷九洪熙元年四月甲辰條〔註141〕，《明宣宗實錄》卷三一宣德二年九月戊申條〔註142〕，《明宣宗實錄》卷四五宣德三年七月癸丑條〔註143〕。作「曩壁」者五見，《明太宗實錄》卷八五永樂六年十一月壬子條〔註144〕，《明宣宗實錄》卷一八宣德元年六月辛巳條〔註145〕，《明宣宗實錄》卷一八宣德元年六月壬午條〔註146〕，《明宣宗實錄》卷一八宣德元年六月辛卯條〔註147〕，《明

〔註133〕《明史》卷三一五，清乾隆四年武英殿刻本，葉一〇。參見《明史》，中華書局1974年，第8138頁。
〔註134〕《明史考證攟逸》，《續修四庫全書》第294冊，第413頁。
〔註135〕《明太宗實錄》，第1454頁。
〔註136〕《明太宗實錄》，第1454頁。
〔註137〕《明太宗實錄》，第1536頁。
〔註138〕《明太宗實錄》，第1537頁。
〔註139〕《明太宗實錄》，第1539頁。
〔註140〕《明太宗實錄》，第1801頁。
〔註141〕《明仁宗實錄》，第281頁。
〔註142〕《明宣宗實錄》，第812頁。
〔註143〕《明宣宗實錄》，第1098頁。
〔註144〕《明太宗實錄》，第1128頁。
〔註145〕《明宣宗實錄》，第486頁。
〔註146〕《明宣宗實錄》，第488頁。
〔註147〕《明宣宗實錄》，第491頁。

宣宗實錄》卷六二宣德五年正月丙寅條〔註148〕。又《蠻司合誌》：「永昌千戶所千夫長刁不浪班攻剽潞江，逐安撫曩壁奔金齒，而據有其地。」〔註149〕作「曩壁」。未詳孰是。蓋音譯之稱，可兩存之。

至於曩壁子「惟羅法」，在《明實錄》中僅此一見，《明實錄》無「維羅法」之記錄。因《明太宗實錄》卷一一四永樂九年三月甲戌條為本傳此句之取材，當從之作「惟羅法」。

（二四）遣中官雲仙齎敕及綺幣賜曩壁〔註150〕。

今考，事在宣德二年，此繫在宣德元年誤。辨證如下：

此句之取材，《明宣宗實錄》卷三一宣德二年九月戊申條：「賜雲南麓川宣慰司土官宣慰使思任發等所遣頭目陶孟忙孟放、緬甸宣慰司通事丘景、木邦宣慰司頭目思路巴、景東府舍人陶吾、南甸州頭目刀怕、蒙化州土官舍人左泉及四川烏撒軍民府土官知府阿能等鈔紗羅彩幣表裏及紵絲襲衣，仍遣內官雲仙等齎敕賜思任發及潞江安撫司土官安撫曩壁等絨錦紗羅彩幣表裏有差。」〔註151〕事在宣德二年。《明史稿》亦繫在宣德元年，而於「遣中官雲仙齎敕及綺幣賜曩壁」前有「九月」二字〔註152〕，是《明史稿》採此《實錄》宣德二年九月戊申事，而誤其繫年。

（二五）（宣德）三年，黔國公沐晟奏，潞江千夫長刀不浪班叛歸麓川，劫潞江，逐曩壁入金齒，據潞江驛，逐驛丞周禮，立寨固守，斷絕道路，請發兵討。帝敕晟與三司計議〔註153〕。

今考，刀不浪班時為永昌千戶所千夫長，此作「潞江千夫長」誤。辨證如下：

此句之取材，《明宣宗實錄》卷四五宣德三年七月癸丑條：「雲南總兵官太傅黔國公沐晟言，雲南潞江千夫長刀不浪班叛歸麓川，聚眾攻劫潞江安撫司，逐土官安撫曩壁入金齒，殺招剛因達硬等七人，劫奪財物，焚毀民居。又

〔註148〕 《明宣宗實錄》，第1463頁。

〔註149〕 《蠻司合誌》，《中國少數民族古籍集成（漢文版）》第二冊，第197頁。

〔註150〕 《明史》卷三一五，清乾隆四年武英殿刻本，葉一〇。參見《明史》，中華書局1974年，第8138頁。

〔註151〕 《明宣宗實錄》，第812頁。

〔註152〕 《明史稿》第七冊，第145頁。

〔註153〕 《明史》卷三一五，清乾隆四年武英殿刻本，葉一〇。參見《明史》，中華書局1974年，第8138頁。

據潞江驛，逐驛丞周禮，立寨固守，斷絕道路，蒲、樊、阿昌諸蠻與之接境，慮相扇為亂。請發兵討之。上曰，邊兵重在守備，豈可輕動，敕晟與三司熟議，或撫諭，或征討，必圖萬全。」〔註154〕作「潞江千夫長刀不浪班」。《明史》依之成文，似無誤。

然《明宣宗實錄》卷六二宣德五年正月丙寅條：「雲南總兵官黔國公沐晟等奏，招諭永昌千戶所千夫長刀不浪班等順服。先是，刀不浪班等劫殺潞江安撫司人民，逐安撫曩壁奔金齒，而據其地，晟與雲南三司遣官招諭。至是，刀不浪班懼罪，盡還其所據地，復歸舊居，當差如故。晟等因而撫之。」〔註155〕《明宣宗實錄》卷一○六宣德八年十月丙寅條：「改雲南金齒永昌千戶所為潞江州，隸雲南布政司，以千夫長刀珍罕為知州，刀不浪班為同知。」〔註156〕是《實錄》其他部分以刀不浪班為永昌千戶所千夫長。又據《蠻司合誌》：「永昌千戶所千夫長刁不浪班攻剽潞江，逐安撫曩壁奔金齒，而據有其地。」〔註157〕亦以刀不浪班為永昌千戶所千夫長。是以，刀不浪班為「永昌千戶所千夫長」明矣，此作「潞江千夫長」誤。

《明宣宗實錄》卷四五宣德三年七月癸丑條之誤作「潞江千夫長刀不浪班」者〔註158〕，蓋宣德八年改永昌千戶所為潞江州，以刀不浪班為潞江州同知，見上所引《明宣宗實錄》卷一○六宣德八年十月丙寅條〔註159〕，故以「潞江千夫長」稱之，其實混亂先後矣。

（二六）是年置雲南廣邑州。時雲仙還言：「金齒廣邑寨，本永昌副千戶阿干所居。干嘗奉命招生蒲五千戶向化。今干孫阿都魯同蒲酋莽塞等詣京貢方物，乞於廣邑置州，使阿都魯掌州事，以熟蒲并所招生蒲屬之。」帝從之，遂以阿都魯為廣邑州知州，莽塞為同知，鑄印給之〔註160〕。

今考，「莽塞」為「莽寒」之訛。與阿都魯一同詣京貢方物者為莽寒之

〔註154〕《明宣宗實錄》，第 1098 頁。

〔註155〕《明宣宗實錄》，第 1463 頁。

〔註156〕《明宣宗實錄》，第 2377 頁。

〔註157〕《蠻司合誌》，《中國少數民族古籍集成（漢文版）》第二冊，第 197 頁。刁不浪班，即刀不浪班，刀刁形近，記邊事書中常相混。

〔註158〕《明宣宗實錄》，第 1098 頁。

〔註159〕《明宣宗實錄》，第 2377 頁。

〔註160〕《明史》卷三一五，清乾隆四年武英殿刻本，葉一一。參見《明史》，中華書局 1974 年，第 8138 頁。

叔阿類。辨證如下：

此句之取材，《明宣宗實錄》卷六六宣德五年五月乙丑條：「置雲南廣邑州及東山口巡檢司。時中官雲仙還自雲南，言：金齒廣邑寨，本永昌副千戶阿干所居。干嘗奉朝命招生蒲五千戶向化，今干令孫阿都魯同蒲酋莽寒叔阿類詣京貢方物，且乞于廣邑置州，使阿都魯代己掌州事，以熟蒲並所招生蒲屬之。又言：阿迷州東山，其地衝要，夷獠販鬻，多經于此，爾因蠻寇為患，暫遣營長普覺往來巡捕，非經久之計，諸夷皆請置巡檢司于東山口，並請以普覺為巡檢。事下行在兵部議，兵部請覆勘其實。上曰，地在邊遠，既是夷人慕化，不必覆勘，其悉從之。遂命都魯為廣邑州知州，莽寒為同知，首覺為東山口巡檢，行在禮部鑄印給之。」〔註161〕又《明宣宗實錄》卷六六宣德五年五月丁巳條：「雲南右甸生蒲頭目莽寒遣叔阿類來朝貢馬。先是，順寧府生蒲阿答卜等出沒為盜，夷民不安。雲南三司請發兵捕之，上謂行在兵部臣曰：『彼竊盜耳，遽加兵，是激其為亂，且令黔國公沐晟遣人招撫，不服則用兵剿捕。』晟遂遣千戶陳愷、阿干、通事段保等往諭之。愷闞知阿答卜等所潛處，徑往諭以皇上不忍加兵之意。莽寒等感悅，以所屬五千戶向化，願入朝貢。阿答卜亦散遣其黨，不復為盜，民得安居。至是，莽寒遣阿類，隨陳愷及阿干孫阿都魯，來朝貢馬。」〔註162〕是《明實錄》作「莽寒」。

《蠻司合誌》：「五年又設廣邑州，置土官知州同知，以阿都魯為知州，莽寒叔為同知。先是金齒廣邑寨，本永昌副千戶阿干所居，干嘗奉朝命招生蒲五千戶，有功。至是，干遣孫阿都魯同蒲人莽寒叔阿類詣京修貢，且乞于廣邑置州，使阿都魯代己掌州事，以熟蒲并所招生蒲屬之。報可。」〔註163〕亦作「莽寒」。此外，《（民國）順寧縣志初稿》於「土職」下記錄：「蔣浪，右甸守禦所土千戶。郡人，由枯柯里土舍。其先莽寒，洪武三十二年從征，克復金齒，為百夫長，至浪，凡四世，改姓。萬曆二十三年，隨征矣堵董翁賊有功。二十九年，十三寨平，授土千戶。」〔註164〕該志於土職世系甚為詳悉，或有根據，亦作「莽寒」。以此知本傳「莽塞」為「莽寒」之誤。

〔註161〕《明宣宗實錄》，第1566、1567頁。廣邑州，原作廣益州，據《校勘記》改。見《明宣宗實錄校勘記》，第268頁。

〔註162〕《明宣宗實錄》，第1562頁。

〔註163〕《蠻司合誌》，《中國少數民族古籍集成（漢文版）》第二冊，第195頁。

〔註164〕〔民國〕張問德修，〔民國〕楊香池纂：《（民國）順寧縣志初稿》卷三，鈔本，葉一八。

又考，據上述材料，與阿都魯一同詣京貢方物者為莽寒之叔阿類。

又識，敕命阿都魯為廣邑州知州，莽寒為同知。《蠻司合誌》誤作以「莽寒叔為同知」。

（二七）（宣德）八年改金齒永昌千戶所為潞江州，隸雲南布政司，以千夫長刀珍罕為知州，刀不浪班為同知，置吏目及清水關巡檢各一員〔註165〕。

舊考，千夫長，庫本作「千戶長」〔註166〕。

今按，不應改。辨證如下：

此句取材《明宣宗實錄》卷一〇六宣德八年十月丙寅條：「改雲南金齒永昌千戶所為潞江州，隸雲南布政司，以千夫長刀珍罕為知州，刀不浪班為同知。」〔註167〕以刀珍罕為永昌千戶所千夫長。

（二八）正德十六年，安撫司土官安捧奪其從弟掩莊田三十八所，掩訟於官，不報。捧遂集蠻兵圍掩寨，縱火屠掠，掩母子妻妾及蠻民男婦死者八十餘人，據有其地。官軍誘執之，捧死於獄。帝命戮屍棄市，其子詔及黨與皆斬〔註168〕。

今考，「安捧」為「安撫線捧」之訛，事在正德十年，此繫在正德十六年誤。辨證如下：

本傳此句，取材《蠻司合誌》：「（正德）十六年，潞江安撫司土官安捧奪其從弟掩庄寨三十八所，掩屢訟于官，不報。捧遂集夷兵圍掩寨，縱火屠掠，掩母子妻妾及夷民男婦死者八十餘人，因據有其地。鎮巡聞狀，乃統官軍誘執之。捧尋死于獄。上命仍戮尸梟市，其子詔及黨與皆斬。」〔註169〕是《蠻司合誌》原作「安捧」，且繫年在十六年。

然觀《蠻司合誌》之文，實取材自《明武宗實錄》卷一二六正德十年六月己卯條：「雲南潞江安撫司土官安撫線捧奪其從弟掩莊寨三十八所，掩屢訟於官，未盡復。捧遂集夷兵至掩寨，縱火屠掠，掩母子妻妾及夷民男婦死者

〔註165〕《明史》卷三一五，清乾隆四年武英殿刻本，葉一一。參見《明史》，中華書局1974年，第8138頁。

〔註166〕《明史》，《景印文淵閣四庫全書》第302冊，第523頁。

〔註167〕《明宣宗實錄》，第2377頁。

〔註168〕《明史》卷三一五，清乾隆四年武英殿刻本，葉一一。參見《明史》，中華書局1974年，第8139頁。

〔註169〕《蠻司合誌》，《中國少數民族古籍集成（漢文版）》第二冊，第201頁。

八十餘人。因屯據自保。雲南鎮巡官遣兵誘執之，具上其狀，捧尋死於獄。命仍戮尸梟首，其子詔及黨與皆斬。」〔註170〕作「安撫線捧」，繫年於正德十年。查《明武宗實錄》卷一四一正德十一年九月丙午條：「巡撫雲南都御史王懋中奏，潞江安撫線俸既誅。請以安撫司印委金齒前所正千戶侯鎮署掌，而以土舍線樸佐之，仍諭肆崗、招崗、招扒、陶猛、諸夷民聽其約束，以供賦役。兵部議，從之。」〔註171〕作「線捧」，且是時線捧已伏誅，則本傳此句當繫在正德十年之下。又據本傳之上下文，線捧之前有線舊法，其後有線世祿，《（天啟）滇志·土司官氏》亦云：「潞江安撫司土官安撫線氏。」〔註172〕是姓線不姓安，「捧」之為「線捧」無疑。

蓋《蠻司合誌》採擇《明實錄》時，誤將「正德十年六月」記為「正德十六年」，又誤將「安撫線捧」訛作「安捧」。《明史稿》〔註173〕因《蠻司合誌》，《明史》又因《明史稿》，遂有此誤。

南甸（二宣撫司）

（二九）南則炎瘴如烝〔註174〕。

舊考，四庫館臣：「烝改蒸。」〔註175〕

今按，是也。中華書局點校本徑改之〔註176〕。

（三〇）永樂十一年改為州，隸布政司〔註177〕。

舊考，中華書局：「永樂十一年改為州。本書卷四六《地理志》及《寰宇通志》卷一一三、《明一統志》卷八七繫於永樂十二年。」〔註178〕

今按，「十一年」為「十二年」之訛。辨證如下：

〔註170〕《明武宗實錄》，第 2530 頁。
〔註171〕《明武宗實錄》，第 2783 頁。
〔註172〕《（天啟）滇志》，《大理叢書·方志篇》卷三，第 465 頁。
〔註173〕《明史稿》第七冊，第 146 頁。
〔註174〕《明史》卷三一五，清乾隆四年武英殿刻本，葉一一。參見《明史》，中華書局 1974 年，第 8139 頁。
〔註175〕《明史考證攟逸》，《續修四庫全書》第 294 冊，第 413 頁。
〔註176〕《明史》，中華書局 1974 年，第 8139 頁。
〔註177〕《明史》卷三一五，清乾隆四年武英殿刻本，葉一一。參見《明史》，中華書局 1974 年，第 8139 頁。
〔註178〕《明史》，中華書局 1974 年，第 8164 頁。

此句之取材，《明太宗實錄》卷一四七永樂十二年正月己亥條：「設雲南南甸州，隸布政司。」〔註179〕繫在十二年。《明史·地理志》：「南甸宣撫司。元至元二十六年置南甸路。洪武十五年三月為府，後廢，屬騰衝守禦千戶所。永樂十二年正月置州，直隸布政司。」〔註180〕《大明一統志》：「本朝洪武十五年改南甸府，永樂十二年改南甸州。」〔註181〕《（景泰）雲南圖經志》：「永樂十二年開設南甸州。」〔註182〕皆繫在十二年。是改南甸為州在永樂十二年無疑，此作「十一年」誤。

（三一）（正統）六年頒給金牌、信符、勘合，加敕諭之〔註183〕。

今考，事在景泰六年，此繫在正統六年，誤。辨證如下：

本傳此句前有正統二年、正統九年事，後有正統十年事，是繫其年於正統六年。然不置於正統九年事之前，反置於正統九年事之後，咄咄怪事。

檢《明英宗實錄》，正統六年無給南甸頒給金牌、信符、勘合，並加敕諭之事。《明英宗實錄》卷二五四景泰六年六月壬辰條：「敕雲南老撾軍民宣慰使司宣慰使刀板雅者，車里軍民宣慰使司宣慰使刀霸羨，八百大甸軍民宣慰司使刀招孟祿，南甸宣撫司宣撫刀樂思等曰：爾等世守南服，夙堅臣節，屢修職貢。茲復遣頭目乃吾等來貢方物，忠誠可嘉。特賜錦幣，用答爾意。前者所降爾處金牌、信符、勘底簿，爾等因相仇殺，燒燬不存，論法本難容恕。但念爾等克修職貢，姑置不究。仍復頒降，今後再有疏虞，罪不輕宥。時威遠州土官知州刀蓋罕隨乃吾等來朝貢，因命其管屬本州人民，亦與金牌、信符、織金文綺，賜敕諭遣之。」〔註184〕此是給南甸頒給金牌、信符、勘合，並加敕諭。蓋本傳此句，即來源於是。則本傳此句之「六年」，指此景泰六年。是以，此句不當只置於正統九年事之後，更應置於正統十年事之後，並當標明「景泰六年」。

〔註179〕《明太宗實錄》，第 1729 頁。

〔註180〕《明史》卷四六，清乾隆四年武英殿刻本，葉一六。參見《明史》，中華書局 1974 年，第 1193 頁。

〔註181〕《大明一統志》，第 1345 頁。

〔註182〕《（景泰）雲南圖經志》，《大理叢書·方志篇》卷一，第 122 頁。

〔註183〕《明史》卷三一五，清乾隆四年武英殿刻本，葉一二。參見《明史》，中華書局 1974 年，第 8140 頁。

〔註184〕《明英宗實錄》，第 5485、5486 頁。

（三二）時宣撫刀落蓋奏南寧伯毛勝遣騰衝千戶藺愈占其招八地，
逼民逃竄。敕雲南三司官同巡按御史詣其地體勘，以所占
田寨退還，治勝、愈罪〔註185〕。

今考，「南寧伯毛勝遣騰衝千戶藺愈」，《明實錄》作「南寧伯毛勝、騰衝
千戶所千戶藺愈」，「招八」，《明實錄》作「招捌」。辨證如下：

此句之取材，《明英宗實錄》卷二九八天順二年十二月壬申條：「雲南南
甸土官宣撫刀落蓋奏，南寧伯毛勝、騰衝千戶所千戶藺愈強占招捌地方寨子
田畝，分作莊戶，辦納銀兩米穀等物，逼民逃竄。事下戶部，覆奏，請令雲南
都、布、按三司同巡按監察御史詣彼，從公體勘，所占地方田寨照數退還。干
礙毛勝、藺愈，徑奏拏問。從之。」〔註186〕作「南寧伯毛勝、騰衝千戶所千
戶藺愈」，作「招捌」，與此不同。《明史稿》尚作：「南寧伯毛勝、騰衝千戶藺
愈。」〔註187〕《明史》添一「遣」字，則意義有分別矣。

芒市

（三三）放革來降，靖遠伯王驥請設芒市長官司，以陶孟刀放革為
長官，隸金齒衛〔註188〕。

今考，「金齒衛」誤，當作「金齒軍民指揮使司」。辨證如下：

此句之取材，《明英宗實錄》卷一〇三正統八年四月丁亥條：「設雲南芒
市長官司，以陶孟刀放革為長官，隸金齒軍民指揮使司。初，放革從叛寇思
任發，至是來降，靖遠伯王驥請設司授官，俾撫安夷民，故有是命。」〔註189〕
是以芒市長官司隸金齒軍民指揮使司。檢《明史·地理志》：「永昌軍民府。元
永昌府，屬大理路。洪武十五年三月屬布政司。十八年二月兼置金齒衛，屬
都司。二十三年十二月省府，升衛為金齒軍民指揮使司。嘉靖元年十月罷軍
民司，止為衛，復置永昌軍民府。」〔註190〕金齒衛與金齒軍民指揮使司不同，

〔註185〕《明史》卷三一五，清乾隆四年武英殿刻本，葉一二。參見《明史》，中華
書局 1974 年，第 8140 頁。

〔註186〕《明英宗實錄》，第 6339 頁。

〔註187〕《明史稿》第七冊，第 147 頁。

〔註188〕《明史》卷三一五，清乾隆四年武英殿刻本，葉一三。參見《明史》，中華
書局 1974 年，第 8141 頁。

〔註189〕《明英宗實錄》，第 2076 頁。

〔註190〕《明史》卷四六，清乾隆四年武英殿刻本，葉一二。參見《明史》，中華書
局 1974 年，第 1188 頁。

正統八年衛已升為軍民指揮使司。又查《明史稿》：「刀放革來降，靖遠伯王驥請設芒市長官司，以陶孟刀放革為長官，隸金齒軍民指揮使司。」〔註191〕正作「金齒軍民指揮使司」。蓋明史館臣刪潤《史稿》，嫌「軍民指揮使司」冗長，而簡稱為「衛」，其實誤矣。

者樂甸

（三四）者樂甸，本龍馬他郎甸猛摩地，名者島〔註192〕。

舊考，中華書局：「馬龍，原誤倒作『龍馬』，據本書卷三一四《新化傳》、《寰宇通志》卷一一三、《讀史方輿紀要》卷一一五改正。」〔註193〕

今按，是也。《大明一統志》於「者樂甸長官司」下云：「本馬龍他郎甸猛摩之地，夷名者島。」〔註194〕《（景泰）雲南圖經志》於「者樂甸長官司」云：「蠻名者島，舊係馬龍他郎甸長官司猛摩之地。」〔註195〕皆作「馬龍他郎甸」，此作「龍馬他郎甸」誤。

茶山

（三五）宣德五年置滇灘巡檢司。以長官司奏滇灘當茶山瓦高之衝，蠻寇出沒，民不能安，通事段勝頗曉道理，能安人心，乞置司，以勝為巡檢，從之〔註196〕。

今考，茶山，當作「小茶山」。辨證如下：

此句之取材，《明宣宗實錄》卷六七宣德五年六月丙子條：「置雲南孟緬長官司及滇灘、木縛雷、傍哈丘、隴磨、孟倫五巡檢司。時……茶山長官司奏，所轄夷民，悉居深山，而滇灘當小茶山瓦高之衝，寇常出沒，人不能安。通事段勝頗曉道理，能安人心，乞以勝為巡檢，置司于滇灘……上命行在吏部除官，悉從所奏。」〔註197〕作「小茶山」。《蠻司合誌》：「（宣德五年）茶山長官司奏，

〔註191〕《明史稿》第七冊，第147頁。
〔註192〕《明史》卷三一五，清乾隆四年武英殿刻本，葉一三。參見《明史》，中華書局1974年，第8141頁。
〔註193〕《明史》，中華書局1974年，第8164頁。
〔註194〕《大明一統志》，第1339頁。
〔註195〕《（景泰）雲南圖經志》，《大理叢書·方志篇》卷一，第91頁。
〔註196〕《明史》卷三一五，清乾隆四年武英殿刻本，葉一四。參見《明史》，中華書局1974年，第8142頁。
〔註197〕《明英宗實錄》，第1575、1576頁。

所轄夷民，悉居深山，而滇灘當小茶山瓦高之衝，寇常出沒。請以通事段勝為巡檢，置司滇灘以鎮之。」〔註198〕或亦取材《實錄》，作「小茶山」。

孟璉（即猛臉）

（三六）時孟璉頭目刀派送遣子壞罕來言〔註199〕。

今考，「壞罕」，又譯作「懷罕」。辨證如下：

此句之取材，《明太宗實錄》卷五三永樂四年四月戊寅條：「設孟璉長官司。時孟璉頭目刀派送遣子壞罕來言，孟璉舊屬麓川平緬宣慰司，後隸孟定府，而孟定知府刀名扛，亦故平緬頭目，素與同儕，難隸管屬，乞改隸。遂設長官司，隸雲南都司，命刀派送為長官，賜冠帶印章。」〔註200〕作「壞罕」。《蠻司合誌》：「初，孟連屬麓川平緬宣慰司，其後屬孟定府。永樂四年設孟連長官司，以刁派送為長官。而孟定土知府刁名扛，本平緬頭目，與派送等夷，派送遽服屬不屑，遂于其子懷罕入貢時，上言孟定、孟連比肩，族無統轄，統轄未便。遂改隸都司。」〔註201〕卻作「懷罕」，與《實錄》不同。

檢《明太宗實錄》卷一二六永樂十年三月辛丑條：「雲南廣西府土官知府阿覺，鎮康州土官知州曩光，孟璉長官司長官刀懷罕，特冷土官班野，騰衝千戶所土官千戶汪用，洱海衛土官百戶楊祥，鳳溪長官司長官馬牙，各遣使貢馬及方物，賜鈔及文綺表裏有差。」〔註202〕《明宣宗實錄》卷四四宣德三年六月辛丑條：「遣內官洪仔生、徐亮等齎敕，往孟璉及八百大甸、木邦等處，賜土官刀懷罕等金織文綺彩絹有差。時刀懷罕等各遣人來朝貢象馬方物，故答之。」〔註203〕皆作「懷罕」。《明宣宗實錄》卷八二宣德六年八月丙辰條：「孟定府土官知府罕顏法與孟璉長官司刀壞罕，互侵土地，殺人掠財。」〔註204〕則作「壞罕」。是「懷罕」、「壞罕」，是同音之譯，並用

〔註198〕《蠻司合誌》，《中國少數民族古籍集成（漢文版）》第二冊，第195頁。

〔註199〕《明史》卷三一五，清乾隆四年武英殿刻本，葉一四。參見《明史》，中華書局1974年，第8142頁。

〔註200〕《明太宗實錄》，第793頁。壞罕來言，原作「壞罕未言」；麓川平緬宣慰司，原作「麓川平面宣慰司」；孟定府，原作「孟府定」；刀名扛，原作「刀府扛」。據《校勘記》改。見《明太宗實錄校勘記》，第242頁。

〔註201〕《蠻司合誌》，《中國少數民族古籍集成（漢文版）》第二冊，第193頁。

〔註202〕《明太宗實錄》，第1578頁。

〔註203〕《明宣宗實錄》，第1086頁。

〔註204〕《明宣宗實錄》，第1904頁。

於世。黃彰健曾論及之〔註205〕。

（三七）（正統）七年，總督王驥征麓川，招降孟璉亦保等寨〔註206〕。

今考，招降孟璉亦保等寨，事在正統六年十二月，此繫在正統七年誤。辨證如下：

據《明英宗實錄》卷八八正統七年正月己丑條：「總督雲南軍務兵部尚書兼太理寺卿王驥、總兵官定西伯蔣貴奏：『去年十一月初十日……於十二月初，直搗賊巢……元江府同知杜凱等亦報，率車里、大候夷兵五萬，招降孟璉長官司亦保等寨，攻破烏木弄、戛邦等寨，斬首二千三百九十餘級……臣等於是月十五日班師……』捷報至，上謂侍臣曰：『窮兵黷武，非朕所喜聞，況兵行之際，不免害及無辜。其令蔣貴、王驥等，凡所招徠者，善撫存之，仍具有功官軍以聞。』」〔註207〕是招降孟璉長官司亦保等寨，在正統六年十二月。《明史・麓川傳》：「元江同知杜凱等亦率車里及大候蠻兵五萬，招降孟璉長官司并攻破烏木弄、戛邦等寨，斬首二千三百餘級。」〔註208〕看似繫在正統七年下，實則是追溯之文。已識於卷三一四考證第八八條中。

又識，據上引《明英宗實錄》卷八八正統七年正月己丑條：「招降孟璉長官司亦保等寨。」〔註209〕則亦保等寨屬於孟璉長官司。中華書局點校本《明史》斷句作「招降孟璉、亦保等寨」〔註210〕，誤。

（三八）敕賜孟璉故長官司刀派罕子派樂等綵幣，以麓川平故也〔註211〕。

今考，事在正統十二年二月。辨證如下：

《明英宗實錄》卷一五〇正統十二年二月癸丑條：「勅諭雲南木邦軍民宣慰使司宣慰使罕蓋法曰：『曩因麓賊思任發悖逆，朕命將征剿。爾起集夷兵，

〔註205〕《明史纂誤再續》，《臺灣中央研究院歷史語言研究所集刊》，1967年，第551頁。
〔註206〕《明史》卷三一五，清乾隆四年武英殿刻本，葉一四。參見《明史》，中華書局1974年，第8142頁。
〔註207〕《明英宗實錄》，第1773～1776頁。
〔註208〕《明史》卷三一四，清乾隆四年武英殿刻本，葉二八。參見《明史》，中華書局1974年，第8118頁。
〔註209〕《明英宗實錄》，第1773～1776頁。
〔註210〕《明史》，中華書局1974年，第8142頁。
〔註211〕《明史》卷三一五，清乾隆四年武英殿刻本，葉一四。參見《明史》，中華書局1974年，第8142頁。

協助官軍。及思任發逃往緬甸，爾復捐地方，取賊首級解京⋯⋯」並勅罕蓋法男，孟定府守管地方罕郭法，大候州土官知州奉敬法、刀奉送，孟璉長官司故土官刀派罕男刀派樂，孟楞地方頭目陶孟曩楪，鎮康州土官知州刀孟廣、判官刀控虐，灣甸州土官知州景隆法、判官刀匾垠等，及頒賜各官並其妻綵幣等物，俱命來使齎與之。」〔註212〕是正統十二年二月事。黃彰健已論及之〔註213〕。查《明史稿》亦繫其年於「七年」下，曰：「十二月，勅頒賜孟璉長官司故土官刀派罕男刀派樂等及其妻綵幣，俱命來使齎與之，以麓川平故也。」〔註214〕更可見本傳此句取材《明英宗實錄》卷一五〇正統十二年二月癸丑條。蓋《明史稿》將「十二年」訛作「十二月」，《明史》刪潤之，更刪去「十二月」云。

又，此句「孟璉故長官司刀派罕」，《明實錄》及《明史稿》原皆作「孟璉長官司故土官刀派罕」。

瓦甸

（三九）瓦甸長官司，初隸金齒，永樂九年改隸雲南都司〔註215〕。

今考，瓦甸長官司之改隸雲南都司，在宣德九年。辨證如下：

此句取材，《明宣宗實錄》卷一〇八宣德九年正月甲子條：「以雲南瓦甸長官司隸都司。先是，瓦甸隸金齒軍民指揮使司，至是其頭目刀怕賴等言，本司離金齒最遠，而去都司實近。故改隸焉。」〔註216〕繫在宣德九年。《明史・地理志》：「瓦甸安撫司。本瓦甸長官司。宣德二年置，屬金齒軍民司。九年二月直隸都司。正統三年五月仍屬金齒軍民司。五年十一月升為安撫司。」〔註217〕亦繫改隸都司之年為宣德九年。黃彰健曾論及之〔註218〕。《明宣宗實錄》卷三一宣德二年九月乙巳條：「置雲南都司金齒軍民指揮使司瓦

〔註212〕 《明英宗實錄》，第2947~2949頁。

〔註213〕 《明史纂誤再續》，《臺灣中央研究院歷史語言研究所集刊》，1967年，第552頁。

〔註214〕 《明史稿》第七冊，第148頁。

〔註215〕 《明史》卷三一五，清乾隆四年武英殿刻本，葉一五。參見《明史》，中華書局1974年，第8143頁。

〔註216〕 《明宣宗實錄》，第2426頁。以雲南瓦甸長官司，下缺「隸都司」三字，據《校勘記》補。見《明宣宗實錄校勘記》，第424頁。

〔註217〕 《明史》卷四六，清乾隆四年武英殿刻本，葉一三。參見《明史》，中華書局1974年，第1189頁。

〔註218〕 《明史纂誤再續》，《臺灣中央研究院歷史語言研究所集刊》，1967年，第552頁。

甸長官司吏目一員，干崖長官司雷弄驛丞一員。」〔註219〕是宣德二年瓦甸長官司尚屬金齒。又《蠻司合誌》：「（宣德）九年，命改瓦甸長官司不隸金齒而隸都司。以瓦甸目把刁怕賴等言，本司離金齒最遠，而去都司實近。因改隸焉。」〔註220〕《國榷》卷二二宣德九年二月甲子條：「改瓦甸長官司隸都司。」〔註221〕皆繫在宣德九年，可為之證。此作「永樂九年」誤。

（四〇）宣德八年置曲石、高松坡、馬緬三巡檢司。初，長官司言其地山高林茂，寇盜出沒，人民不安，乞置巡檢司，以授通事楊資、楊中、范興三人，從之。命資於曲石，中於高松坡，興於馬緬〔註222〕。

舊考，兩處「馬緬」，庫本皆作「馬甸」〔註223〕。

今按，當作「馬緬」，不應改。辨證如下：

檢《明史》成書前之稿本。《蠻司合誌》：「初，瓦甸長官司言，曲石、高松坡、馬甸，其地山高林深，寇盜出沒，乞置巡檢司。以通事楊資、楊中、范興為巡檢，下三司及巡按御史審勘。至是奏以為便，遂置三巡檢司，命資等為巡檢。資于曲石，中于高松坡，興于馬甸。」〔註224〕作「馬甸」。《明史稿》表達較殿本繁瑣，然二處皆作「馬緬」〔註225〕。庫本蓋據《蠻司合誌》回改。

檢此句之取材，《明宣宗實錄》卷一〇六宣德八年十月庚戌條：「置雲南曲石、高松坡、馬緬三巡檢司。初，瓦甸長官司言，曲石、高松坡、馬緬，其地山高林深，寇盜出沒，人民不安，乞置巡檢司。以通事楊資、楊中、范興為巡檢，下三司及巡按御史審勘。至是奏以為便，遂置三巡檢司，命資等為巡檢。資於曲石，中於高松坡，興於馬緬。」〔註226〕作「馬緬」。《明實錄》中尚有涉及馬緬巡檢司者，《明英宗實錄》卷四三正統三年六月辛未條：「革雲南潞江渡口、河底、玖浪、莽孟洞、木縛、賴邦哈、甸頭、庫扛關、庫力關、

〔註219〕《明宣宗實錄》，第809頁。
〔註220〕《蠻司合誌》，《中國少數民族古籍集成（漢文版）》第二冊，第196頁。
〔註221〕《國榷》，第1464頁。
〔註222〕《明史》卷三一五，清乾隆四年武英殿刻本，葉一五。參見《明史》，中華書局1974年，第8143頁。
〔註223〕《明史》，《景印文淵閣四庫全書》第302冊，第526頁。
〔註224〕《蠻司合誌》，《中國少數民族古籍集成（漢文版）》第二冊，第196頁。
〔註225〕《明史稿》第七冊，第148頁。
〔註226〕《明宣宗實錄》，第2370頁。

庫勒關、古湧關、高松坡、馬緬、曲石橋、播孟、清水關十六巡檢司，南甸、孟哈、羅卜思莊、潞江四驛。」〔註227〕則當作「馬緬」。

促瓦、散金

（四一）促瓦、散金二長官司，皆永樂五年設，隸雲南都司〔註228〕。

舊考，中華書局：「皆永樂五年設。本書卷四六《地理志》、《太宗實錄》卷五六永樂六年四月癸未條繫於永樂五年。」〔註229〕

今按，中華書局點校本欲表達《明史‧地理志》與《實錄》「繫於永樂六年」，而不慎又訛矣。辨證如下：

本傳之取材，《明太宗實錄》卷七八永樂六年四月癸未條：「設促瓦、散金二長官司，隸雲南都司。初，其地俱隸麓川平緬宣慰司，至是土酋註甸八等來朝，請別設長官司，從之。命註甸八等為長官，各給印章。」《明史‧地理志》：「促瓦長官司。散金長官司。舊俱為麓川平緬司地。永樂六年四月置。」〔註230〕是《明史‧地理志》、《明太宗實錄》卷五六永樂六年四月癸未條繫此事於永樂六年。又《國榷》卷一四永樂六年四月癸未條：「設促瓦、散金二長官司，隸雲南都司。」〔註231〕《蠻司合誌》：「促瓦、散金二長官司，亦以土官註甸八請，不屬之麓川平緬而屬之都司，順夷情也。」〔註232〕亦繫此事於永樂六年。此作五年誤。

木邦（孟密安撫司附）

（四二）時官軍征八百，罕的法發兵助戰，攻江下等十餘寨，斬首五百餘級。詔遣鎮撫張伯恭、經歷唐復往賜白金、錦幣，及其部領有差〔註233〕。

〔註227〕《明英宗實錄》，第842頁。

〔註228〕《明史》卷三一五，清乾隆四年武英殿刻本，葉一五。參見《明史》，中華書局1974年，第8144頁。

〔註229〕《明史》，中華書局1974年，第8164頁。

〔註230〕《明史》卷四六，清乾隆四年武英殿刻本，葉一九。參見《明史》，中華書局1974年，第1197頁。

〔註231〕《國榷》，第1003頁。

〔註232〕《蠻司合誌》，《中國少數民族古籍集成（漢文版）》第二冊，第193頁。

〔註233〕《明史》卷三一五，清乾隆四年武英殿刻本，葉一六。參見《明史》，中華書局1974年，第8144頁。

今識，官軍征八百，罕的法助戰，在永樂三年；詔遣鎮撫等往賜罕的法，在永樂四年。辨證如下：

此句之取材，《明太宗實錄》卷五七永樂四年閏七月己巳條：「敕諭木邦軍民宣慰使罕的法曰：『夫有功必賞，國之令典。朕前以八百不臣，命將出師伐罪，復命爾發兵助之。爾能攄誠用命，深入其地，攻其江下等十餘寨，斬首五百餘級，宜有褒嘉。今特遣鎮撫張伯恭、經歷唐復賜爾白金、彩幣，其頭目陶目陶孟王甫等從征有勞，並嘉賞賚。』於是賜罕的法白金二百兩，錦二段，紵絲十表裏，餘各賜紵絲表裏有差。」〔註234〕是詔遣鎮撫等往賜罕的法，在永樂四年。故《明史稿》原作：「（永樂）四年七月，帝以罕的法發兵助征八百，用命深入，攻其江下等十餘寨，斬首五百餘級。特遣鎮撫張伯恭、經歷唐復賜之白金二百兩、錦、紵表裏，及其頭目陶孟王甫白金、紵絲表裏有差。」〔註235〕《明史》刪潤之時，將「四年七月」改作「時」，便容易使人將此事誤讀在永樂二年下。其後文「明年遣使貢象、馬、方物，謝恩」，本是永樂五年事，便也易誤讀為永樂二年之「明年」矣。故附識之。

又官軍征八百，罕的法助戰之事，據《明實錄》在永樂三年。《明太宗實錄》卷四四永樂三年七月壬子條：「車里宣慰使刀暹答遣頭目攬線思奏，請舉兵攻八百大甸宣慰使刀招散……遂敕西平侯沐晟，諭以車里請征八百之故，且言已遣使往諭八百，令改過自新。爾宜嚴兵以待，彼果悔罪輸誠即止兵勿進，其以馬軍六百、步軍一千四百隨內官楊安、郁斌。又慮老撾乘車里空虛，或發兵掩襲其後，或與八百為援，可選的當頭目率兵一萬五千往備。」〔註236〕是征八百之前奏。《明太宗實錄》卷四九永樂三年十二月戊辰條：「鎮守雲南平西侯沐晟奏，奉命率師及車里諸宣慰兵至八百境內。破其猛利石崖及者答二寨，又至整線寨，木邦兵破其江下等十餘寨。八百恐懼，遣人詣軍門，陳詞伏罪。臣等恪遵敕旨，駐兵不進。其車里等宣慰，擬各班師。並以八百所陳詞奏聞。遂敕遣諭車里、木邦宣慰使刀暹答、波勒馬艮等，土官麻哈旦、麻剌叱等曰，曩者八百不恭朝命，爾等請舉兵誅，嘉爾忠誠，已從所請。今得西平侯奏，言八百已伏罪納款。夫有罪能悔，宜赦宥之。敕至，爾等悉止兵勿進。又

〔註234〕《明太宗實錄》，第 837、838 頁。木邦，原作「大邦」。據《校勘記》改，見《明太宗實錄校勘記》，第 259 頁。
〔註235〕《明史稿》第七冊，第 148 頁。
〔註236〕《明太宗實錄》，第 698～700 頁。

敕西平侯沐晟等班師。」〔註237〕軍隊班師。故知征八百在永樂三年七月至十二月之間。

（四三）罕的法卒，其子罕賓發來朝，請襲，命賜冠服〔註238〕。

今讖，《明實錄》載罕賓發並未親自來朝，而是遣使來朝。辨證如下：

此句之取材，《明太宗實錄》卷八一永樂六年七月乙卯條：「木邦故宣慰使罕的法之子罕賓發遣頭目陶孟刀思領等來朝，貢象、馬、方物。命罕賓發襲父職為木邦軍民宣慰司宣慰使，遣使賜之冠服及錦綺紗羅等物。」〔註239〕是《明實錄》以罕賓發為遣使來朝。

（四四）（永樂）七年遣使謝恩。又遣人奏緬甸宣慰使那羅塔數誘賓發叛，賓發不敢從逆，若天兵下臨，誓當效命。帝嘉其忠，遣中官徐亮齎敕勞之，賜白金三千兩、錦綺三百表裏，祖母、母、妻織金文綺、紗羅各五十疋〔註240〕。

今考，《明實錄》作「錦綺二百表裏」。辨證如下：

此句之取材，《明太宗實錄》卷九四永樂七年七月丙申條：「木邦軍民宣慰使司宣慰使罕賓發，遣頭目陶孟刀不答等四十人貢象、馬、金銀器，謝襲職恩。又遣陶孟刀不答等奏曰，緬甸宣慰使那羅塔，數誘罕賓發背叛朝廷，罕賓發自念受國厚恩，不敢從逆，已力拒之。若天兵下臨，罕賓發當効微勞。上嘉其忠，遣中官徐亮齎勅，勞罕賓發曰，朕即位以來，爾父能竭誠効職，恭事朝廷，撫治一方，人咸得所，朕久嘉之。今爾能遵父之行，格守臣節，又能力拒那羅塔不義之言，尤見爾之忠誠。那羅塔以蕞爾之地，懷心不咸，朕久聞之。所未思遽加兵者，恐傷及良善。已遣人諭之，俾改過自新。如仍不悛，即命將出師，由海道來，爾嚴整士馬，由陸路進，小醜不足平也。嘉爾之誠，特遣中官徐亮往諭朕意，並賜爾白金三千兩，錦綺二百表裏，爾祖母、母、妻織金文綺、紗羅各五十匹。爾其益篤忠誠，以嗣前人休烈，欽

〔註237〕《明太宗實錄》，第 737、738 頁。遂敕西平侯沐晟，原作「遂敕平西侯沐晟」。奉命率師及車里諸宣慰兵，原作「奉命率師及車里諸宣總兵」。據《校勘記》改。見《明太宗實錄校勘記》，第 223 頁。

〔註238〕《明史》卷三一五，清乾隆四年武英殿刻本，葉一六。參見《明史》，中華書局 1974 年，第 8144 頁。

〔註239〕《明太宗實錄》，第 1089 頁。

〔註240〕《明史》卷三一五，清乾隆四年武英殿刻本，葉一六。參見《明史》，中華書局 1974 年，第 8145 頁。

哉。」〔註241〕作「錦綺二百表裏」。

（四五）宣德三年遣中官徐亮齎敕及文綺賜襲職宣慰罕門法并及 祖母、母、妻〔註242〕。

今考，《明實錄》述齎敕，並未及其妻。辨證如下：

《明宣宗實錄》卷四一宣德三年四月丁丑條：「命雲南木邦軍民宣慰司故土官宣慰使罕線法從子罕門法襲職。初，罕線法卒，罕門法尚幼。至是遣人朝貢，且請襲職，遂以命之，遣中官徐亮齎敕及文綺表裏，往賜罕門法並其祖母、母及孟定府土官知府罕顏法等有差。」〔註243〕齎敕之範圍，並未言及其妻。罕門法因年幼未能襲職，至是方襲職，或尚未婚配也。

（四六）（正統）五年，總兵官沐昂遣人間道達木邦，得報，知宣慰 祖母美罕板、其孫宣慰罕蓋法與麓川戰於孟定、孟璉地， 殺部長二十人，斬首三萬餘級，獲馬象器械甚眾〔註244〕。

今考，「孟定、孟璉」，《明實錄》原作「孟彌、孟臉」。辨證如下：

此句之取材，《明英宗實錄》卷六九正統五年七月己酉條：「雲南總兵官都督同知沐昂奏，奉敕令諭木邦發兵，共剿叛寇思任發，遣使從間道齎敕諭之。近得木邦報，其祖母美罕板率其孫宣慰罕蓋法、陶孟刀板放等，與叛寇戰於孟彌、孟臉，殺賊首二十人，斬首三萬餘級，獲象馬器械甚眾。請褒之，以為後來勸。章下行在兵部，議以木邦恭守臣節，尊事朝廷，乞如昂請，授罕蓋法為懷遠將軍，封其祖母為太淑人，齎以金帶綵幣。從之。」〔註245〕作「孟彌、孟臉」。《國榷》卷二四正統五年七月己酉條引此事：「木邦宣慰使罕蓋法、陶孟刀板放等，同祖母美罕板，擊思任發于孟彌、孟臉，殺渠帥二十人，斬三萬餘級，獲象馬兵械甚眾。事聞，封美罕板太淑人，罕蓋法懷遠將軍，賜金帶綵幣。」〔註246〕亦作「孟彌、孟臉」。不知「孟彌、孟臉」

〔註241〕《明太宗實錄》，第1251、1252頁。木邦，原作「木幫」。天兵下臨，原作「夫兵下臨」。據《校勘記》改。見《明太宗實錄校勘記》，第427頁。

〔註242〕《明史》卷三一五，清乾隆四年武英殿刻本，葉一六。參見《明史》，中華書局1974年，第8145頁。

〔註243〕《明宣宗實錄》，第1019頁。

〔註244〕《明史》卷三一五，清乾隆四年武英殿刻本，葉一六。參見《明史》，中華書局1974年，第8145頁。

〔註245〕《明英宗實錄》，第1338頁。授罕蓋法為懷遠將軍，原作「授罕蓋法為為懷遠將軍」。據《校勘記》刪一「為」字。見《明英宗實錄校勘記》，第195頁。

〔註246〕《國榷》，第1591頁。

與「孟定、孟璉」是否同音異寫。

> （四七）（正統）七年，總督王驥奏，罕蓋法遣兵攻拔麗川板罕、
> 貢章等寨，追至孟蒙，獲其孥七人，象十二，麗川酋思
> 任發父子遁孟廣。帝命指揮陳儀往勞之，且曰：「木邦能
> 自効，生縶賊首獻，其酬以麗川土地人民。」〔註247〕

今考，象十二，《明實錄》作「象十三」。指揮陳儀往勞，非帝所命。辨證如下：

此句之取材，《明英宗實錄》卷九〇正統七年三月戊寅條：「總督雲南軍務兵部尚書兼大理寺卿王驥等奏，得木邦宣慰罕蓋法報，遣陶孟刀垠送領兵攻麗川賊板罕、貢章等寨，破之。追至孟蒙，獲其女奴七人，象十三隻，而思任發父子過金沙江，走孟廣。刀垠送駐兵麗川，緬甸宣慰卜剌當亦起兵夾攻之，叛寇竄身無地，殄滅可待。其脅從孟通、芒市等處夷民俱來降。已令指揮陳儀撫勞之。上曰，木邦、緬甸既願自効，其敕總兵官沐昂，仍加激勵，俾圖成功，果能生縶賊首來獻，其麗川土地人民悉予之。」〔註248〕作「象十三」。黃彰健曾論及之〔註249〕。且從《實錄》來看，王驥等所奏，云已令指揮陳儀撫勞，似指揮陳儀往勞，是王驥等令，非帝所命也。《五邊典則》所載與《實錄》同〔註250〕。

> （四八）景泰元年，罕蓋法奏乞隴川界者闌景線地，未報，蓋法
> 子罕落法輒發兵據之。隴川宣撫刀歪孟訴於總兵官沐璘。
> 璘遣使諭歸之，而與以底麻之地〔註251〕。

今考，《實錄》繫於景泰三年。辨證如下：

此句之取材，《明英宗實錄》卷二一七景泰三年六月壬申條：「先是，木邦宣慰司宣慰使罕蓋法奏，乞隴川界邊者闌景線地方，事下兵部，移文審驗，未報。而罕蓋法子罕落法、陶孟思外法等，輒領兵據之。隴川宣撫刀歪孟等

〔註247〕《明史》卷三一五，清乾隆四年武英殿刻本，葉一七。參見《明史》，中華書局 1974 年，第 8145 頁。
〔註248〕《明英宗實錄》，第 1819 頁。
〔註249〕《明史纂誤再續》，《臺灣中央研究院歷史語言研究所集刊》，1967 年，第 552 頁。
〔註250〕《五邊典則》，《四庫禁燬書叢刊》史部第 26 冊，第 488 頁。
〔註251〕《明史》卷三一五，清乾隆四年武英殿刻本，葉一七。參見《明史》，中華書局 1974 年，第 8146 頁。

訴于雲南總兵等官，沐璘等遣官諭以朝廷恩威，俾各安分，因割隴川之底麻地與木邦，餘地悉歸隴川。至是，璘等以聞，從之。」〔註252〕繫於景泰三年。黃彰健曾論及之〔註253〕。《國榷》亦繫之於「景泰三年六月壬申」：「初，木邦宣慰使罕蓋法乞麓川闆景線之地，未報，而罕東兵輒據之。以聞。總兵官沐璘等諭以威德，割麓川之底麻予木邦，餘歸麓川。」〔註254〕

（四九）曩罕弄者，故木邦宣慰罕揲法之女，嫁其孟密部長思外法。地有寶井。罕揲法卒，孫落法嗣。曩罕弄以尊屬不樂受節制，嗾族人與爭〔註255〕。

今考，罕揲，一作「罕楪」，當以「罕楪」為是。辨證如下：

此句之取材，《明憲宗實錄》卷二二九成化十八年七月庚午條：「木邦宣慰司孟密夷婦曩罕弄，本故木邦宣慰罕楪法之女，嫁本司頭目思外法。其地有寶井，因界之管食。罕楪法卒，孫罕落法嗣其職。曩罕弄自恃尊屬，不服管束，嗾族人與之爭官，互相讎殺。」〔註256〕原作「罕楪」。於「罕楪」，《明憲宗實錄校勘記》無校勘記，《五邊典則》摘引《實錄》亦作「罕楪」〔註257〕，《實錄》其他條目亦無「罕揲」之記錄，知《實錄》正作「罕楪」。《蠻司合誌》：「木邦宣慰罕楪者，利寶井所有，特以愛女曩罕弄妻司歪。罕楪死，孫罕㐀立，嗜酒好殺，曩罕弄自恃姑，行思奪襲，結族人與爭不得。」〔註258〕亦作「罕楪」。是與《明史》不同者。《明史稿》則作「罕揲」〔註259〕，與《明史》同。

時人著作《椒邱文集》中有《都憲程公平蠻錄》云：「太宗皇帝俯順其情，分麓川之地為木邦宣慰司，以刀干孟之子罕楪法為宣慰。罕楪法以其女曩罕弄妻頭目思任法，割所部孟密習播之地界之，地有寶井，青紅寶石產其中，曩罕弄專其利……罕楪法死，再傳至罕落法，始與孟密搆隙。」〔註260〕作「罕

〔註252〕《明英宗實錄》，第 4682 頁。

〔註253〕《明史纂誤再續》，《臺灣中央研究院歷史語言研究所集刊》，1967 年，第 552 頁。

〔註254〕《國榷》，第 1930 頁。

〔註255〕《明史》卷三一五，清乾隆四年武英殿刻本，葉一八。參見《明史》，中華書局 1974 年，第 8146 頁。

〔註256〕《明憲宗實錄》，第 3920 頁。

〔註257〕《五邊典則》，《四庫禁燬書叢刊》史部第 26 冊，第 528 頁。

〔註258〕《蠻司合誌》，《中國少數民族古籍集成（漢文版）》第二冊，第 199 頁。

〔註259〕《明史稿》第七冊，第 150 頁。

〔註260〕〔明〕何喬新：《椒邱文集》，《景印文淵閣四庫全書》第 1249 冊，臺灣商務

楪」。嘉靖五年，滇人張志淳作《南園漫錄》，云：「猛密舊屬木邦，其陶猛亦同姓。初木邦宣慰罕楪以女曩罕弄妻司歪，因猛密有寶井，故使守之。楪死，子落立，落死，孫㐫為宣慰。嗜酒好殺，曩罕弄遂以猛密叛，然猶未敢侵占木邦也。」〔註261〕作「罕楪」。《行邊紀聞》：「陶猛者，猶華言頭目也。宣慰使罕楪以其女曩罕弄妻司歪。罕楪死，孫罕㐫立。嗜酒好殺。曩罕弄遂以猛密叛，然猶未敢公侵木邦也。」〔註262〕《西園聞見錄》〔註263〕、《咸賓錄》〔註264〕同之。皆作「罕楪」。

諸書之中，作「罕揲」者，唯《萬曆野獲編‧滇南寶井》：「雲南寶井，環孟艮、孟養諸夷俱有之，惟孟養所出稱最。孟養，故木邦宣慰司所轄地，井所出色類不一，其價亦懸殊，有銖兩即值千金者。世宗末年，索寶于戶部尚書高燿，至傾全滇物力，不能如數。未幾，上宴駕，得寢，即此地也。木邦既專寶井之利，四方估客麕集其境，乃命所愛陶猛名司歪者守之，陶猛即頭目也。宣慰使罕揲至，以女名曩罕弄者妻司歪，既擅有寶井，遂藐視其父家，因據孟密以叛。」〔註265〕是書此條所記，不知材料所出，又誤「孟養」、「孟密」為一，不知其作「罕揲」當否？

「揲」、「楪」形近，故易相訛。《明史》之取材《明實錄》，原作「罕楪」，諸書之作「罕楪」者早出，且作「罕楪」者眾。當以「罕楪」為是。《明實錄》作「罕楪」，《蠻司合誌》亦尚作「罕楪」，而《明史稿》變為「罕揲」，蓋《明史稿》訛誤，而《明史》沿之。

（五〇）孟密奏為木邦所擾，乞別設安撫司。張鵬以太監覃平、御史程宗撫馭已有成緒，遂命宗巡撫雲南，敕平偕詣金齒勸諭之，其孟密地或仍隸木邦，或別設安撫，區處具奏〔註266〕。

印書館 1986 年，第 323、324 頁。按其中「思任法」三字，蓋緣下文抄寫訛誤。

〔註261〕〔明〕張志淳：《南園漫錄》，《景印文淵閣四庫全書》第 867 冊，臺灣商務印書館 1986 年，第 302 頁。

〔註262〕《行邊紀聞》，《中華文史叢書》之二三，第 567 頁。

〔註263〕《西園聞見錄》，《續修四庫全書》第 1169 冊，第 755 頁。

〔註264〕《咸賓錄》，《四庫全書存目叢書》史部第 255 冊，第 691 頁。

〔註265〕《萬曆野獲編》，第 769 頁。

〔註266〕《明史》卷三一五，清乾隆四年武英殿刻本，葉一八。參見《明史》，中華書局 1974 年，第 8146 頁。

　　舊識，四庫館臣：「遂命宗巡撫雲南。按宗乘傳至滇，即大言孟密宜開設，巡撫吳誠有難色，宗叱之曰：爾敢與內廷抗耶？遂率鎮守及三司會勘，杖木邦訴民而犒孟密使者，踰南牙山就見曩罕弄，曲徇所請。見《明史紀事本末》。」〔註267〕

　　今按，《明史紀事本末》無此記載，四庫館臣蓋從《蠻司合誌》見之而誤記書名。《蠻司合誌》：「適副都程宗以憂歸，即起復偕譯使蘇詮往。至雲南，大言猛密宜開設，眾驚駭，巡撫吳誠有難色。宗叱之曰，一何儜！汝敢與內廷抗耶？誠倉皇不知所為，發疾卒。宗乃率鎮守及三司會勘，杖木邦訴民而犒曩罕弄使者。時鎮守謂曩罕弄當出迎，既而不至，且請曰：『我婦人不能遠涉，願都堂就我。』宗乃踰南牙山就見。又請曰：『我見都堂須有坐。』宗乃命坐。曩罕弄坐定，互譯良久，已而笑曰：『我猛密之于木邦，猶大象之孕小象也。今小象長成，軀倍大象矣。寧能復納之大象胞胳中乎？』宗曰：『然。』遂別立猛密宣撫司，以思楪為使，開設衙門，徑隸布政司，與木邦抗。」〔註268〕

　　又識，程宗巡撫雲南，是在到雲南後方受巡撫之任，非受命之初即為巡撫。辨證如下：

　　此句之取材，《明憲宗實錄》卷二四四成化十九年九月己亥條：「雲南木邦宣慰司下孟密曩罕弄奏，累為木邦所擾，乞別立安撫司。事下兵部，尚書張鵬等言，太監覃平、都御史程宗，撫諭各夷，已有成緒，仍敕二人往金齒，親召曩罕弄母子與木邦宣慰諭之。謂爾等連年構怨，守臣請兵殄滅，朝廷以天兵一臨，恐橫及無辜，故遣大臣諄復撫諭，俾各安生。若各夷聽命，孟密仍隸木邦，或其勢不可復合，別設安撫司，或別有長策，令具以聞。詔從之。因敕平、宗等曰：……敕至，爾等即與總兵官黔國公沐琮、巡撫都御史吳誠並巡按三司等官議定方略，候瘴消之日，爾平、爾宗偕往金齒，會同太監王舉，督三司原委官並序班蘇詮通事人等，先往彼處撫諭。爾等或去騰沖、隴川，取便駐劄。招出曩罕弄母子等面會木邦罕乞法等，委曲撫諭，已往罪愆悉有不問，各將原占村寨退出，撥付應得之人管隸……」〔註269〕是受命之初，雲南已有巡撫都御史吳誠，太監覃平、都御史程宗，只是撫諭而已，未言程宗為巡撫。查程宗巡撫雲南，《明憲宗實錄》卷二四五成化十九年十月戊寅條：

〔註267〕　《明史考證攟逸》，《續修四庫全書》第294冊，第414頁。
〔註268〕　《蠻司合誌》，《中國少數民族古籍集成（漢文版）》第二冊，第199頁。
〔註269〕　《明憲宗實錄》，第4131、4132頁。

「命右副都御史程宗巡撫雲南。時雲南巡撫都御史吳誠卒，宗以撫諭孟密在彼，因命代之。」〔註270〕是在到雲南後方受巡撫之任。

（五一）弘治二年，雲南守臣奏，孟密曩罕弄先後占奪木邦地二十七處，又誘其頭目放卓孟等叛，其勢必盡吞後已〔註271〕。

舊考，「七」，庫本作「八」〔註272〕。

今按，似不應改。辨證如下：

檢《明史》成書階段之稿本。《蠻司合誌》無相關內容，《明史稿》作「七」〔註273〕。本傳此句之取材，《明孝宗實錄》卷二九弘治二年八月壬寅條：「雲南守臣奏，孟密安撫司夷婦曩罕弄先後占奪木邦地二十七處，又陰誘其頭目放卓孟等叛木邦。木邦孤弱不能自立，其勢必盡吞木邦乃已。」〔註274〕亦作「七」。

（五二）（弘治）三年追論致仕南京工部尚書程宗罪。先是，宗以右副都御史奉命率蘇銓往撫諭，而銓受思柄金，紿宗奏為設孟密安撫司。銓復教思柄偽歸木邦地，而占據如故，思柄益橫。至是，木邦宣慰罕穵法發其事，時宗已致仕，巡按請追罪之。獄具，帝以事在赦前，不問〔註275〕。

今考，事在弘治四年，此繫在三年誤。辨證如下：

此句之取材，《明孝宗實錄》卷五一弘治四年五月甲午條：「致仕南京工部尚書程宗贖杖還職，仍致仕。先是木邦宣慰司頭目思柄劫占本司地方，宗以右副都御史奉朝命，率房班蘇銓撫諭之。銓受思柄金紿宗，為之奏設孟密安撫司，即以思柄為安撫。銓復嗾思柄焚所占木邦分地孟邦等十八寨，偽為狀，歸之木邦，寔未歸也。思柄由是益橫。至是，本邦宣慰罕穵法發其事，時宗以尚書致仕，巡按御史請追治其罪。獄具。上以宗處事不審，宜寘重罪，但事在革前，姑依擬贖杖云。」〔註276〕繫在弘治四年。《五邊典則》取《實錄》，

〔註270〕《明憲宗實錄》，第4156頁。
〔註271〕《明史》卷三一五，清乾隆四年武英殿刻本，葉一九。參見《明史》，中華書局1974年，第8147頁。
〔註272〕《明史》，《景印文淵閣四庫全書》第302冊，第528頁。
〔註273〕《明史稿》第七冊，第150頁。
〔註274〕《明孝宗實錄》，第657頁。
〔註275〕《明史》卷三一五，清乾隆四年武英殿刻本，葉一九。參見《明史》，中華書局1974年，第8147頁。
〔註276〕《明孝宗實錄》，第1018頁。木邦，原作「本邦」。紿宗，原作「紹宗」。據《校勘記》改。見《明孝宗實錄校勘記》，第140頁。

亦繫在「弘治四年五月」〔註277〕。《國榷》述此事，在弘治四年五月甲午條：「前南京工部尚書程宗贖杖還職，仍致仕。先是宗以右副都御史撫諭木邦宣慰司頭目思柄，奏設孟密安撫司。授思柄安撫。復嗾思柄焚所侵十八寨，偽歸其地，實未歸也。事聞，以赦前，輕擬。」〔註278〕是以，此事當在弘治四年。

《明史》之誤在三年者，蓋以《明孝宗實錄》於弘治三年正月壬申，述覈南京守備太監蔣琮及御史姜綰等互奏事，其中「致仕南京工部尚書程宗，見任侍郎黃孔昭，因襲前弊，俱宜逮治」，而皇帝曰：「程宗免問。」〔註279〕亦論程宗罪，蓋《明史》館臣混淆二事，弘治三年正月壬申所論程宗之罪，與本傳所述程宗之罪自不相同。

（五三）初，孟密之復叛木邦也，因木邦宣慰罕穵法親迎婦於孟乃寨，孟密土舍思撲乘虛襲之，據木邦，誘降其頭目高答落等，聚兵阻路〔註280〕。

舊考，四庫館臣：「孟密土舍思撲。撲改『楪』。下同。按《明實錄》作孟密土舍思楪。」〔註281〕

今按，此句之取材，《明孝宗實錄》卷九二弘治七年九月戊戌條〔註282〕，其中「撲」「楪」二字，殊難辨認。而《明孝宗實錄》卷一九五弘治十六年正月癸未條，則作「思撲」〔註283〕。未詳孰是。

（五四）高答落等懼，謀歸罕穵法。思撲欲殺之，罕穵法乞救於鄰部，調土兵合隴川等三宣撫兵至蠻遮，共圍之〔註284〕。

今識，《明實錄》、《明史稿》、本傳皆述此事，而表達各不相同，以《明史稿》之表達最為準確。辨證如下：

此句之取材，《明孝宗實錄》卷九二弘治七年九月戊戌條，云：「高答落等聞之，懼，復歸罕穵法。思楪殺之。罕穵法令人調其土兵，合隴川等三宣撫

〔註277〕《五邊典則》，《四庫禁燬書叢刊》史部第 26 冊，第 541 頁。

〔註278〕《國榷》，第 2618 頁。

〔註279〕《明孝宗實錄》，第 741 頁。

〔註280〕《明史》卷三一五，清乾隆四年武英殿刻本，葉一九。參見《明史》，中華書局 1974 年，第 8148 頁。

〔註281〕《明史考證攟逸》，《續修四庫全書》第 294 冊，第 414 頁。

〔註282〕《明孝宗實錄》，第 1726～1728 頁。

〔註283〕《明孝宗實錄》，第 3592 頁。

〔註284〕《明史》卷三一五，清乾隆四年武英殿刻本，葉二〇。參見《明史》，中華書局 1974 年，第 8148 頁。

夷兵，至蠻遮寨，共圖之。」〔註285〕《明史稿》：「高答落等聞之，懼，復歸罕烒法。思撡欲殺之。罕烒法令人調其土兵，合隴川等三宣撫蠻兵，至蠻遮寨，共圖之。」〔註286〕是《明實錄》至於《明史稿》，《明史稿》至於《明史》，歸與不歸，殺與不殺，意義有變。

根據本傳下文「思撡圍蠻遮，木邦宣慰妻求救於孟養思陸」來看，當是罕烒法之勢力在蠻遮，高答落等歸罕烒法於蠻遮，思撡欲殺之，遂圍蠻遮。故罕烒法乞救於鄰部，調兵至蠻遮。是以，《明史稿》之表達最為準確。

（五五）瑞體死，子應裏用岳鳳言誘拔殺之。時萬曆十一年也〔註287〕。

今考，此作萬曆十一年，同卷《緬甸傳》繫於萬曆十年，彼此互異。似當以《緬甸傳》為是。理由見本卷《緬甸傳》「岳鳳嗾應裏殺罕拔，盡俘其眾」條考證。

（五六）（萬曆）三十四年，緬以三十萬眾圍其城。請救於內地，不至，城陷罕禠被擄。緬偽立孟密思禮領其眾。事聞，黜總兵官陳賓，木邦遂亡〔註288〕。

今考，陳賓，為「陳寅」之訛。辨證如下：

此句之來源未知，然《明神宗實錄》亦載此事，卷四二二萬曆三十四年六月癸卯條云：「雲南緬夷阿瓦，擁眾數萬，攻圍木邦宣慰司。我軍不援，失之。事聞，黜鎮守副總兵陳寅，錮其終身，遊擊劉素併罷。」〔註289〕作「陳寅」。萬斯同《明史》卷二十本紀二十「（萬曆三十四年）六月癸卯，緬甸攻木邦，陷之。副總兵陳寅等不救，論罪有差。」〔註290〕亦作「陳寅」。又查《明實錄》，萬曆年間無陳賓在雲南任總兵之職，而有陳寅在永、騰間守備，見《明神宗實錄》卷三九七萬曆三十二年六月己酉條：「革雲南永、騰參將王廷光，

〔註285〕《明孝宗實錄》，第 1727 頁。

〔註286〕《明史稿》第七冊，第 151 頁。

〔註287〕《明史》卷三一五，清乾隆四年武英殿刻本，葉二〇。參見《明史》，中華書局 1974 年，第 8149 頁。

〔註288〕《明史》卷三一五，清乾隆四年武英殿刻本，葉二一。參見《明史》，中華書局 1974 年，第 8149 頁。

〔註289〕《明神宗實錄》，第 7984 頁。

〔註290〕〔清〕萬斯同：《明史》，《續修四庫全書》史部第 324 冊，上海古籍出版社 2002 年，第 232 頁。

以興隆副總兵陳寅代加守備，劉素遊擊職銜，管隴把守備事。」〔註291〕以是知此作陳賓誤。

（五七）萬曆十二年，忠齎偽印來歸，命授為宣撫〔註292〕。

舊考，四庫館臣：「萬麻十二年忠齎偽印來歸命。『二』改『三』。按思忠等之歸命也，朝命以思忠為孟密宣撫，思化為猛哈同知，思順為蠻莫安撫。比信符至，而思忠等已復投緬矣。見《明實錄》。」〔註293〕

今按，萬曆十二年，不必改為萬曆十三年。辨證如下：

《明實錄》不錄是事。四庫館臣所引者，蓋《蠻司合誌》：「先是，思忠等歸命時，朝命嘉其義。以思忠為猛密宣撫，思化猛哈同知，思順蠻莫安撫。比信符至，而思忠等已復投緬，乃以忠母罕烘、順母罕送，各代子領該司印。」〔註294〕無明確提及歸附及授職年代。

《明神宗實錄》卷一四八萬曆十二年四月壬申條：「兵部覆雲南鎮撫官劉世曾、沐昌祚奏報，剿平罕虔餘孽及招撫孟養、孟密、木邦三司，勘明功次。莽咩阿借等，請就彼審決梟示。從之。」〔註295〕是萬曆十二年四月，孟密已經歸附。《蠻司合誌》：「（萬曆）十二年冬，征南將軍沐昌祚等檻車傳岳鳳父子五人及莽糜啞晏得皮一人致京師，上御皇極門受之，祭告如例。于是諸夷解散，蠻莫思順，阿瓦莽永順，猛密思忠，錫跋思奇，迤西思威，俱先後遁去，仍投應裏。」〔註296〕是十二年冬前，思忠已歸附，後復投緬。可知思忠來歸的下限是萬曆十二年冬。《蠻司合誌》：「于是，綎、子龍率兵出隴川、猛密，直抵阿瓦。阿瓦酋莽灼，瑞體弟也，聞官兵至，大懼，科猛密思忠，蠻莫思順詣綎請降。」〔註297〕據本卷考證第二○條，十二年正月初一日，岳鳳詣軍門投降。之後劉綎率大兵直搗隴川，岳鳳之子曩烏亦降。是後劉綎出隴川，即是思忠投降之時。所以思忠來歸的上限是萬曆十二年正月初一之後。故知本傳所述思忠來歸時間在萬曆十二年內。不必改。

〔註291〕《明神宗實錄》，第 7474 頁。
〔註292〕《明史》卷三一五，清乾隆四年武英殿刻本，葉二一。參見《明史》，中華書局 1974 年，第 8149 頁。
〔註293〕《明史考證攟逸》，《續修四庫全書》第 294 冊，第 414 頁。
〔註294〕《蠻司合誌》，《中國少數民族古籍集成（漢文版）》第二冊，第 211 頁。
〔註295〕《蠻司合誌》，《中國少數民族古籍集成（漢文版）》第二冊，第 2764 頁。
〔註296〕《蠻司合誌》，《中國少數民族古籍集成（漢文版）》第二冊，第 211 頁。
〔註297〕《蠻司合誌》，《中國少數民族古籍集成（漢文版）》第二冊，第 210 頁。

（五八）緬攻孟密，罕烘率子思禮、從子思仁奔孟廣，而孟密遂
　　　失〔註298〕。

今考，思禮為罕烘孫，非罕烘子。辨證如下：

《蠻司合誌》：「至是，應裏攻猛密，罕烘不能拒。率其孫思禮、從子思
仁奔猛廣，而猛密失。」〔註299〕《滇考》：「九月，應裡攻猛密，罕烘不能拒，
率其孫思禮、從子思仁奔猛廣，而猛密失。」〔註300〕以思禮為罕烘之孫。《蠻
司合誌》：「時有甘線姑者，思忠妻也。思仁乘思忠投緬，于奔行時烝嫂線姑，
即欲得之以為妻，而罕烘不許。至是，罕烘與線姑，及線姑子思禮，皆奔隴
川。而思仁奔雅益，率兵象犯隴川，欲攜線姑去。會隴川宣撫多思順有備弗
克逞，懼中國問罪，乃同丙測歸應裏。」〔註301〕《滇史》：「後（思）忠復叛
去，死緬。而妻甘線姑、子思禮與忠母同在隴川，依多思順以居。」〔註302〕
又云：「嘉靖中，猛密思真為莽瑞體刺死，遺二孫思卓、思哲。卓二子：長思
錦，生思仁；次思混，生思忠（罕烘所生）。思哲二子，長思順，次思華（罕
送所生）。」〔註303〕是思禮者，父曰思忠，母曰甘線姑，為罕烘之孫。

（五九）（萬曆）十八年，緬復攻孟廣，罕洪、思禮奔隴川，思仁
　　　奔工回，而孟廣又失〔註304〕。

舊考，四庫館臣：「罕洪思禮奔隴川。洪改『烘』。」〔註305〕

今按，是也。聯繫上下文可知也。中華書局點校本徑改之〔註306〕。《明
史稿》原作「罕烘」〔註307〕，蓋刻印《明史》時訛誤。

（六〇）至是，罕烘攜線姑走隴川，思仁奔雅蓋〔註308〕。

〔註298〕　《明史》卷三一五，清乾隆四年武英殿刻本，葉二一。參見《明史》，中華
　　　　　書局1974年，第8149頁。

〔註299〕　《蠻司合誌》，《中國少數民族古籍集成（漢文版）》第二冊，第211頁。

〔註300〕　《滇考》，《中華文史叢書》之二二，第330頁。

〔註301〕　《蠻司合誌》，《中國少數民族古籍集成（漢文版）》第二冊，第212頁。

〔註302〕　《滇史》，第388頁。

〔註303〕　《滇史》，第388頁。

〔註304〕　《明史》卷三一五，清乾隆四年武英殿刻本，葉二一。參見《明史》，中華
　　　　　書局1974年，第8149頁。

〔註305〕　《明史考證攟逸》，《續修四庫全書》第294冊，第414頁。

〔註306〕　《明史》，中華書局1974年，第8149頁。

〔註307〕　《明史稿》第七冊，第151頁。

〔註308〕　《明史》卷三一五，清乾隆四年武英殿刻本，葉二一。參見《明史》，中華
　　　　　書局1974年，第8149頁。

今考，雅蓋，當作「雅益」。辨證如下：

《蠻司合誌》：「至是，罕烘與線姑，及線姑子思禮，皆奔隴川。而思仁奔雅益。」〔註309〕作「雅益」。《滇考》：「（十八年）十一月，緬破猛廣，罕烘、思禮與思忠妻甘線姑奔隴川，思仁奔雅益，猛廣亦失。」〔註310〕作「雅益」。《滇史》亦作「雅益」〔註311〕。此作「雅蓋」誤。

檢萬斯同《明史》云：「至是，罕烘與線姑，及線姑子思永，皆奔隴川。而思仁奔雅蓋。」〔註312〕萬斯同《明史》之《土司傳》雖錄自《蠻司合誌》，筆誤者有之。蓋以形近，訛「益」為「蓋」。《明史稿》亦為「蓋」〔註313〕。《明史》又因之。

（六一）萬曆二十年，巡撫陳用賓言，緬酋擁眾直犯蠻莫，其執詞以奉開採使命令，殺蠻莫思正以開道路。全滇之禍，皆自開採啟之。時稅使楊榮縱其下，以開採為名，恣暴橫，蠻人苦之。且欲令麗江退地聽採。緬酋因得執詞深入。巡按宋興祖極言其害，請追還榮等，帝皆不納〔註314〕。

今按，事在萬曆三十年，此繫在二十年者誤。辨證如下：

陳用賓言緬酋犯蠻莫事，取材《明神宗實錄》卷三七四萬曆三十年七月壬戌條：「雲南巡撫陳用賓疏，緬醜阿瓦結連木邦等夷，擁眾十餘萬，直犯蠻莫。其執辭曰：開採使令我殺思正以通道路。彼時，邊疆將吏奉臣令，聲正酋罪，使阿瓦無他，當如檄卷甲回阿瓦，乃留兵據守蠻莫，何為哉？若蠻莫地失，必無三宣，無騰、永，全滇之禍，當自開寶井啟之。夫司戎兵者，唯邊疆是問，賊入欲擊。司採買者，惟寶石是問，賊入不欲擊。其勢必至掣肘，掣肘不已，壅蔽弛備。緬騎長驅，即有知勇，何能為謀？以採買之虛名，賈邊疆之實禍，臣知陛下不為也。伏望銳發乾斷，罷寶井採買之役，使邊疆將吏，得一意講求戰守。庶西南猶可保全矣。不報。」〔註315〕《明史·神宗本紀》：「（萬

〔註309〕《蠻司合誌》，《中國少數民族古籍集成（漢文版）》第二冊，第212頁。

〔註310〕《滇考》，《中華文史叢書》之二二，第331頁。

〔註311〕《滇史》，第388頁。

〔註312〕〔清〕萬斯同：《明史》，《續修四庫全書》史部第331冊，上海古籍出版社2002年，第544頁。

〔註313〕《明史稿》第七冊，第151頁。

〔註314〕《明史》卷三一五，清乾隆四年武英殿刻本，葉二一。參見《明史》，中華書局1974年，第8150頁。

〔註315〕《明神宗實錄》，第7020、7021頁。

曆三十年秋七月）是月，緬賊陷蠻莫宣撫司，宣撫思正奔騰越，賊追至，有司殺正以謝賊，始解。」〔註316〕《滇略》：「（萬曆）三十年，緬攻蠻莫，思正奔騰越，伏誅。」〔註317〕《蠻司合誌》：「（萬曆）三十年，阿瓦甕罕與木邦罕拔子罕禠俱率兵討思正，當事者殺正以止其兵。」〔註318〕皆繫在萬曆三十年。此作「二十年」誤。

所謂「奉開採使命令」者，指開採使中官楊榮使人通蠻莫道，欲開寶井。見明人黃克纘《數馬集》所收陳用賓墓誌銘《資德大夫正治上卿巡撫雲南都察院右都御史兼兵部右侍郎加一品俸毓台陳先生暨配夫人趙氏墓誌銘》：「中官楊榮入姦民明之屏計，使人通蠻莫道，欲開寶井。緬賊阿瓦遂執以為詞，使其酋雍罕擁眾十萬犯蠻莫，稱漢使令我殺思正以通蠻莫路，吾為天朝除害。先生上疏，謂蠻莫三宣之藩籬也，三宣騰、永之垣墉也，蠻莫失必無三宣，三宣失則無騰、永，全滇之禍，當自開寶井啟之。欲覘寶井，則藩籬必撤，欲保藩籬，則採買當罷。語甚切，上不能用。」〔註319〕可為此事之注。謹附識。

至於附載之宋興祖請追還楊榮，取材《明神宗實錄》卷三七八萬曆三十年十一月辛酉條〔註320〕。欲令麗江退地聽採，當在此時左右，《明實錄》有宋興祖反對楊榮責麗江退地之奏議，見《明神宗實錄》卷三八八萬曆三十一年九月戊午條〔註321〕。又附識。

孟養

（六二）成祖即位，改雲南府為孟養府，以土官刀木旦為
知府〔註322〕。

舊考，四庫館臣：「成祖即位改雲遠府為孟養府。按《地理志》稱洪武十五年改雲遠路為府，十七年改為孟養府，後廢。洪武三十五年十二月復置。

〔註316〕《明史》卷二一，清乾隆四年武英殿刻本，葉四。參見《明史》，中華書局1974年，第283頁。

〔註317〕《滇略》，《景印文淵閣四庫全書》第494冊，第185頁。

〔註318〕《蠻司合誌》，《中國少數民族古籍集成（漢文版）》第二冊，第213頁。

〔註319〕〔明〕黃克纘：《數馬集》，《四庫禁燬書叢刊》集部第180冊，北京出版社1997年，第568頁。

〔註320〕《明神宗實錄》，第7108～7111頁。

〔註321〕《明神宗實錄》，第7295頁。

〔註322〕《明史》卷三一五，清乾隆四年武英殿刻本，葉二二。參見《明史》，中華書局1974年，第8150頁。

此以改稱孟養屬之成祖即位時，互異。」〔註323〕中華書局：「改雲遠府為孟養府。雲遠府，原作『雲南府』，據本書卷四六《地理志》、《太祖實錄》卷一四三洪武十五年三月己未條、《太宗實錄》卷一五洪武三十五年（即建文四年）十二月丙辰條改。」〔註324〕

今按，「南」字繫「遠」字之誤，是也。《明史·地理志》：「孟養軍民宣慰使司。元雲遠路。洪武十五年三月為府。十七年改為孟養府，後廢。三十五年十二月復置。永樂二年六月改軍民宣慰使司。正統十三年廢。萬曆十三年改置長官司。」〔註325〕《明太祖實錄》卷一四三洪武十五年三月己未條，其時「更置雲南布政司所屬府、州、縣，為府五十有二」，中有「雲遠」府〔註326〕。《明太宗實錄》卷一五洪武三十五年十二月丙辰條：「設雲南孟養、木邦、孟定三府，威遠、鎮沅二州，以土官頭目刀木旦為孟養知府，罕的法為木邦知府，刀渾立為孟定知府，刀算黨為威遠知州千夫長，刀平為鎮沅知州。」〔註327〕

至於本傳與《明史·地理志》之互異問題。《大明一統志》：「本朝洪武十五年改為雲遠府，十七年改孟養軍民宣慰使司。」〔註328〕《（景泰）雲南圖經志》：「今洪武十七年歸附後，設孟養軍民宣慰使司。」〔註329〕謂十七年改孟養軍民宣慰使司。檢洪武十七年所修之《大明清類天文分野之書》：「雲遠府，舊路⋯⋯本朝洪武十五年置。」〔註330〕又曰：「孟養府，本朝洪武十五年置。」〔註331〕其時雲遠府、孟養府並存。蓋洪武十五年置雲遠府，十七年又分雲遠府置孟養府，旋改為孟養軍民宣慰使司耶？後廢。至洪武三十五年十二月復置孟養府。故前所引《明太宗實錄》卷一五洪武三十五年十二月丙辰條：「設雲南孟養、木邦、孟定三府。」〔註332〕不曰改而曰設。《明

〔註323〕《明史考證攟逸》，《續修四庫全書》第 294 冊，第 414 頁。

〔註324〕《明史》，中華書局 1974 年，第 8164 頁。

〔註325〕《明史》卷四六，清乾隆四年武英殿刻本，葉一六。參見《明史》，中華書局 1974 年，第 1192 頁。

〔註326〕《明太祖實錄》，第 2250 頁。

〔註327〕《明太宗實錄》，第 271 頁。

〔註328〕《大明一統志》，第 1343 頁。

〔註329〕《（景泰）雲南圖經志》，《大理叢書·方志篇》卷一，第 121 頁。

〔註330〕《大明清類天文分野之書》，《續修四庫全書》第 586 冊，第 217 頁。

〔註331〕《大明清類天文分野之書》，《續修四庫全書》第 586 冊，第 217 頁。

〔註332〕《明太宗實錄》，第 271 頁。

史稿》原作：「三十五年，分元所置雲遠路為孟養府。」〔註333〕則不與《明史‧地理志》相乖，較之本傳準確。

（六三）（永樂）十四年復設孟養宣慰司，命刀木旦次子刀得孟為使，以木旦姪玉賓為同知〔註334〕。

今考，孟養宣慰司，當作「孟養軍民宣慰司」。辨證如下：

此句之取材，《明太宗實錄》卷一七五永樂十四年四月丁丑條：「復設孟養軍民宣慰使司，命故土官刀木旦次子刀得孟為宣慰使。初，刀木旦及其長子思欒發為緬甸土官那羅塔所殺，司遂廢。孟養之人，從木旦之姪玉賓散居干崖金沙江處者三千餘人。朝廷嘗命玉賓署宣慰使以撫之。至是復設宣慰司，授刀得孟宣慰使，改授玉賓為本司同知。令率其眾復業，仍遣使諭那羅塔，各守疆境，毋再侵擾，以取罪愆。」〔註335〕作「孟養軍民宣慰使司」。查《明史稿》云：「十四年復設孟養軍民宣慰使司，命故土官刀木旦次子刀得孟為宣慰使。」〔註336〕《明史》刪潤《史稿》，為求精簡，簡稱「孟養軍民宣慰使司」為「孟養宣慰司」，其實太過。明制，軍民宣慰使司與宣慰使司自別。

（六四）十三年敕孟養頭目伴送思機發來朝，許以陞賞，機發疑畏竟不至〔註337〕。

舊考，中華書局：「正統十三年敕孟養頭目伴送思機發來朝。正統十三年，原脫『正統』年號，只作『十三年』，繫於宣德之下。按宣德共十年，不得有十三年。敕孟養頭目伴送思機發來朝，事在正統十三年二月，見《英宗實錄》卷一六三正統十三年二月乙丑條，據補『正統』二字。」〔註338〕

今按，是也。《明英宗實錄》卷一六三正統十三年二月乙丑條：「敕諭叛賊思機發曰：『曩者，爾父思任發伏誅。遣勅諭爾來朝，實欲保郵爾，而爾懷疑不決。邇者，遣陶孟刀庫孟等來朝，奏請授爾職。今就令齎勅回諭，爾翻然

〔註333〕《明史稿》第七冊，第152頁。
〔註334〕《明史》卷三一五，清乾隆四年武英殿刻本，葉二二。參見《明史》，中華書局1974年，第8151頁。
〔註335〕《明太宗實錄》，第1921頁。
〔註336〕《明史稿》第七冊，第152頁。
〔註337〕《明史》卷三一五，清乾隆四年武英殿刻本，葉二三。參見《明史》，中華書局1974年，第8151頁。
〔註338〕《明史》，中華書局1974年，第8164頁。

改過來朝，朕推天地大恩，宥爾罪，授爾職，與爾地。爾其痛自省咎，轉禍為福，用保全生靈。朕不食言。』又勅雲南宣慰司大小頭目，令其伴送思機發來朝，許以陞賞。其後思機發疑畏竟不致，蓋孟養陰與之相表裏云。」〔註339〕

（六五）如不肯出，爾等即禽為上策；迹思機發所在，報與官軍捕取為中策；若代彼支吾，令其逃匿，則并爾等剿滅，悔無及矣〔註340〕。

今考，此與取材之《明實錄》原話意思有變化。辨證如下：

此句之取材，《明英宗實錄》卷一六四正統十三年三月丁亥條，「上以雲南孟養軍民宣慰使司大頭目刀變蠻等隱藏賊子思機發敕諭之」，曰：「如彼不肯出，爾等擒捕來獻為上策；若爾等拘思機發，報官軍接取為中策；若爾等代彼支吾，延緩或報彼逃遁別所，朝廷必命大將統率大兵直抵爾處，合圍奮剿。此時悔無及矣，爾宜其深省之。」〔註341〕《明史稿》：「如不肯出，爾等即捕擒為上策；拒思機發，報與官軍接取為中策；若代彼支吾，令其逃匿，則并爾等剿滅，悔無及矣。」〔註342〕是從《明實錄》至於《明史稿》，再至於《明史》，意思皆發生變化。又識，「禽」，中華書局點校本徑改作「擒」〔註343〕。

（六六）景泰二年，機發之子思卜發遣使來貢，求管孟養舊地〔註344〕。

舊考，中華書局：「任發之子思卜發遣使來貢。任發，原作『機發』，據本書卷三一四《麓川傳》及《英宗實錄》卷二六五景泰七年四月乙卯條改。」〔註345〕

今按，是也。《明英宗實錄》卷二六五景泰七年四月乙卯條：「思任發子思卜發奏，臣父思任發犯法時，臣猶幼小。及臣兄思機發犯法時，臣亦未有知識。臣今不敢如父兄所為，甚畏朝廷法度。謹備差發銀五百兩、象三隻、馬

〔註339〕《明英宗實錄》，第3159、3160頁。
〔註340〕《明史》卷三一五，清乾隆四年武英殿刻本，葉二四。參見《明史》，中華書局1974年，第8152頁。
〔註341〕《明英宗實錄》，第3173、3174頁。
〔註342〕《明史稿》第七冊，第153頁。
〔註343〕《明史》，中華書局1974年，第8152頁。
〔註344〕《明史》卷三一五，清乾隆四年武英殿刻本，葉二四。參見《明史》，中華書局1974年，第8152頁。
〔註345〕《明史》，中華書局1974年，第8164頁。

六匹、金銀壺臺盞共六副、土綿四段、象牙四枝、孔雀尾四把、鱗蚺膽四枚。遣人入貢，伏惟天皇帝主憐之。命賜其使鈔帛。」〔註346〕是思卜發為任發子，機發弟。《明史·麓川傳》亦曰「任發子思卜發」〔註347〕。又《（萬曆）雲南通志》於《王驥傳》曰：「鎮守又報，機發與弟卜發復據孟養跳梁。」〔註348〕以卜發為機發弟。此作機發子誤。

（六七）景泰二年，機發之子思卜發遣使來貢，求管孟養舊地。廷臣議，孟養地已與緬甸，豈可移易〔註349〕。

今考，事在景泰三年，此繫在二年誤。辨證如下：

機發為「任發」之訛，語在上條考證中。此句之取材，《明英宗實錄》卷二二四景泰三年十二月丙午條：「孟養思卜發遣使來貢，求管孟養舊地。文武大臣議，孟養地方，已與緬甸，決難移易。賊子思卜發懷姦挾詐，展轉觀望。難允所言。」〔註350〕繫在景泰三年。《國榷》卷三〇景泰三年十二月丙午條：「孟養思卜發入貢，求孟養舊地，不許。」〔註351〕亦繫在景泰三年。

車里

（六八）車里，即古產里，為倭沙、貂玃諸蠻雜居之地，古不通中國〔註352〕。

舊考，中華書局：「為倭泥貂玃諸蠻雜居之地。倭泥，原作『倭沙』，據《明史稿》傳一八九《車里傳》及《明一統志》卷八七、《讀史方輿紀要》卷一一九改。」〔註353〕

今按，是也。且「貂玃」，《明一統志》及《讀史方輿紀要》作「貉玃」。辨證如下：

〔註346〕《明英宗實錄》，第5633、5634頁。
〔註347〕《明史》卷三一四，清乾隆四年武英殿刻本，葉三一。參見《明史》，中華書局1974年，第8120頁。
〔註348〕《（萬曆）雲南通志》，《大理叢書·方志篇》卷一，第422頁。
〔註349〕《明史》卷三一五，清乾隆四年武英殿刻本，葉二四。參見《明史》，中華書局1974年，第8152頁。
〔註350〕《明英宗實錄》，第4874頁。
〔註351〕《國榷》，第1948頁。
〔註352〕《明史》卷三一五，清乾隆四年武英殿刻本，葉二八。參見《明史》，中華書局1974年，第8156頁。
〔註353〕《明史》，中華書局1974年，第8165頁。

《大明一統志》：「倭泥、貊玁、蒲剌、黑角諸蠻雜居，自古不通中國。」〔註354〕《讀史方輿紀要》：「後為倭泥、貊玁、蒲剌、黑角諸蠻雜居，不通中國。」〔註355〕皆作「倭泥、貊玁」。檢《明史稿》：「車里，即古產里，為倭泥、貂玁諸蠻雜居之地，古不通中國。」〔註356〕則作「倭泥、貂玁」。《明史·土司傳》沿革部分，多取諸《明一統志》者。是本傳之「倭沙」為「倭泥」之訛明矣。至於「貂玁」，中華書局點校本徑改作「貂黨」，在《明史稿》作「貂玁」，而在《明一統志》及《讀史方輿紀要》則作「貊玁」，「貊」、「貂」形近易混，似當以原始資料之「貊玁」為是。

（六九）元世祖命將兀良吉觰伐交阯，經所部，降之，置撒里路軍民總管府，領六甸，後又置耿凍路耿當、孟弄二州〔註357〕。

今考，撒里路，為「徹里路」之訛。辨證如下：

《大明一統志》：「元世祖命將兀良吉觰伐交阯，經其所部，悉降之，至元中置徹里路軍民總官府，領六甸，後又請置耿凍路耿當、孟弄二州。」〔註358〕作「徹里路」。《（景泰）雲南圖經志》：「車里軍民宣慰使司。蠻名徹里……至元甲戌，立徹里路軍民總管府，歲賦其金銀，隨服隨叛。後遣都元帥述律杰往諭之，深入其境，諭以大義。其酋寒賽感慕，褥道伏謁，願備琛貢，請置耿凍路耿當、孟弄二州。」〔註359〕亦作「徹里路」，且知徹里是車里之蠻名，以「徹」、「車」音近故〔註360〕。而本傳之「撒里」，「撒」之音與「車」相去甚遠矣。檢《元史·地理志》云：「徹里軍民總管府，大德中置。」〔註361〕亦云「徹里」。是以，本傳「撒里路」，為「徹里路」之訛。

至於設置時間，《大明一統志》作至元中，《（景泰）雲南圖經志》以至元甲戌（十一年），而《元史·地理志》卻云是大德中置，似乎相異。蓋以其「隨服隨叛」，故多次設置云。

〔註354〕《大明一統志》，第 1343 頁。
〔註355〕〔清〕顧祖禹：《讀史方輿紀要》，中華書局 2005 年，第 5206 頁。
〔註356〕《明史稿》第七冊，第 155 頁。
〔註357〕《明史》卷三一五，清乾隆四年武英殿刻本，葉二八。參見《明史》，中華書局 1974 年，第 8156 頁。
〔註358〕《大明一統志》，第 1343 頁。
〔註359〕《（景泰）雲南圖經志》，《大理叢書·方志篇》卷一，第 121 頁。
〔註360〕按本傳所說之「車里，即古產里」，亦是「車」、「產」音近故。今雲南方言，車、徹讀若猜，與「產」音近。
〔註361〕《元史》，第 1463 頁。

（七〇）洪武十五年，蠻長刀坎來降，改置車里軍民府，以坎為知府〔註362〕。

今考，刀坎，一作刀砍，當以刀砍為是。辨證如下：

《明太祖實錄》卷一四三洪武十五年閏二月乙巳條：「改車里路為車里軍民府，以土酋刀坎為知府。」〔註363〕作「刀坎」。然《明太祖實錄》卷一五三洪武十六年三月辛酉條，《明太祖實錄》卷一六三洪武十七年七月丁巳條〔註364〕，《明太祖實錄》卷一六四洪武十七年八月丙子條〔註365〕，《明太祖實錄》卷一七三洪武十八年六月乙卯條〔註366〕，《明太祖實錄》卷一七九洪武十九年十一月癸亥條〔註367〕，《明太祖實錄》卷一八三洪武二十年七月丙戌條〔註368〕，《明太祖實錄》卷二一三洪武二十四年十月己未條〔註369〕，俱作「刀砍」。黃彰健曾就此曰：「作砍是也。」〔註370〕

《雲南機務抄黃》收錄洪武十九年皇帝制諭刀砍之文曰：「皇帝制諭車里軍民府知府刀砍曰：『朕承天命，君主華夷……今特遣禮部主事劉之微、舍人劉瑾、丁子良，齎擎朕命，陞爾車里軍民府為軍民宣慰使司，以爾刀砍為亞中大夫車里軍民宣慰使。』」〔註371〕是當時之制文即作「刀砍」。

又嘉靖年間，車里有土舍名「刀坎」。見《明世宗實錄》卷二〇五嘉靖十六年十月己巳條：「雲南巡撫汪文盛等言，安南廣陵州土官刁雷招諭夷酋刁楨等來降，請授以冠帶。老撾宣慰司土舍怕雅一聞征討安南，首先思奮，且其地廣兵多，彼國畏之，可使獨當一面。八百宣慰司土舍刁纜那、車里宣慰司土舍刁坎與老撾相近，孟艮府土舍刁交在老撾上流，皆多兵象，可備征討，請免其查勘，先令就彼襲職。命老撾駐兵木州，以候進討，所下地方即與帶管。詔可其

〔註362〕《明史》卷三一五，清乾隆四年武英殿刻本，葉二八。參見《明史》，中華書局1974年，第8156頁。
〔註363〕《明太祖實錄》，第2247頁。
〔註364〕《明太祖實錄》，第2529頁。
〔註365〕《明太祖實錄》，第2535頁。
〔註366〕《明太祖實錄》，第2642頁。
〔註367〕《明太祖實錄》，第2713頁。
〔註368〕《明太祖實錄》，第2756頁。
〔註369〕《明太祖實錄》，第3148頁。
〔註370〕《明史纂誤再續》，《臺灣中央研究院歷史語言研究所集刊》，1967年，第554頁。
〔註371〕《雲南機務抄黃》，《四庫全書存目叢書》史部第45冊，第277～278頁。

奏。」〔註372〕亦見於《越嶠書》卷六：「是年（嘉靖十六年），莫登庸率兵攻黎寧於其嘉興府之木州，寧走據險，老撾土舍怕雅罕開率兵救之，隔江為營。汪文盛復議老撾宣慰司土舍怕雅罕開堪調兵三萬名、象二百隻，車里宣慰司土舍刀坎調兵一萬名、象五十隻，元江府調兵一萬五千名、象五十隻，共兵七萬五千名、象五百隻，芻粮給銀該司府自備。」〔註373〕《越嶠書》卷十四收錄其時之上疏，亦作「車里宣慰司土舍刀坎」〔註374〕。恐洪武間不當亦作「刀坎」。

（七一）洪武十五年，蠻長刀坎來降，改置車里軍民府，以坎為知府。坎遣姪豐祿貢方物，詔賜刀坎及使人衣服、綺幣甚厚，以初奉貢來朝故也〔註375〕。

今識，刀坎遣姪豐祿奉貢來朝，在洪武十六年。辨證如下：

此句之取材，《明太祖實錄》卷一五三洪武十六年三月辛酉條：「車里土酋刀砍遣其姪豐祿進象及方物，詔賜豐祿衣一襲、鈔十錠，尋又賜刀砍及豐祿織金文綺九匹，帛如之，鈔八十錠，衣五十事，以其初奉貢來朝故也。」〔註376〕是事在洪武十六年三月明矣。此句，《明史稿》作：「洪武十五年定雲南，蠻長刀坎來降，改置車里軍民府，以坎為知府。三月，坎遣姪豐祿來貢方物，詔賜豐祿衣一襲、鈔十錠，尋又賜坎及豐祿織金文綺九匹，帛如之，鈔八十，衣五十事，以其初奉貢來朝故也。」〔註377〕是《明史稿》誤將其繫年在洪武十五年下。《明史》去掉「三月」，恰可理解為是對洪武十五年事件之補充，而非繫在十五年下。然仍需識之。

（七二）（洪武）十七年復遣其子刀思拂來貢，賜坎冠帶、鈔幣，改置軍民宣慰使司，以坎為使〔註378〕。

〔註372〕《明世宗實錄》，第4283頁。孟良，原作「孟良」。據《校勘記》改。見《明世宗實錄校勘記》，第1276頁。

〔註373〕〔明〕李文鳳：《越嶠書》，《四庫全書存目叢書》史部第163冊，齊魯書社1996年，第36頁。

〔註374〕參見《越嶠書》，《四庫全書存目叢書》史部第163冊，第169頁；《越嶠書》，《四庫全書存目叢書》史部第163冊，第179頁。

〔註375〕《明史》卷三一五，清乾隆四年武英殿刻本，葉二八。參見《明史》，中華書局1974年，第8156頁。

〔註376〕《明太祖實錄》，第2393、2394頁。

〔註377〕《明史稿》第七冊，第155頁。

〔註378〕《明史》卷三一五，清乾隆四年武英殿刻本，葉二八。參見《明史》，中華書局1974年，第8156頁。

　　舊考，四庫館臣：「改置軍民宣慰使司。按車里軍民宣慰使司之置，《地理志》作洪武十九年。《明實錄》與此同。」〔註379〕

　　今按，改置軍民宣慰使司在洪武十九年。辨證如下：

　　《明史‧地理志》：「（洪武）十九年十一月改軍民宣慰使司。」〔註380〕作十九年。與此作十七年者不同。檢《明實錄》，《明太祖實錄》卷一六四洪武十七年八月丙子條：「改平緬宣慰使司為平緬軍民宣慰使司，仍以思倫發為宣慰使；改車里軍民府為車里軍民宣慰使司，以刀砍為宣慰使，以亦德為烏蒙軍民府知府，並賜朝服、冠帶及織金文綺、鈔錠。」〔註381〕《明太祖實錄》卷一七九洪武十九年十一月癸亥條：「改車里軍民府為宣慰使司，知府刀砍為宣慰使。」〔註382〕俱言改置軍民宣慰使司，而一為十七年，一為十九年。蓋本傳取前者而書，《地理志》取後者而書。

　　《實錄》內部自相牴牾，必有一是一非。《明太祖實錄》卷一七三洪武十八年六月乙卯條：「雲南車里軍民府知府刀砍遣把事混艮來朝，貢方物。」〔註383〕十八年尚稱作車里軍民府，則改置軍民宣慰使司在其後。又《雲南機務抄黃》收錄有升車里軍民府為軍民宣慰使司之制諭，落款日期為洪武十九年九月二十四日〔註384〕。則當以《明太祖實錄》卷一七九洪武十九年十一月癸亥條〔註385〕所錄為是。黃雲眉〔註386〕、黃彰健〔註387〕曾論及之。至於《機務抄黃》與《實錄》同繫於十九年，而一在九月二十四日，一在十一月癸亥者，蓋一為朝廷始發命令之期，一為實際執行之時。

　　又，《雲南機務抄黃》所錄升車里軍民府為軍民宣慰使司之制諭為：「皇帝制諭車里軍民府知府刀砍曰：『朕承天命，君主華夷，惟天覆地載，帝命宰民者，孰知其數哉。然而聞我聲教者莫不重譯來庭，朕惟推至誠以待之，所以內

〔註379〕《明史考證攟逸》，《續修四庫全書》第294冊，第415頁。

〔註380〕《明史》卷四六，清乾隆四年武英殿刻本，葉一五。參見《明史》，中華書局1974年，第1191頁。

〔註381〕《明太祖實錄》，第2535頁。

〔註382〕《明太祖實錄》，第2713頁。

〔註383〕《明太祖實錄》，第2642頁。

〔註384〕《雲南機務抄黃》，《四庫全書存目叢書》史部第45冊，第277～278頁。

〔註385〕《明太祖實錄》，第2713頁。

〔註386〕《明史考證》，第2490、2491頁。

〔註387〕《明史纂誤再續》，《臺灣中央研究院歷史語言研究所集刊》，1967年，第554頁。

外無間，遐邇咸安也。誠以天下至大，生齒至繁，非一人所能獨治，所以所在酋長，朕特各因其俗，俾之位治其民，未嘗設心吞併妄興九伐之師。曩平雲南，惟爾車里不候，我師之至，速遵治化，朕甚嘉焉。所以特遣使者，齎朕詔諭，命爾仍守其土，以安生民。獨麓川平緬，恣肆強暴，吞併地方，嘗為爾車里之患。及雲南既平復天命，擅興金齒之役，後納款奉貢，朕重念民罹兵禍，特原其罪，俾守舊疆，悔過自新。何期稔惡不悛。今歲復敢肆侮，跳梁西南，以為景東之役。上天昭鑒，罪不容誅，今特遣禮部主事劉之微、舍人劉瑾、丁子良，齎擎朕命，陞爾車里軍民府為軍民宣慰使司，以爾刀砍為亞中大夫車里軍民宣慰使。爾當合謀於隣邦，凡與麓川平緬有讐者幾邦報來。朕當奉天之命，發大兵，一同聲罪致討，誅鋤兇惡，復爾原失地方，安爾居民。爾其精白一心，必如朕命，以成乃功，故諭。洪武十九年九月二十四日。』」〔註388〕

（七三）（洪武）二十四年，子刀暹答嗣，遣人貢象及方物〔註389〕。

今識，《明實錄》其他條目皆作「刀暹答」，唯《明宣宗實錄》卷一一三宣德九年十月丁巳條：「洪武中，嘗設車里軍民宣慰司，命土官刀暹達為宣慰使，刀暹達死，子刀更孟襲職。」〔註390〕作「刀暹達」。

（七四）（永樂）十一年，暹答卒。長子刀更孟自立，驕狠失民心，未幾亦卒〔註391〕。

今識，《明實錄》中，刀更孟，一作「刀艮孟」，又作「刀更猛」。辨證如下：

此句之取材，《明太宗實錄》卷一四五永樂十一年十一月戊戌條：「車里故宣慰使刀暹答次子刀賽，遣兄刀怕弄等來朝，貢象馬金銀器。初朝廷遣中官洪仔生賫敕往賜刀暹答錦綺等物，既至，而刀暹答已卒。長子刀艮孟自立，驕慢狠愎，失其民心，無幾病卒。眾推刀賽權司事。至是遣刀怕弄等謝頒賜其父之恩，並請襲職。從之。」〔註392〕作「刀艮孟」。《明宣宗實錄》卷九四

〔註388〕《雲南機務抄黃》，《四庫全書存目叢書》史部第45冊，第277～278頁。
〔註389〕《明史》卷三一五，清乾隆四年武英殿刻本，葉二八。參見《明史》，中華書局1974年，第8156頁。
〔註390〕《明宣宗實錄》，第2549頁。
〔註391〕《明史》卷三一五，清乾隆四年武英殿刻本，葉二八。參見《明史》，中華書局1974年，第8156頁。
〔註392〕《明太宗實錄》，第1717頁。失其民心，原作「失其良心」。謝頒賜其父之恩，原作「謝頒其父之恩」。據《校勘記》改。見《明太宗實錄校勘記》，第578頁。

宣德七年八月癸巳條:「雲南車里故宣慰使刀更孟子霸羨,遣頭目召哀等貢象馬及方物。」〔註393〕《明宣宗實錄》卷一一三宣德九年十月丁巳條:「洪武中,嘗設車里軍民宣慰司,命土官刀暹達為宣慰使,刀暹達死,子刀更孟襲職。刀更孟死,子刀霸羨幼,叔刀怕漢借其職。」〔註394〕皆作「刀更孟」。《明英宗實錄》卷二九二天順二年六月壬申條:「命故車里宣慰使司宣慰使刀更猛子三寶歷代襲父職。初,刀更猛死,三寶歷代隨母金氏嫁。」〔註395〕作「刀更猛」。黃彰健曾論及之〔註396〕。

(七五)宣德三年,雲南布政司奏刀弄、雙孟相仇殺,弄棄地投老撾,請差官招撫。帝命黔國公計議。六年,黔國公奏,謂奉命招撫刀弄,其母具言布政司差官劉亨徵差發金,亨已取去,本司復來徵,蠻民因而激變逐弄,弄逃入老撾,尋還境內以死〔註397〕。

舊考,「帝命黔國公」下庫本有「沐晟」二字。「黔國公奏」,庫本作「晟奏」〔註398〕。

今按,庫本所改更為準確。辨證如下:

本傳此二句取材,《明宣宗實錄》卷四九宣德三年十二月乙未條:「雲南布政司承差洪溢奏,車里宣慰使刀弄因與族叔靖安宣慰刀雙孟相讐殺,棄地投順老撾,請差官同往招撫。上謂尚書胡濙、張本等曰,蠻夷讐殺常事,豈可輒聽小人之言,其令黔國公與三司計議處置。」〔註399〕《明宣宗實錄》卷八〇宣德六年六月丙辰條:「總兵官黔國公沐晟及雲南都司、布政司、按察司奏,奉命遣人招撫車里宣慰使刀弄,其母具言,自永樂中布政司遣承差劉亨徵差發金,亨詐取金銀,謂免次年差發。已而本司復遣承差洪溢來徵。蠻人疑刀弄欺己,憾之,迫逐刀弄。逃入老撾,尋回境內以死。」〔註400〕

〔註393〕《明宣宗實錄》,第 2124 頁。
〔註394〕《明宣宗實錄》,第 2549 頁。
〔註395〕《明英宗實錄》,第 6242 頁。
〔註396〕《明史纂誤再續》,《臺灣中央研究院歷史語言研究所集刊》,1967 年,第 554 頁。
〔註397〕《明史》卷三一五,清乾隆四年武英殿刻本,葉二九。參見《明史》,中華書局 1974 年,第 8157 頁。
〔註398〕《明史》,《景印文淵閣四庫全書》第 302 冊,第 535 頁。
〔註399〕《明宣宗實錄》,第 1187 頁。
〔註400〕《明宣宗實錄》,第 1863 頁。

因前者不書黔國公姓名，故《明史稿》〔註401〕及殿本《明史》因而闕之。遂使敘述不完備。從後者觀之，則宣德六年黔國公即沐晟。檢《明太宗實錄》卷八一永樂六年七月癸丑條：「制諭羣臣……西平侯沐晟，寔佐總戎，攄誠奮勇，勞發（謀）協算，獎率將士，飛渡危險，用成克定之功，進封為顯忠輔運推誠宣力武臣，特進榮祿大夫右柱國黔國公，食祿三千石，子孫世世承襲，賜冠服，賞白金三百五十兩、鈔九百錠、綵幣三十八表裏。」〔註402〕永樂六年沐晟已被封為黔國公，故宣德三年之黔國公即沐晟。庫本所改是。

（七六）嘉靖十一年，緬酋莽應裏據擺古，蠶食諸蠻。車里宣慰刀糯猛折而入緬，有大、小車里之稱，以大車里應緬，而以小車里應中國〔註403〕。

今考，嘉靖十一年之緬酋長非莽應裏。辨證如下：

《明史‧緬甸傳》採諸書合成，述緬事精簡可信，且有條理，茲引證之：「嘉靖初，孟養酋思陸子思倫糾木邦及孟密，擊破緬，殺宣慰莽紀歲并其妻子，分據其地。緬訴於朝，不報。六年始命永昌知府嚴時泰、衛指揮王訓往勘……莽紀歲有子瑞體，少奔匿洞吾母家，其酋養為己子。既長，有其地。洞吾之南有古喇，濱海與佛郎機鄰。古喇酋兄弟爭立，瑞體和解之，因德瑞體，爭割地為獻，受其約束，號瑞體為嗁喇。瑞體乃舉眾絕古喇糧道，殺其兄弟，盡奪其地，諸蠻皆畏服之……瑞體怒，自將攻別混父子，禽之。遂招誘隴川、干崖、南甸諸土官，欲入寇。既覘知有備，又慮他蠻襲其後，乃遁歸。於是鎮巡官沐朝弼等上其事。兵部覆，荒服之外，治以不治。嗁喇已畏威遠遁，傳諭諸蠻，不許交通給納。詔可。時嘉靖三十九年也。」〔註404〕擺古即古喇。《天下郡國利病書》：「擺古，莽酋居之，即古喇宣慰司。擺古，夷語也。」〔註405〕緬之始據擺古在嘉靖間，莽瑞體為酋之時。

〔註401〕《明史稿》第七冊，第156頁。

〔註402〕《明太宗實錄》，第1080頁。

〔註403〕《明史》卷三一五，清乾隆四年武英殿刻本，葉三〇。參見《明史》，中華書局1974年，第8158頁。

〔註404〕《明史》卷三一五，清乾隆四年武英殿刻本，葉五。參見《明史》，中華書局1974年，第8132、8133頁。

〔註405〕〔清〕顧炎武：《天下郡國利病書》，《續修四庫全書》史部第597冊，上海古籍出版社2002年，第503頁。

又據《明史·緬甸傳》：「（萬曆）十年，岳鳳襲緬兵襲破干崖，奪罕氏印，俘之。俄，瑞體死，子應裏嗣。」〔註406〕是嘉靖年間，莽應裏不得為緬酋。

本傳此句不知取材何處。《明熹宗實錄》卷八三天啟七年四月庚戌條，載雲南巡撫閔洪學報緬酋阿瓦攻車里疏，云：「蓋車里在嘉靖間兵敗于緬，已折而入緬，故有大小車里之號，以大車里應緬，而以小車里應漢。」〔註407〕《蠻司合誌》：「傳至嘉靖間，緬甸侵車里，車里附緬。然有二宣慰，其在大車里者應緬，在小車里者應漢。至萬曆中，官軍大征緬宣慰，刁糯猛畏之，乃始貢象、進方物，并一應差發如故。」〔註408〕《滇考》：「萬曆十一年，明伐緬，其酋刁糯猛使貢象，實陰附於緬，兄居大車里應緬使，弟居小車里應漢使焉。」〔註409〕蓋車里以嘉靖間附緬，至萬曆十一年明廷伐緬，刀糯猛懼，遂於十三年入貢來降云。

（七七）萬曆十三年命元江土舍那恕往招，糯猛復歸，獻馴象、金屏、象齒諸物，謝罪。詔受之，聽復職〔註410〕。

舊考，金屏，庫本作「金瓶」〔註411〕。

今按，是也。辨證如下：

此句之取材，《明神宗實錄》卷一六一萬曆十三年五月己巳條：「雲南車里宣慰力糯猛來降，獻馴象、金瓶、花象齒、西洋布、緬盒、旃檀諸物，以沅江府土舍那恕招之也。有詔，受之，聽襲，祖職仍與那恕，各賞銀幣有差。」〔註412〕作「金瓶」。《明史稿》改作「金屏」〔註413〕，而殿本《明史》因之。據于慎行《明故南京太僕寺卿進階通議大夫木涇周公墓誌銘》，嘉靖間周復俊官雲南，「有土酋嗣官者，旁支殷富，以賄奪適。公獨以法正之。適感公恩，因里人博士某以金瓶異寶為壽，直可萬緡。公正色卻之，終不肯

〔註406〕《明史》卷三一五，清乾隆四年武英殿刻本，葉七。參見《明史》，中華書局 1974 年，第 8135 頁。
〔註407〕《明熹宗實錄》，第 4033 頁。
〔註408〕《蠻司合誌》，《中國少數民族古籍集成（漢文版）》第二冊，第 194 頁。
〔註409〕《滇考》，《中華文史叢書》之二二，第 308 頁。
〔註410〕《明史》卷三一五，清乾隆四年武英殿刻本，葉三○。參見《明史》，中華書局 1974 年，第 8158 頁。
〔註411〕《明史》，《景印文淵閣四庫全書》第 302 冊，第 536 頁。
〔註412〕《明神宗實錄》，第 2956 頁。力，疑當作「刀」。見《明神宗實錄校勘記》，第 737 頁。
〔註413〕《明史稿》第七冊，第 156 頁。

內，亦不語人。博士歸里，為人誦說，乃知其事。」〔註414〕則金瓶為明後期雲南土官之寶貨。糯猛所獻，當作「金瓶」為是。

老撾

（七八）既而帝以刀線歹潛通安南季犛，遣使詰責，諭其悔過〔註415〕。

舊考，四庫館臣：「既而帝以刀線歹潛通安南季犛，遣使詰責。按永樂二年安南故王陳日煃弟陳天平為黎季犛所迫，竄走老撾，老撾遣送至闕。見《明實錄》。」〔註416〕季犛，庫本作「黎季犛」〔註417〕。

今按，庫本改「季犛」為「黎季犛」更完備。檢《大越史記全書》：「季犛，字理元。自推其先祖胡興逸……至十二代孫胡廉徙居清化大吏鄉，為宣尉黎訓義子，自此以黎為姓。季犛其四世孫也。陳藝宗時，自祗侯四局正掌陞樞密大使，遷小司空，進封同平章事，累加輔政太師攝政欽德烈大王國祖章皇，遂移陳祚，國號大虞，復姓胡。未踰年，以位與其子漢蒼。漢蒼舊名火，僭位六年餘。後父子皆為明人所擄。」〔註418〕

（七九）（宣德）九年，老撾貢使還，恐道中為他部所阻，給信符，敕孟艮、車里諸部遣人護之〔註419〕。

今考，老撾貢使還，敕孟艮、車里諸部遣人護之，在宣德十年。給信符，在正統元年。此繫在宣德九年誤。辨證如下：

檢《明實錄》，可知此次老撾進貢往還之始末。《明宣宗實錄》卷一一○宣德九年四月辛亥條：「雲南老撾宣慰使刀纜掌及孟艮府土官知府刀光進等，遣頭目混論等來朝貢馬及金銀器皿。」〔註420〕《明宣宗實錄》卷一一○宣德九

〔註414〕〔明〕于慎行：《穀城山館文集》，《四庫存目叢書》集部第147冊，齊魯書社1997年，第590頁。

〔註415〕《明史》卷三一五，清乾隆四年武英殿刻本，葉三一。參見《明史》，中華書局1974年，第8158頁。

〔註416〕《明史考證攟逸》，《續修四庫全書》第294冊，第415頁。

〔註417〕《明史》，《景印文淵閣四庫全書》第302冊，第536頁。

〔註418〕〔越南〕吳士連等撰，陳荊和編校：《校合本大越史記全書（上）》，日本東京大學東洋文化研究所東洋文獻刊行委員會1984年排印本，第475頁。

〔註419〕《明史》卷三一五，清乾隆四年武英殿刻本，葉三一。參見《明史》，中華書局1974年，第8158頁。

〔註420〕《明宣宗實錄》，第2462頁。

年四月甲戌條：「賜哈密忠順王等差來百戶撒剌等，雲南老撾軍民宣慰司頭目混論，貴州普定軍民指揮司安順州寨長的蕭，湖廣高羅安撫司土官舍人田貴，廣東昌化縣黎首趙克寬等鈔、彩幣有差。」〔註421〕《明英宗實錄》卷一一宣德十年十一月丁丑條：「敕孟艮府、車里、八百大甸軍民宣慰使司，遣人送老撾使臣混倫等，回抵本土，務在慎護優禮，以副朝廷柔遠之意。」〔註422〕《明英宗實錄》卷二五正統元年十二月乙亥條：「給金牌信符，送老撾軍民宣慰使司頭目混倫等回還。先雲南總兵官沐晟已遣人送混倫等回至其境，聞老撾土官卒，國人與八百國讎殺。晟請給信符護送。行在禮部尚書胡濴等因言，雲南車里等衙門信符，今改元犯行造換，請俱付來使賫往。就督其未輸常貢方物，仍取先朝原賜信符。從之。」〔註423〕以是知，宣德九年四月辛亥，老撾遣使來貢，四月甲戌，賜其使者。宣德十年十一月乙亥，敕孟艮、車里、八百諸部遣人護送老撾使臣回。正統元年十二月乙亥，又給金牌信符送其使臣回。

《明史稿》取材《實錄》云：「（宣德）九年，宣慰刀攬掌遣頭目混淪來朝，貢馬及金銀器皿。賜予遣還，道中多為他部所阻。至是，乃敕孟艮、車里諸部土官，各遣人護之。而先是，總兵官沐晟遣人送混淪等至其境，聞老撾率國人與八百國仇殺，晟請給信符護送。至是復來朝，仍命給之。」〔註424〕而表述含混，至是至是，莫知其所指。然則，所以繫於九年者，以老撾來朝在九年，後雖非九年事，牽連敘述，亦不誤。奈何《明史》刪潤《史稿》之時，晦於《史稿》表述，乃刪去實際發生於九年之「宣慰刀攬掌遣頭目混淪來朝，貢馬及金銀器皿。賜予」，而保留牽連敘述之文字於九年下。不知牽連敘述者，老撾貢使還，敕孟艮、車里諸部遣人護之，在宣德十年；給信符，在正統元年。以至於事件發生之年代不合。

（八〇）明年，安南黎灝率兵九萬，開山為三道，進兵破哀牢，入老撾境，殺宣慰刀板雅及其子二人〔註425〕。

今識，刀板雅，是「刀板雅蘭掌」之省稱。二人，指「子二人」，父子共三人。辨證如下：

〔註421〕《明宣宗實錄》，第 2474、2475 頁。
〔註422〕《明英宗實錄》，第 206 頁。
〔註423〕《明英宗實錄》，第 498 頁。
〔註424〕《明史稿》第七冊，第 157 頁。
〔註425〕《明史》卷三一五，清乾隆四年武英殿刻本，葉三一。參見《明史》，中華書局 1974 年，第 8159 頁。

　　此句之取材，《明憲宗實錄》卷二一六成化十七年六月壬子條：「灝親率
夷兵九萬，開山為三道，進兵破哀牢，繼進老撾地方，殺宣慰刀板雅蘭掌父
子三人。」〔註426〕原作「刀板雅蘭掌」，作「父子三人」。《明史稿》亦作「殺
宣慰刀板雅蘭掌父子三人」〔註427〕。又《明史·安南傳》：「灝既破占城，志
意益廣，親督兵九萬，開山為三道，攻破哀牢，侵老撾，復大破之，殺宣慰刀
板雅蘭掌父子三人。」〔註428〕作「刀板雅蘭掌」，作「父子三人」。刀板雅蘭
掌，為一人之名者，見《萬曆野獲編》：「景泰元年，宣慰刀線歹死，其子板雅
蘭掌者襲職。」〔註429〕又見《明憲宗實錄》卷二〇五成化十六年七月庚子條：
「吏部奏，雲南車里、老撾二宣慰司頭目乃貢等合奏，通事王平累年下番有
功，欲乞一職。先是二司土官招板雅蘭掌等，亦以為言。」〔註430〕據《明憲
宗實錄》卷二〇五成化十六年七月庚子條〔註431〕及《明史·車里傳》，此時
車里之宣慰使乃刀三寶，故「招板雅蘭掌」即老撾宣慰。刀之作「招」者，同
音異譯也。以是知刀板雅，是「刀板雅蘭掌」之省稱。二人，指「子二人」，
父子共三人，不可誤讀為殺刀板雅及其子共二人。

　　按，蘭掌，明清史料中又作「纜掌」、「攬章」、「蘭章」、「蘭場」、「郎長」、
「南掌」，西方史料也稱為 Langsang、Lanjan、Lan Xang，意為百萬大象〔註432〕。
今老撾之首都猶譯為萬象是也。傣語稱百萬大象為瀾滄，與老撾語相近〔註
433〕。據陳碧笙《老撾異名考》考證，「蘭掌」、「攬章」和「蘭章」應是當時老
撾國號「Lan sang」（「纜掌」、「南掌」）之異譯。「招」，一作「詔」，《明史·暹
羅傳》作「昭」，乃泰語「Sow」之對音，原意為君長。「板雅」、「帕雅」，《明
史·暹羅傳》作「昆邪」，近人譯為「披耶」、「披耶」或「叭」，乃泰語「Phya」

〔註426〕《明憲宗實錄》，第3751、3752頁。
〔註427〕《明史稿》第七冊，第157頁。
〔註428〕《明史》卷三二一，清乾隆四年武英殿刻本，葉二二。參見《明史》，中華
　　　　書局1974年，第8328頁。按刀板雅蘭掌父子三人，點校本《明史》斷句
　　　　為：「刀板雅、蘭、掌父子三人。」誤，詳見本則考證之下文。
〔註429〕《萬曆野獲編》，第932頁。
〔註430〕《明憲宗實錄》，第3585頁。
〔註431〕《明憲宗實錄》，第3586頁。
〔註432〕〔澳〕安東尼·瑞德著，孫來臣、李塔娜、吳小安譯：《東南亞的貿易時代：
　　　　1450～1680年（第二卷，擴張與危機）》，商務印書館2017年，第293頁譯
　　　　者注。
〔註433〕東方既曉：《瀾滄江名稱小考》，白華、耿嘉主編：《雲南文史博覽》，雲南人
　　　　民出版社2003年，第351頁。

之對音，為高級貴族的一種爵號。所謂「招攬章」、「板雅蘭掌」、「帕雅蘭章」，其原意都是南掌王、南掌侯，而非人名〔註434〕。

（八一）弘治十一年，宣慰舍人招攬章應襲職，遣人來貢，因請賜冠帶及金牌、信符。賚賞如制，其金牌、信符，俟鎮巡官勘奏至日給之〔註435〕。

今考，事在弘治十二年，此作十一年誤。辨證如下：

此句之取材，《明孝宗實錄》卷一五三弘治十二年八月丙申條：「雲南老撾軍民宣慰使司應襲舍人招攬章遣頭目乃刀等來貢，請給賜冠帶及金牌、信符。命回賜招攬章錦段等物，及賜乃刀等綵段衣服等物如例，其金牌、信符，待襲職後鎮巡等官保勘至日給之。」〔註436〕繫於弘治十二年。《萬曆野獲編》：「弘治十二年，老撾土舍招攬章遣使入貢，并請金牌信符。」〔註437〕亦繫在弘治十二年。

（八二）（弘治十一年）十一月，招攬章遣使入貢。吏部言：「招攬章係舍人，未授職，僭稱宣慰使，雲南三司官冒奏違錯，宜治罪。」宥之〔註438〕。

今考，此繫在弘治十一年十一月，《明實錄》則繫於正德八年十一月，互異。辨證如下：

此句之取材，《明武宗實錄》卷一〇六正德八年十一月丙寅條：「老撾軍民宣慰使司宣慰舍人招怕雅攬章，遣使貢方物，賜綿綺綵段等物有差。禮部因言，招怕雅攬章，本係舍人，未授職事輒僭稱宣慰使，雲南三司官冒奏違錯，俱宜治罪。上宥之。」〔註439〕繫於正德八年十一月。招攬章，又譯作「招怕雅攬章」。

（八三）（嘉靖）二十四年，雲南巡撫汪文盛言：「老撾土舍怕雅聞征討安南，首先思奮，且其地廣兵多，可獨當一面。八百、車里與老撾相近，孟艮在老撾上流，皆多兵象，可備征討。

〔註434〕陳碧笙：《老撾異名考》，《中國古代史論叢》1981年第1輯，福建人民出版社1981年，第337頁。

〔註435〕《明史》卷三一五，清乾隆四年武英殿刻本，葉三一。參見《明史》，中華書局1974年，第8159頁。

〔註436〕《明孝宗實錄》，第2708頁。老樞，當作「老撾」。

〔註437〕《萬曆野獲編》，第932頁。

〔註438〕《明史》卷三一五，清乾隆四年武英殿刻本，葉三一。參見《明史》，中華書局1974年，第8159頁。

〔註439〕《明武宗實錄》，第2168頁。

請免其察勘，就令承襲，以備征調。」從之〔註440〕。

今考，事在嘉靖十六年，此作嘉靖二十四年誤。辨證如下：

此句之取材，《明世宗實錄》卷二〇五嘉靖十六年十月己巳條：「雲南巡撫汪文盛等言，安南廣陵州土官刁雷招諭夷酋刁楨等來降，請授以冠帶。老撾宣慰司土舍怕雅一聞征討安南，首先思奮，且其地廣兵多，彼國畏之，可使獨當一面。八百宣慰司土舍刁纜那、車里宣慰司土舍刁坎，與老撾相近。孟良府土舍刁交，在老撾上流。皆多兵象，可備征討。請免其查勘，先令就彼襲職。命老撾駐兵木州，以候進討，所下地方即與帶管。詔可其奏。」〔註441〕是《實錄》繫其事於嘉靖十六年。又據《明世宗實錄》卷二五〇嘉靖二十年六月辛未條：「陞巡撫雲南都察院右僉都御史汪文盛為大理寺卿。」〔註442〕《明世宗實錄》卷二七四嘉靖二十二年五月戊辰條：「致仕大理寺卿汪文盛卒。賜祭葬如例。」〔註443〕《國朝列卿紀》：「汪文盛，字□□，湖廣武昌府崇陽縣人。正德辛未進士，授饒州府推官。十一年陞兵部主事。十六年署員外郎事。嘉靖元年陞車駕司郎中。二年陞福建府知府。六年守制。八年起復，除浙江提學副使。十一年守制。十四年補陝西提學副使。本年陞雲南按察使。十五年陞都察院右僉都御史，巡撫雲南地方。二十年召進大理寺卿，未任，致仕。」〔註444〕是嘉靖二十年汪文盛由雲南巡撫升大理寺卿，嘉靖二十二年卒。故嘉靖二十四年，不得再有「雲南巡撫汪文盛」上書言事。是以事在嘉靖十六年，此作嘉靖二十四年誤。

（八四）部長不知姓，有三等：一曰招木弄，一曰招木牛，一曰招木化。而為宣慰者，招木弄也〔註445〕。

今考，招木化，當作「招化」。辨證如下：

此句蓋取材《大明一統志》：「其酋長有三等，大曰招木弄，次曰招木牛，

〔註440〕《明史》卷三一五，清乾隆四年武英殿刻本，葉三二。參見《明史》，中華書局1974年，第8159頁。

〔註441〕《明世宗實錄》，第4282、4283頁。

〔註442〕《明世宗實錄》，第5021頁。

〔註443〕《明世宗實錄》，第5381頁。

〔註444〕〔明〕雷禮：《國朝列卿紀》，《四庫全書存目叢書》史部第94冊，齊魯書社1996年，第167頁。

〔註445〕《明史》卷三一五，清乾隆四年武英殿刻本，葉三二。參見《明史》，中華書局1974年，第8160頁。

又次曰招化。而為宣慰者，即招木弄也。」〔註 446〕作「招化」。《（景泰）雲南圖經志》同之〔註 447〕。《殊域周咨錄》：「其酋長有三等：大曰招木弄，即為宣慰者；次曰招木牛；又次曰招化。」〔註 448〕亦作「招化」。《咸賓錄》：「其酋長有三等，長曰招木弄，次曰招木中，又次曰招花。為宣慰者，即招木弄也。」〔註 449〕招花，蓋從「招化」來。《明史》前諸書，無作「招木化」者。以是知，招木化，當作「招化」。

八百（二宣慰司）

(八五) 洪武二十一年，八百媳婦國遣人入貢，遂設宣慰司。二十四年，八百土官刀板冕遣使貢象及方物。先是，西平侯沐英遣雲南左衛百戶楊完者往八百招撫，至是來貢〔註 450〕。

今識，「遂設宣慰司」，自不必一定在洪武二十一年。辨證如下：

《大明一統志》：「本朝洪武二十四年，其酋來貢，乃立八百大甸軍民宣慰使司。」〔註 451〕《（景泰）雲南圖經志》：「今洪武二十四年，黔寧王亦遣人招之，其酋來貢，乃立八百大甸軍民宣慰使司。」〔註 452〕皆云洪武二十四年八百來貢。而「乃立八百大甸軍民宣慰使司」，自不必一定在洪武二十四年，據《明太宗實錄》卷三一永樂二年五月己巳條，八百大甸軍民宣慰使司之設實在永樂二年：「設八百者乃、八百大甸二軍民宣慰使司。」〔註 453〕

八百大甸，乃從八百分出者，是亦未述八百宣慰使司之設。八百宣慰使司之設，《明實錄》無記述。檢《明太祖實錄》卷二〇九洪武二十四年六月壬午條：「雲南八百宣慰使司土官刀板冕遣使貢象及方物。先是，西平侯沐英遣雲南左衛百戶楊完者往八百招撫之，至是來貢。」〔註 454〕黃彰健據之云：「八百宣慰使司之設在洪武二十四年六月，見《實錄》。《明史》此處作二十一年，

〔註 446〕《大明一統志》，第 1344 頁。
〔註 447〕《（景泰）雲南圖經志》，《大理叢書·方志篇》卷一，第 121 頁。
〔註 448〕《殊域周咨錄》，第 353 頁。
〔註 449〕《咸賓錄》，《四庫全書存目叢書》史部第 255 冊，第 696 頁。
〔註 450〕《明史》卷三一五，清乾隆四年武英殿刻本，葉三三。參見《明史》，中華書局 1974 年，第 8160 頁。
〔註 451〕《大明一統志》，第 1344 頁。
〔註 452〕《（景泰）雲南圖經志》，《大理叢書·方志篇》卷一，第 121 頁。
〔註 453〕《明太宗實錄》，第 563 頁。
〔註 454〕《明太祖實錄》，第 3123 頁。

誤也。」〔註455〕其實未免偏頗。《明實錄》該條未直接言設八百宣慰使司。且該條已稱「雲南八百宣慰使司土官」，則設司當在其前。又檢《明太祖實錄》卷一九三洪武二十一年八月丙辰條：「八百媳婦國遣人入貢方物。」〔註456〕時尚稱八百媳婦國，是尚未設司可知也。故八百宣慰使司之設，當在二十一年與二十四年兩次入貢之間。故《明史》館臣以「遂設宣慰司」表示，作補充之用，自不必一定在洪武二十一年。

（八六）帝諭兵部尚書茹瑋曰：「聞八百與百夷構兵，仇殺無寧日。朕念八百宣慰遠在萬里外，能修職奉貢，深見至誠。今與百夷構兵，當有以處之。可諭意八百，令練兵固守，俟王師進討。」〔註457〕

今考，兵部尚書，當作「兵部試尚書」。茹瑋，為「茹瑺」之訛。辨證如下：

此句之取材，《明太祖實錄》卷二一〇洪武二十四年七月辛丑條：「上諭兵部試尚書茹瑺曰：『聞八百與百夷構兵，相讎殺，無寧歲。朕念八百宣慰遠在萬里外，能修職奉貢，深見至誠，今與百夷構兵，當有以處之。可諭意八百練兵固禦，候王師進討。』」〔註458〕作「茹瑺」，黃彰健曾論及〔註459〕。又據《實錄》作「兵部試尚書」。檢《明史稿》亦作「兵部試尚書」，作「茹瑺」〔註460〕。蓋《明史》刪潤《史稿》之時，為求精簡，省「兵部試尚書」為「兵部尚書」。然「兵部試尚書」與「兵部尚書」，自有分別。以字形相近，訛「瑺」為「瑋」。

查茹瑺生平。《明太祖實錄》卷二〇六洪武二十三年十一月壬子條：「以都察院右副都御史茹瑺為兵部試尚書。」〔註461〕《明太祖實錄》卷二一四洪武二十四年十二月戊午條：「命兵部試尚書茹瑺、戶部試侍郎傅友文皆實授。」〔註462〕《國朝列卿紀》：「茹瑺，字□□，湖廣衡山縣人。洪武中由監生擢吏

〔註455〕《明史纂誤再續》，《臺灣中央研究院歷史語言研究所集刊》，1967年，第555頁。

〔註456〕《明太祖實錄》，第2896頁。

〔註457〕《明史》卷三一五，清乾隆四年武英殿刻本，葉三三。參見《明史》，中華書局1974年，第8160頁。

〔註458〕《明太祖實錄》，第3129頁。

〔註459〕《明史纂誤再續》，《臺灣中央研究院歷史語言研究所集刊》，1967年，第555頁。

〔註460〕《明史稿》第七冊，第158頁。

〔註461〕《明太祖實錄》，第3071頁。

〔註462〕《明太祖實錄》，第3162頁。

科給事中。十五年陞通政司右參議。十七年陞左通政，善於其職，太祖特加眷注，復其家。二十年陞通政使。二十三年改右副都御史。本年試兵部尚書。二十五年加太子少保，仍兼兵部尚書。併給其俸。三十一年改吏部尚書，暴昭誣以贓罪，黜為河南左布政使。」〔註463〕則本傳此句發生之時，茹瑺為兵部試尚書明矣。是以，兵部尚書，當作「兵部試尚書」；茹瑋，為「茹瑺」之訛。

（八七）茲特遣司賓田茂、推官林楨齎敕往諭，爾能悔過自新，即將奸邪之人禽送至京，庶境土可保〔註464〕。

今考，林楨，《明實錄》及《明史稿》皆作「林禎」，未詳孰是。辨證如下：

此句之取材，《明太宗實錄》卷四四永樂三年七月壬子條：「特遣司賓田茂、推官林禎齎敕，同車里差去人往諭，爾能改過自新，即將奸邪之人禽送至京，庶幾境土可保，人民獲安。」〔註465〕作「林禎」。《明史稿》亦作「林禎」〔註466〕。似當以「林禎」為是。而《國榷》卷一三永樂三年七月壬子條：「車里宣慰使刀暹答請攻八百大甸宣慰使刀招散。上遣司賓田茂、推官林楨齎敕諭刀招散等。又敕西平侯沐晟嚴兵以待，慮老撾乘車里之虛，選萬五千人往備。」〔註467〕正作「林楨」，與本傳此句同。本傳之「林楨」，是《明史》館臣刪潤《史稿》之時有意改定者歟？又識，「禽」，中華書局點校本逕改作「擒」〔註468〕。

（八八）（永樂）三年，刀招你等遣使奉金縷表文，貢金結絲帽及方物。帝命受之，仍加賜予〔註469〕。

舊考，中華書局：「三年刀招你等遣使奉金縷表文。此『三年』，與上文『三

〔註463〕〔明〕雷禮：《國朝列卿紀》，《四庫全書存目叢書》史部第93冊，齊魯書社1996年，第25頁。

〔註464〕《明史》卷三一五，清乾隆四年武英殿刻本，葉三三。參見《明史》，中華書局1974年，第8161頁。

〔註465〕《明太宗實錄》，第699頁。

〔註466〕《明史稿》第七冊，第158頁。

〔註467〕《國榷》，第956頁。

〔註468〕《明史》，中華書局1974年，第8161頁。

〔註469〕《明史》卷三一五，清乾隆四年武英殿刻本，葉三四。參見《明史》，中華書局1974年，第8161頁。

年』重出。按上文『三年遣使諭刀招散』，是三年七月事。此『三年，刀招你等遣使奉金縷表文』，是三年十月事，見《太宗實錄》卷三六永樂三年七月壬子條、又卷三八永樂三年十月壬午條。此『三年』疑當作『是年』。」〔註470〕

今按，是也。上文「三年遣使諭刀招散」，見《明太宗實錄》卷四四永樂三年七月壬子條〔註471〕，是三年七月事。此『三年，刀招你等遣使奉金縷表文』，是三年十月事，見《明太宗實錄》卷四七永樂三年十月壬午條：「雷南波勒土官麻哈旦麻剌並八百者乃土官刀招你等，遣頭目乃三哈柯等，奉金縷表文，貢金結絲帽及方物。賜鈔文綺有差。」〔註472〕本傳下文所接之沐晟上奏，敕命班師，事在永樂三年十二月，見《明太宗實錄》卷四九永樂三年十二月戊辰條〔註473〕。

（八九）（正統）十年，給八百大甸宣慰司金牌、信符各一，以前所給牌符為暹羅國寇兵焚燬也〔註474〕。

今考，宣慰司，當作「軍民宣慰司」。辨證如下：

此句之取材，《明英宗實錄》卷一三二正統十年八月壬寅條：「給雲南八百大甸軍民宣慰司金牌、信符各一，以本司舊給牌符被暹羅國寇兵焚毀也。」〔註475〕作「軍民宣慰司」。由上下文亦知八百大甸為軍民宣慰使司。明制，軍民宣慰使司與宣慰使司自別，故當作「軍民宣慰司」。

（九〇）弘治二年，刀攬那孫刀整賴貢方物，求襲祖職〔註476〕。

今考，刀整賴，為「刀岳整賴」之訛。辨證如下：

此句之取材，《明孝宗實錄》卷二九弘治二年八月庚子條：「雲南八百大甸軍民宣慰司故土官宣尉使刀攬那孫刀岳整賴貢方物，求襲祖職。兵部言，八百遠離雲南，瘴毒之地，與各處地方不同，宜特免重勘，許其襲職。從之。

〔註470〕《明史》，中華書局1974年，第8165頁。

〔註471〕《明太宗實錄》，第699頁。

〔註472〕《明太宗實錄》，第725頁。者乃土官刀招你，原脫「官」字，據《校勘記》補。見《明太宗實錄校勘記》，第218頁。

〔註473〕《明太宗實錄》，第737頁。

〔註474〕《明史》卷三一五，清乾隆四年武英殿刻本，葉三五。參見《明史》，中華書局1974年，第8162頁。

〔註475〕《明英宗實錄》，第2618頁。

〔註476〕《明史》卷三一五，清乾隆四年武英殿刻本，葉三五。參見《明史》，中華書局1974年，第8163頁。

仍給賜冠帶及表裏等物。〔註477〕」作「刀岳整賴」。又《明孝宗實錄》卷七七弘治六年六月壬午條：「雲南八百大甸軍民宣慰使司宣慰使刀岳整賴遣頭目藍卜等，四川朵甘宣慰使司寨官頭目答兒堅粲等，來朝貢方物。賜宴並綵段等物有差。仍回賜刀岳整賴綵段，付藍卜領給。」〔註478〕亦作「刀岳整賴」。此作「刀整賴」誤。

《明史》卷三百十七
（列傳第二百五）考證

廣西土司

廣西土司一

桂林

（一）桂林，自秦置郡，漢始安，唐桂州，天寶改建陵，宋靜江府，元靜江路〔註1〕。

舊考，「天寶」，庫本改「後」。「建陵」下庫本增「郡」字〔註2〕。

今按，庫本之改是。改建陵郡在至德間，此云「天寶改建陵」誤。辨證如下：

改建陵郡，《元和郡縣志》於「桂州」下云：「武德四年復為桂州總管府，七年改為都督府。天寶元年改為始安郡，至德元年改為建陵郡。」〔註3〕以為至德元年。《舊唐書》於「桂州」下云：「天寶元年，改為始安郡，依舊都督府。至德二年九月，改為建陵郡。乾元元年，復為桂州。」〔註4〕則以為至德

〔註1〕《明史》卷三一七，清乾隆四年武英殿刻本，葉一。參見《明史》，中華書局1974年，第8201頁。

〔註2〕《明史》，《景印文淵閣四庫全書》第302冊，第567頁。

〔註3〕〔唐〕李吉甫：《元和郡縣圖志》，中華書局1983年，第917頁。

〔註4〕〔後晉〕劉昫等：《舊唐書》，中華書局1975年，第1725頁。

二年九月。未詳孰是，要之，皆在至德年間無疑。故《大明一統志》：「唐復為桂州，治臨桂縣。天寶初，改始安郡。至德間，又改建陵郡。乾元初，復為桂州。」〔註5〕定為至德間。此云「天寶改建陵」誤。

（二）洪武七年，永、道、桂陽諸州蠻竊發，命金吾右衛指揮同知陸齡率兵討平之〔註6〕。

今考，事當置於《湖廣土司傳》下。辨證如下：

據《明史·地理志》，永州府〔註7〕、道州〔註8〕、桂陽州〔註9〕，均屬湖廣布政司。則當置於《湖廣土司傳》下，不應記入《廣西土司傳》。黃彰健曾論及之〔註10〕。蓋《明史》館臣誤以桂陽即桂林之陽也。

又，此句之取材，《明太祖實錄》卷八八洪武七年三月壬寅條：「永、道、桂陽諸州蠻寇竊發，命金吾右衛指揮同知陸齡率兵討之。上諭之曰：『蠻夷梗化，自作不靖，今命卿討之，軍旅之事，以仁為本，以威為用，申明號令，不可姑息。號令明則士有勵，心姑息行則人懷怠志。士心勵，雖少必濟，人志怠，雖眾弗克。所為仁者非姑息，威者非殺伐，仁以撫眾，威以振旅，則鮮有不克。』齡受命行，皆討平之。』」〔註11〕附識於此。

（三）（洪武）二十二年，富川縣逃吏首賜糾合苗賊盤大孝等為亂，殺知縣徐元善等，往來劫掠。廣西都指揮韓觀遣千戶廖春等討之，禽殺大孝等二百餘人。觀因言：「靈亭鄉乃猺蠻出入地，

〔註5〕《大明一統志》，第 1265 頁。
〔註6〕《明史》卷三一七，清乾隆四年武英殿刻本，葉二。參見《明史》，中華書局 1974 年，第 8202 頁。
〔註7〕《明史》卷四四，清乾隆四年武英殿刻本，葉一三。參見《明史》，中華書局 1974 年，第 1090 頁。
〔註8〕《明史》卷四四，清乾隆四年武英殿刻本，葉一四。參見《明史》，中華書局 1974 年，第 1090 頁。按《明史·地理志》，永州府領道州，然又云：「道州。元道州路，屬湖南宣慰司。洪武元年為府。九年四月復降為州。」則是時道州尚為道州府也。
〔註9〕《明史》卷四四，清乾隆四年武英殿刻本，葉一三。參見《明史》，中華書局 1974 年，第 1089 頁。按《明史·地理志》：「桂陽州。元桂陽路，治平陽縣，屬湖南道宣慰司。洪武元年為府。九年四月降為縣，省平陽縣入焉。十三年五月升為州。」是時桂陽州尚為府也。
〔註10〕黃彰健：《廣西土司傳考證：明史纂誤三續》，《中國歷史研究》第 2 輯，書目文獻出版社 1986 年，第 61 頁。
〔註11〕《明太祖實錄》，第 1567 頁。

雖征剿有年，未盡殄滅，宜以桂林等衛贏餘軍士，置千戶所鎮之。」詔從其請〔註12〕。

今考，此宜置於《平樂傳》。又，徐元善，當作「徐原善」。辨證如下：

按《明史・地理志》，平樂府下有「富川。府東，少北。元屬賀州。洪武十年五月改屬潯州府，後來屬。」〔註13〕《明太祖實錄》卷一九〇洪武二十一年四月丙辰條：「廣西都指揮使司言：平樂府富川縣靈亭山、破狐山等洞猺二千餘人占耕內地……」〔註14〕則洪武二十二年，富川縣已屬平樂府。故黃彰健認為，此當記入《平樂傳》，不當置於《桂林傳》〔註15〕。

又，此句之取材，《明太祖實錄》卷一九八洪武二十二年十二月戊午條：「富川縣逃吏首賜料合賊人盤大孝等為亂，殺知縣徐原善等，常往來富川、永明、江華三縣劫掠。廣西都指揮韓觀遣千戶廖春等討之，禽殺大孝等二百餘人。觀因奏：『富川縣靈亭鄉乃猺蠻出沒之地，雖征剿累年，未盡殄滅，恐復有構亂者，宜以桂林等衛贏餘軍士置千戶所鎮之。』詔從其請。」〔註16〕作「徐原善」。《國榷》卷九洪武二十二年十二月丙辰條：「富川縣逃吏糾賊為亂，殺知縣徐原善等，都督僉事韓觀討斬之。」〔註17〕萬斯同《明史》：「（洪武二十二年十二月）戊午，富川民作亂，殺知縣徐原善，都指揮韓觀發兵討平之。」〔註18〕皆作「徐原善」。此作「徐元善」誤。

又識，「禽」，中華書局點校本徑改作「擒」〔註19〕。

（四）（洪武）二十七年，全州灌陽等縣平川諸源猺民，聚眾為亂。命湖廣、廣西二都司發兵討之，禽殺千四百餘人，諸猺奔竄遁去。置灌陽守禦千戶所。初灌陽縣隸湖廣，因廣西平川等三十六源猺賊作亂，攻擊縣治，詔寶慶衛指揮孫宗總兵討平之。縣丞李原慶因奏灌陽去湖廣遠，隸廣西近。遂以灌陽隸

〔註12〕《明史》卷三一七，清乾隆四年武英殿刻本，葉二。參見《明史》，中華書局 1974 年，第 8202 頁。

〔註13〕《明史》卷四五，清乾隆四年武英殿刻本，葉二〇。《明史》，中華書局 1974 年，第 1150 頁。

〔註14〕《明太祖實錄》，第 2866 頁。

〔註15〕《廣西土司傳考證：明史纂誤三續》，《中國歷史研究》第 2 輯，第 61 頁。

〔註16〕《明太祖實錄》，第 2976 頁。

〔註17〕《國榷》，第 699 頁。

〔註18〕〔清〕萬斯同：《明史》，《續修四庫全書》史部第 324 冊，上海古籍出版社 2002 年，第 76 頁。

〔註19〕《明史》，中華書局 1974 年，第 8202 頁。

桂林府千戶所,命廣西都指揮同知陶瑾領兵築城守之〔註20〕。

今考,以灌陽隸桂林府千戶所,當作「以灌陽隸桂林府,設千戶所」。又識,置灌陽守禦千戶所,在洪武二十八年。辨證如下:

本傳「置灌陽守禦」至「領兵築城守之」,取材《明太祖實錄》卷二四三洪武二十八年十一月甲申條:「置灌陽守禦千戶所。初,灌陽隸湖廣,因廣西平川等三十六源猺賊作亂,攻劫縣治,詔寶慶衛指揮孫宗總兵討平之。縣丞李原慶因奏,灌陽去湖廣遠,隸廣西為近。遂以灌陽隸桂林府,設千戶所,命廣西都指揮同知陶瑾領兵築城守之。」〔註21〕作「以灌陽隸桂林府,設千戶所」。本傳此句少一「設」字,便謂灌陽更在桂林府千戶所之下,與原意有乖離。宜添一「設」字。黃彰健曾論及之〔註22〕。

《大明一統志》:「灌陽守禦千戶所。在灌陽縣東北,洪武二十八年建。」〔註23〕又據上所引《明太祖實錄》卷二四三洪武二十八年十一月甲申條〔註24〕,是置灌陽守禦千戶所在洪武二十八年明矣。此以「置灌陽守禦千戶所」,補充敘述於二十七年事之後,易誤讀,謹識。又識,「禽」,中華書局點校本逕改作「擒」〔註25〕。

(五)永樂二年,總兵韓觀奏:「潯、桂、柳三郡蠻寇黃田等累行劫掠,殺擄人畜。已調都指揮朱輝追剿,斬獲頗多。尋蒙遣官齎敕撫安,其黃田等猺皆已向化,悉歸所擄人畜。」帝命觀,復業者善撫恤之〔註26〕。

今考,事在永樂三年,此繫在二年誤。辨證如下:

此句之取材,《明太宗實錄》卷四一永樂三年四月癸未條:「廣西總兵官都督同知韓觀奏,比潯、桂、柳三郡蠻寇黃田等累行劫掠,殺虜人畜。已調都指揮僉事朱輝領兵追剿,殺獲賊人首級四百五十六顆。尋蒙欽差郎中徐子良等齎敕撫安,其黃田等二百六十四戶皆已向化復業,悉歸所擄人畜,所

〔註20〕《明史》卷三一七,清乾隆四年武英殿刻本,葉二。參見《明史》,中華書局1974年,第8202頁。

〔註21〕《明太祖實錄》,第3531頁。

〔註22〕《廣西土司傳考證:明史纂誤三續》,《中國歷史研究》第2輯,第61頁。

〔註23〕《大明一統志》,第1269頁。

〔註24〕《明太祖實錄》,第3531頁。

〔註25〕《明史》,中華書局1974年,第8202頁。

〔註26〕《明史》卷三一七,清乾隆四年武英殿刻本,葉二。參見《明史》,中華書局1974年,第8202頁。

執器仗亦悉輸官。上命觀，復業者更善撫恤。」〔註27〕繫在永樂三年。《明史·韓觀傳》：「永樂元年……明年……明年，潯、桂、柳三府蠻作亂，已撫復叛，遣朱輝以偏師破之。蠻大懼。會朝廷遣郎中徐子良至，遂來降，歸所掠人畜器械。」〔註28〕亦繫在永樂三年。則事當在永樂三年。黃彰健曾論及之〔註29〕。

（六）景泰五年，廣西古丁等洞賊首藍伽、韋萬山等，糾合蠻類，劫掠南寧、上林、武緣諸處。鎮守副總兵陳旺以聞，詔令總督馬昂等剿捕之〔註30〕。

今考，藍伽，當作「藍茄」。辨證如下：

此句之取材，《明英宗實錄》卷二四一景泰五年五月丁卯條：「廣西古丁等洞首賊藍茄、韋萬山等糾合夷類，劫掠南寧、上林、武緣等地方。鎮守副總兵陳旺等以聞。事下兵部，言此賊出沒無常，屢為地方患害，宜令總督兩廣副都御史馬昂等，量率士馬，直抵巢穴，剿捕盡絕。從之。」〔註31〕作「藍茄」。《明英宗實錄》卷二七八天順元年五月丙子條：「總督廣西軍務太監班祐奏，古丁等峒賊首藍茄等，糾集夷眾萬餘，分劫武緣等縣，漸逼南寧地方。已令參將范信等防禦。事下兵部，請馳文總兵官武進伯朱瑛，嚴督所在官軍土兵，設法撲滅，毋令滋蔓。從之。」〔註32〕亦作「藍茄」。《忠肅集》之奏議中，節錄有景泰四年廣西民人陸淵澄為被賊殺虜人命之事所上之奏疏，云：「景泰元年二月內，仍被首賊韋萬秀，糾合本縣浴西等里首賊韋萬累等，并柳州府馬平等縣五都首賊藍茄等，千百為羣，張打旗號，流劫臣等寨。」〔註33〕此奏疏亦見於《粵西文載》，題為《議處廣西夸情疏》〔註34〕。應即此「藍茄」。是以，當

〔註27〕 《明太宗實錄》，第 672 頁。按，比潯、桂、柳三郡，原作「北潯、挂、柳三郡」，據《校勘記》改。參見《明太宗實錄校勘記》，第 199 頁。

〔註28〕 《明史》卷一六六，清乾隆四年武英殿刻本，葉二。參見《明史》，中華書局 1974 年，第 4480 頁。

〔註29〕 《廣西土司傳考證：明史纂誤三續》，《中國歷史研究》第 2 輯，第 61 頁。

〔註30〕 《明史》卷三一七，清乾隆四年武英殿刻本，葉三。參見《明史》，中華書局 1974 年，第 8203 頁。

〔註31〕 《明英宗實錄》，第 5256 頁。

〔註32〕 《明英宗實錄》，第 5952 頁。

〔註33〕 《忠肅集》，《景印文淵閣四庫全書》第 1244 冊，第 155 頁。

〔註34〕 〔清〕汪森：《粵西文載》，《景印文淵閣四庫全書》第 1465 冊，臺灣商務印書館 1986 年，第 494 頁。

作「藍茄」，此作「藍伽」不確。

（七）弘治間，大征，殺副總兵馬俊、參議馬鉉〔註35〕。

舊考，中華書局：「參議馬鉉。馬鉉，原作『馬鈜』，據本書卷十五《孝宗紀》、又卷一八三《閔珪傳》、又卷二二二《殷正茂傳》及《孝宗實錄》卷六一弘治五年三月辛卯條改。」〔註36〕

今按，是也，然諸書亦有作「馬鈜」者。辨證如下：

本傳此句，取材《蠻司合誌》：「弘治間，大征，殺副總兵馬俊、參議馬鈜。」〔註37〕原作「馬鈜」。《明孝宗實錄》卷六一弘治五年三月辛卯條：「兩廣總鎮太監王敬，總督都御史閔珪，總兵官毛銳，以廣西古田縣獞賊為梗，調兵剿之，分四哨以進。副總兵馬俊一哨，自臨桂縣入，賊伏林箐中射之，俊及參議馬鈜、千戶王珊等俱死。事聞。」〔註38〕詳述此事，作「馬鈜」。《明孝宗實錄》卷七三弘治六年三月己巳條，有「故廣西布政司參議馬鈜征古田猺獞，為賊所殺，其子效才上疏」〔註39〕云云，亦作「馬鈜」。《明史・孝宗紀》：「（弘治五年三月）辛卯，廣西副總兵馬俊、參議馬鈜、千戶王珊等討古田叛獞，遇伏死。」〔註40〕又《閔珪傳》：「副總兵馬俊、參議馬鈜自臨桂深入，敗死，軍遂退。」〔註41〕又《殷正茂傳》：「殺副總兵馬俊、參議馬鈜。」〔註42〕皆作「馬鈜」。

當時資料，《臺省疏稿》卷五《會議軍餉征剿古田疏》，有「弘治年間，襲殺副總兵馬俊、參議馬鈜。正德年間，攻陷洛容縣」〔註43〕之語，《西南紀事》：「弘治五年，請于朝討之，官兵進至三厄，為賊所襲，副總兵馬俊、參議馬鈜

〔註35〕 《明史》卷三一七，清乾隆四年武英殿刻本，葉三。參見《明史》，中華書局1974年，第8203頁。

〔註36〕 《明史》，中華書局1974年，第8226頁。

〔註37〕 《蠻司合誌》，《中國少數民族古籍集成（漢文版）》第二冊，第236頁。

〔註38〕 《明孝宗實錄》，第1189頁。

〔註39〕 《明孝宗實錄》，第1363頁。

〔註40〕 《明史》卷一五，清乾隆四年武英殿刻本，葉四。參見《明史》，中華書局1974年，第187頁。

〔註41〕 《明史》卷一八三，清乾隆四年武英殿刻本，葉一八。《明史》，中華書局1974年，第4868頁。

〔註42〕 《明史》卷二二二，清乾隆四年武英殿刻本，葉二八。參見《明史》，中華書局1974年，第5859頁。

〔註43〕 〔明〕張瀚：《臺省疏稿》，《四庫全書存目叢書》史部第62冊，齊魯書社1996年，第102頁。

皆遇害。」〔註44〕作「馬鉉」。其後，《國朝列卿紀》：「古田賊韋朝威伏殺副總兵馬俊、參議馬鉉。」〔註45〕亦作「馬鉉」。蓋作「馬鉉」為是。

然檢《正氣堂集》，是為隆慶初年任總兵且參與後續古田之役的俞大猷所作，有隆慶元年三月《討古田賊呈》曰：「宏治年間，襲殺副總兵馬俊、參議馬鉉。正德年間，攻陷洛容縣，可謂惡之大矣。」〔註46〕作「馬鉉」。筆者所見之《正氣堂集》，為《四庫未收書輯刊》據清道光孫雲鴻未古書室刻本影印者，《正氣堂集》明代原刻，出自嶺南幕府，魯魚莫辨，故未古書室附《校勘記》校正之。故材料雖古，而文字難信。《明實錄》中，唯《明穆宗實錄》卷六一隆慶五年九月庚辰條：「磔廣西逆賊韋銀豹，並斬其孫韋扶獞于市，仍傳首夷方。」所附韋銀豹之小傳云：「弘治間，與其伯朝猛占據縣治，拒殺副總兵馬俊、參議馬鉉。」〔註47〕作「馬鉉」。《明史稿》亦作「馬鉉」〔註48〕。蓋《明史稿》採取《蠻司合誌》時，據該條改「馬鉉」為「馬鉉」，故《明史》因之。

（八）時韋銀豹與其從父朝猛攻陷洛容縣，據古田，分其地為上、下六里。銀豹出掠，挾下六里人行，而上六里不與焉。四十五年，提督吳桂芳因其間，遣典史廖元入上六里撫諭之，諸獞復業者二千人，銀豹勢孤請降〔註49〕。

今考，上六里，下六里，應作「上四里，下六里」。辨證如下：

此句取材於《蠻司合誌》：「時銀豹與其從父朝猛攻陷洛容縣，還據古田，分其地為上、下六里。第銀豹出掠，惟下六里人從行，而上六里不與焉。四十五年，提督吳桂芳因以其間，遣典史廖元入上六里撫諭之，諸獞復業者二千人，銀豹度勢孤，請降。」〔註50〕故說上六里，下六里。

《明穆宗實錄》卷四八隆慶四年八月甲子條，總督兩廣兵部侍郎李遷等

〔註44〕〔明〕郭應聘：《西南紀事》，《四庫全書存目叢書》史部第49冊，齊魯書社1996年，第388頁。

〔註45〕《國朝列卿紀》，《四庫全書存目叢書》史部第94冊，第335頁。

〔註46〕〔明〕俞大猷：《正氣堂集》，《四庫未收書輯刊》伍輯第20冊，北京出版社1997年，第335頁。

〔註47〕《明穆宗實錄》，第1490頁。

〔註48〕《明史稿》第七冊，第174頁。

〔註49〕《明史》卷三一七，清乾隆四年武英殿刻本，葉三。參見《明史》，中華書局1974年，第8203頁。

〔註50〕《蠻司合誌》，《中國少數民族古籍集成（漢文版）》第二冊，第236頁。

議上征剿古田事宜，中有「分別撫剿。言古田縣上四里為良獞，宜撫，而其中如韋銀豹者則不可縱。下六里為惡獞，宜剿，而亦有未嘗劫庫者，猶有可原。」〔註51〕作上四里，下六里。

時任提督吳桂芳有《恢復古田縣治議處善後疏》云：「其縣中，上四里獞人，各已欣然向化，納糧服役。下六里惡獞，亦各赴縣遞結乞撫。臣所遣該縣典史廖元，已入居舊存縣城，署掌印信，撫處民獞。上下相安，往來無忌。」〔註52〕稱上四里，下六里。隆慶初年任總兵且參與後續古田之役的俞大猷，於隆慶元年三月撰有《討古田賊呈》，云：「時又該守備卜禎呈，稱撫過附近該縣長安、新安、吉良、新興上四里獞老莫七星、黃秀洪、雖金牙、黃婆賤等三百二十名，及招撫鳳凰巢首惡韋銀豹、韋狼兵等五十四名，於嘉靖四十五年六月二十五日俱至古田縣，遂督同該縣哨守千戶魏良卿、署印典史廖元諭以不殺之仁，各獞情願棄獞為民，納糧當差，投遞甘結，到備公同，各官犒賞，省發回村住種。其首惡韋銀豹、韋狼兵等，雖今招撫，日後有變，事難料度。又下六里之獞，則全不聽撫等情。」〔註53〕亦稱上四里，下六里。布政使郭應聘《西南紀事》：「提督吳都御史桂芳度其時未可輕舉，遣古田守備卜禎、典史廖元持文告諭之。上四里獞聽撫，請以元入縣守其地，實質之也。下六里獞逆命如故。」〔註54〕仍稱上四里，下六里。

《大明一統志》云：「本朝改為古田縣，編戶一十里。」〔註55〕俞大猷《正氣堂集》隆慶四年八月初五日《先發各猺猺村告示》曰：「汝古田十里之人，可不自求生路乎？汝鳳凰巢一村之人，可不自求生路乎？汝四方諸峒之人，豈可自尋死路乎？為此示諭，如古田十里之獞，能縛送韋銀豹，即不加兵於十里地方。」〔註56〕咸以古田編戶十里。上四里，下六里，合計十里，兩不相悖。隆慶四年張翀撰《平古田大功碑》，有「公又疏復縣治，改為永寧州，即其下六里最頑梗者，立為三鎮，以分其勢而扼其背焉，可謂經略之

〔註51〕《明穆宗實錄》，第 1210 頁。
〔註52〕〔明〕吳桂芳：《恢復古田縣治議處善後疏》，《吳司馬奏議》，〔明〕陳子龍：《皇明經世文編》，《續修四庫全書》第 1660 冊，上海古籍出版社 2002 年，第 226 頁。
〔註53〕《正氣堂集》，《四庫未收書輯刊》伍輯第 20 冊，第 335 頁。
〔註54〕《西南紀事》，《四庫全書存目叢書》史部第 49 冊，第 388 頁。
〔註55〕《大明一統志》，第 1266 頁。
〔註56〕《正氣堂集》，《四庫未收書輯刊》伍輯第 20 冊，第 346 頁。

全能矣」〔註57〕云云，是下六里之證。是以，應作「上四里，下六里」無疑。

尚需言之者，《明世宗實錄》卷五六二嘉靖四十五年九月戊戌條：「古田獞賊韋銀豹等降。時銀豹久據古田，與諸獞分其地為上、下里居之。銀豹兩犯省城，獨下四里人從之。提督軍務吳桂芳因以其間，遣典史廖元入上四里諭降諸獞，諸獞復業者一千九百餘人。於是銀豹勢孤，亦請降，桂芳即以古田平聞。」〔註58〕作上四里，下四里，咄咄怪事。考《全邊略記》云：「四十五年，時銀豹久據古田，與諸獞分其地，為上、下里居之。銀豹兩犯省城，獨下六里人從之。提督吳桂芳，遣典史廖元，入上四里諭降。諸獞復業者，一千九百餘人。銀豹勢孤，亦請降。」〔註59〕《國榷》卷六四嘉靖四十五年九月戊戌條：「古田獞賊韋銀豹等降。銀豹久據古田，分上、下里。其兩犯柳州，獨下六里人從之。提督侍郎吳桂芳，因遣典史廖元入上四里說降諸獞，凡千九百餘人。于是銀豹勢孤，亦降。」〔註60〕此二書取材《明實錄》，而皆云上四里，下六里。《明世宗實錄校勘記》云：「下四里。廣本、閣本四作六。」〔註61〕則《實錄》原本亦當作上四里，下六里，明矣。黃雲眉〔註62〕、黃彰健〔註63〕曾言及之，而未言及《明世宗實錄》卷五六二嘉靖四十五年九月戊戌條之所以。

（九）久之，復猖獗，嘗挾其五子據鳳皇、連水二寨。〔註64〕

今考，鳳皇，當作「鳳凰」；連水，為「潮水」之訛。辨證如下：

此句取材《蠻司合誌》：「銀豹愈猖獗，嘗挾其五子據鳳凰、連水二寨。」〔註65〕作「鳳凰」、「連水」。然《明穆宗實錄》卷五七隆慶五年五月壬戌條：「先是，古田獞賊攻劫會城，伐殺官吏，連歲苦之。其最黠者，韋銀豹、黃朝猛，據鳳凰、潮水二巢，險固不可拔。」〔註66〕則作「鳳凰」、「潮水」。《明

〔註57〕〔明〕張翀：《平古田大功碑》，〔清〕汪森：《粵西文載》，《景印文淵閣四庫全書》第1466冊，臺灣商務印書館1986年，第460頁。

〔註58〕《明世宗實錄》，第9007頁。

〔註59〕〔明〕方孔炤：《全邊略記》，《續修四庫全書》第738冊，上海古籍出版社2002年，第483頁。

〔註60〕《國榷》，第4030頁。

〔註61〕《明世宗實錄校勘記》，第2801頁。

〔註62〕《明史考證》，第2504頁。

〔註63〕《廣西土司傳考證：明史纂誤三續》，《中國歷史研究》第2輯，第62頁。

〔註64〕《明史》卷三一七，清乾隆四年武英殿刻本，葉三。參見《明史》，中華書局1974年，第8203頁。

〔註65〕《蠻司合誌》，《中國少數民族古籍集成（漢文版）》第二冊，第236頁。

〔註66〕《明穆宗實錄》，第1397頁。

史‧殷正茂傳》：「先奪牛河、三厄險，諸軍連克東山鳳凰寨，蹙之潮水。廖元
誘獞人斬朝猛，銀豹窮。」〔註67〕亦作「鳳凰」、「潮水」。當時記錄，俞大猷
《正氣堂集》有隆慶元年五月《討賊議上》：「又有謂用兵三萬，一直抵鳳凰，
一直抵大巖、潮水二處，剿平，乃及其餘。」〔註68〕明人林大春《平蠻碑》：
「於是破鳳凰，涉潮水，斬西賊渠率黃朝猛、韋銀豹等以狥。」〔註69〕皆作
「鳳凰」、「潮水」。黃彰健亦以為「連水」當作「潮水」〔註70〕。是以，當作
「鳳凰、潮水二寨」。

　　《明史稿》作「鳳凰、連水二寨」〔註71〕，與《蠻司合誌》同。則《蠻
司合誌》訛「潮水」為「連水」，《明史稿》因之，《明史》復因之。而《明史》
又訛「凰」為「皇」矣。

（一〇）襲殺昭平知縣魏文端〔註72〕。

　　今考，「昭平」誤，且此句不宜置于本傳。辨證如下：

　　此句之取材，《蠻司合誌》原作：「襲殺漳平知縣魏文端。」〔註73〕據《明
史‧地理志》，漳平縣屬福建漳州府〔註74〕，昭平縣屬廣西平樂府，然「萬曆
四年四月析平樂、富川二縣地置」〔註75〕，故其時並無昭平縣。是《蠻司合
誌》、《明史》皆不確。《明史稿》作「昭平知縣魏文端」〔註76〕，蓋《明史稿》
採取《蠻司合誌》，覺「漳平」不確，乃以「昭平」改之。

　　《明史‧世宗紀》：「（嘉靖四十三年閏二月）丙申，盜據漳平，知縣魏文
瑞死之。」〔註77〕黃彰健以為，此漳平知縣魏文瑞，即《蠻司合誌》之「漳
平知縣魏文端」，第《蠻司合誌》訛「瑞」為「端」，又誤將福建、江西之賊寇

〔註67〕《明史》卷二二二，清乾隆四年武英殿刻本，葉二八。參見《明史》，中華書
　　　　局1974年，第5859頁。
〔註68〕《正氣堂集》，《四庫未收書輯刊》伍輯第20冊，第339頁。
〔註69〕〔明〕林大春：《平蠻碑》，〔清〕屈大均：《廣東文選》，《四庫禁燬書叢刊》
　　　　集部第136冊，北京出版社2000年，第652頁。
〔註70〕《廣西土司傳考證：明史纂誤三續》，《中國歷史研究》第2輯，第62頁。
〔註71〕《明史稿》第七冊，第174頁。
〔註72〕《明史》卷三一七，清乾隆四年武英殿刻本，葉三。參見《明史》，中華書局
　　　　1974年，第8203頁。
〔註73〕《蠻司合誌》，《中國少數民族古籍集成（漢文版）》第二冊，第236頁。
〔註74〕《明史》，中華書局1974年，第1131頁。
〔註75〕《明史》，中華書局1974年，第1151頁。
〔註76〕《明史稿》第七冊，第174頁。
〔註77〕《明史》，中華書局1974年，第249頁。

誤認作廣西古田之獞首韋銀豹矣〔註78〕。

　　按《（萬曆）漳州府志》:「魏文瑞，廣西桂林人。舉人。（嘉靖）四十一年知漳平縣。居官愛民。歲旱禱雨，憂形於色。嘗給粥賑饑，全活甚眾。時值流寇頻攻縣城，卒賴保障。後奉檄會剿賊首楊一蘇阿普等，以援兵不至，遇害。」〔註79〕是魏文瑞為桂林人。如黃彰健之說，凡再誤而桂林人歸於《桂林傳》，真無巧不成書也。

（一一）更自永福入桂林劫布政司庫，殺署事參政黎民衷，縋城而去，官軍追不及。久之，臨桂、永福各縣兵羣起捕賊，始得賊黨扶嫩、土婆顯等三十餘人於各山寨中。時首惡未獲〔註80〕。

　　今考，土婆顯，《明實錄》作「王婆顯」。又，本傳此段所述劫布政司庫，殺署事參政黎民衷及臨桂、永福各縣兵捕得賊黨扶嫩、土婆顯二事，繫年未確。又識，「時首惡未獲」句應繫於此段，中華書局點校本之標點以之別屬下一段未確。辨證如下：

　　本傳此段，取材於《明世宗實錄》卷五四一嘉靖四十三年十二月壬辰條：「廣西古田鳳凰山賊自永福突桂林，乘夜縋城而入，進劫布政司庫。署印參政黎民衷聞變，以為宗室也。出而諭止之，為賊所殺。凡劫庫銀四萬兩有奇，及金珠各若干，仍取原道縋城而去。」〔註81〕《明世宗實錄》卷五四六嘉靖四十四年五月癸卯條：「初，參政黎民衷之被殺也。賊乘夜遁出城，寵等遣兵追之不及。久之，臨桂、永福各縣兵始捕得賊黨扶嫩、王婆顯等三十餘人於各山寨中，然其首惡竟未獲也。」〔註82〕

　　土婆顯，《明實錄》作「王婆顯」。《蠻司合誌》〔註83〕、《明史稿》〔註84〕作「土婆顯」。

　　本傳此段，置於嘉靖四十五韋銀豹降之後，是以之為嘉靖四十五年及之

〔註78〕《廣西土司傳考證：明史纂誤三續》，《中國歷史研究》第2輯，第63頁。
〔註79〕〔明〕羅青霄纂修：《（萬曆）漳州府志》卷二七，明萬曆元年刻本，葉一八。
〔註80〕《明史》卷三一七，清乾隆四年武英殿刻本，葉三。參見《明史》，中華書局1974年，第8203頁。
〔註81〕《明世宗實錄》，第8758頁。
〔註82〕《明世宗實錄》，第8810頁。臨桂，原作「桂林」，據《明世宗實錄校勘記》改。見《明世宗實錄校勘記》，第2719頁。
〔註83〕《蠻司合誌》，《中國少數民族古籍集成（漢文版）》第二冊，第236頁。
〔註84〕《明史稿》第七冊，第175頁。

後之事。黃明光已結合《實錄》、《正氣堂集》判定劫布政司庫,殺署事參政黎民衷事在嘉靖四十三年,本傳繫年錯誤〔註85〕。今據《實錄》來看,臨桂、永福各縣兵捕得賊黨扶嫩、土婆顯一事,亦在嘉靖四十四年,本傳繫年錯誤。

從上引《明世宗實錄》卷五四六嘉靖四十四年五月癸卯條看,「時首惡未獲」一句,係來源於《實錄》「然其首惡竟未獲也」一句,中華書局點校本之標點以之別屬下一段未確。

(一二)生禽朝猛,梟於軍〔註86〕。

今識,殺黃朝猛之具體經過,本傳言之甚簡,為官軍未進之時,誘獞人伏路擒殺也。補充材料於下:

《明史》言殺黃朝猛者,尚有《殷正茂傳》:「廖元誘獞人斬朝猛。」〔註87〕又《俞大猷傳》:「擒朝猛、銀豹。」〔註88〕結合本傳讀之,似錯綜複雜,相互矛盾。按俞大猷《正氣堂集》有《報捷題本》稱:「先據古田縣主簿廖元并防守古田領兵名色把總王綱、張存德報,十一月初五日戌時,殺獲帶案手刃方面官員首賊黃猛首級一顆。」〔註89〕《正氣堂集》隆慶四年十一月初十日《稟總督軍門李公》,言之甚詳:「稟為捷報計殺手刃方面官首賊事。本年十一月初十日辰時,據古田縣稟,准主簿廖元牒,把總王綱、張存德手本稱,本年十一月初四日,據獞人莫金線等報警到縣職等議定。王綱就於本日夜,密差哨官鄭聰、林世德、許玉、朱祿、陳和督同精勇家丁王興、王明、張進等一十五人,裝做獞人,同莫金線引抵社咸村地方,伏路擒殺。至本月初七日夜四更亥時分,據家丁王興走報,殺得帶案手刃方面官首賊黃朝猛首級一顆,大小功全,是的。至初八日丑時,已該王綱獲到前賊首級,在哨除查。驗完日,另行撥兵解報外等情。據此理合稟報,須至稟者。」〔註90〕又郭應聘《西南紀事》云:「先是,正茂慮豹、猛二酋越逸,懸千金購之。官兵未進,主簿

〔註85〕黃明光:《明史廣西土司傳續考》,《中央民族學院學報》1989 年第 4 期,第 33 頁。

〔註86〕《明史》卷三一七,清乾隆四年武英殿刻本,葉四。參見《明史》,中華書局 1974 年,第 8204 頁。

〔註87〕《明史》,中華書局 1974 年,第 5859 頁。

〔註88〕《明史》,中華書局 1974 年,第 5608 頁。

〔註89〕《正氣堂集》,《四庫未收書輯刊》伍輯第 20 冊,第 366 頁。

〔註90〕《正氣堂集》,《四庫未收書輯刊》伍輯第 20 冊,第 350 頁。

廖元、把總王綱，用獞人黃金線等誘，斬黃朝猛首以獻。」〔註91〕以是可詳
其始末。謹附識。又識，「禽」，中華書局點校本徑改作「擒」〔註92〕。

（一三）總制殷正茂、巡撫郭應聘乃檄徵田州、向武、都康
諸土兵，屬參將王瑞進剿，斬廖金鑑、廖金盞、韋銀花、
韋狼化等〔註93〕。

今考，廖金鑑，當作「廖金濫」。韋狼化，應為「韋狼花」之訛。辨證如
下：

黃明光據《（乾隆）柳州府志》及《（乾隆）洛容縣志》采錄的英山石刻
文、桂林文管會編《桂林石刻》收錄的桂林普陀山《明殷正茂懷遠記事碑》作
「廖金濫」，又參以《粵西叢載》所載，定「廖金鑑」為「廖金濫」之誤〔註
94〕。今檢郭應聘《西南紀事》卷四《平陽朔金寶嶺》：「首賊廖金濫、廖金盞、
韋狼相、莫伯雍、王朝解等皆授首。」〔註95〕亦作「廖金濫」，可為輔證。

本傳此句，源出《蠻司合誌》，作「廖金鑑」、「韋狼化」〔註96〕。《蠻司
合誌》相關內容取材於《萬曆武功錄》卷四之《永寧洛容諸獞列傳》，作「廖
金鑑」、「韋狼花」〔註97〕。則韋狼化，亦應為「韋狼花」之訛。

（一四）萬曆六年，總制淩雲翼、巡撫吳文華大征河池、咘咳諸猺，
斬首四萬八百餘級，嶺表悉平〔註98〕。

今考，四萬八百餘級，為「四千八百餘級」之訛。辨證如下：

有關此事之記錄，見於《明神宗實錄》卷七七萬曆六年七月丙辰條：「廣
西漢土官兵征剿過河池、咘咳、北三等猺賊，斬首四千八百四十級，獲牛馬
賊仗千計。總督淩雲翼以捷聞。上嘉其功，蔭雲翼子世襲錦衣衛副千戶，賞

〔註91〕 《西南紀事》，《四庫全書存目叢書》史部第 49 冊，第 390 頁。

〔註92〕 《明史》，中華書局 1974 年，第 8204 頁。

〔註93〕 《明史》卷三一七，清乾隆四年武英殿刻本，葉四。參見《明史》，中華書局
1974 年，第 8204 頁。

〔註94〕 黃明光：《明史廣西土司傳續考》，《中央民族學院學報》1989 年第 4 期，第
35 頁。

〔註95〕 《西南紀事》，《四庫全書存目叢書》史部第 49 冊，第 406 頁。

〔註96〕 《蠻司合誌》，《中國少數民族古籍集成（漢文版）》第二冊，第 239 頁。

〔註97〕 〔明〕瞿九思：《萬曆武功錄》，《續修四庫全書》第 436 冊，上海古籍出版社
2002 年，第 266 頁。

〔註98〕 《明史》卷三一七，清乾隆四年武英殿刻本，葉四。參見《明史》，中華書局
1974 年，第 8204 頁。

銀四十兩，紵絲二表裏。巡撫吳文華蔭一子入監，賞銀三十兩，紵絲二表裏。兵備吳善升一級。參將王瑞應襲兒男加陞二級。參政蔡汝賢俸一級。副使徐時可、陳俊等陞一級。仍各賞賚有差。說者謂徭賊原無叛逆，凌雲翼喜事邀功，此舉殺掠甚慘，殊失朝廷撫綏之意。廕襲過濫，至今議之。」〔註99〕作「四千八百四十級」。萬斯同《明史·吳文華傳》：「又明年，偕總督凌雲翼征河池、咘咳、北三猺，斬首四千八百餘級。」〔註100〕亦作「四千八百餘級」。

時人之記錄，項篤壽《小司馬奏草》中收有《題為仰仗天威剿平經奏劇賊大除民患恭報全捷事》：「案呈到部，看得總督兩廣右都御史凌、巡撫廣西右副都御史吳各題，稱漢土官兵征剿過廣西河池、咘咳、北三等巢徭賊，共計擒斬首從賊人賊級四千八百四十名顆，俘獲賊屬三千二百五十六名口，奪獲牛馬一千二百五十二頭匹，賊仗二千五百一十四件，搜獲指揮應襲吳奇親供一張，恢復民屯田糧一千二百餘石，招撫過北五八寨東歐等峒共一百八十二村。」〔註101〕從該奏折對凌雲翼、吳文華奏疏中戰爭收穫的概括，可見當時凌、吳二人自題稱斬首四千八百四十級。王世貞《吳中丞平嶺西前後功志》：「已，北三、河池、咘咳諸寇復叢起，公議先其急者，選將士分道襲擊。復大破之，刲其腑鹵。斬渠酋以下四千八百餘級，俘血屬三千二百有奇，牛馬糧仗莚於前。捷上，詔錄一子入胄監，賜金幣有差。」〔註102〕這項對吳文華軍功的記述，也稱四千八百餘級。是以，萬曆六年，凌雲翼、吳文華征河池、咘咳等諸猺，斬首四千八百餘級無疑。此作「四萬八百餘級」者，蓋訛「千」為「萬」矣。

柳州

（一五）永樂七年，柳州道村寨蠻韋布黨等作亂，都指揮周誼率兵討禽之。命斬布黨，梟其首於寨。廣西洞蠻韋父、融州羅城洞蠻潘父蔥各聚眾為亂，柳州等衛官軍捕斬之。九年，賓州遷江縣、象州武仙縣古逢等洞蠻獠作亂。詔發柳州、

〔註99〕《明神宗實錄》，第 1653、1654 頁。
〔註100〕〔清〕萬斯同：《明史》，《續修四庫全書》史部第 329 冊，上海古籍出版社 2002 年，第 465 頁。
〔註101〕〔明〕項篤壽：《小司馬奏草》，《續修四庫全書》第 478 冊，上海古籍出版社 2002 年，第 624 頁。
〔註102〕〔明〕王世貞：《吳中丞平嶺西前後功志》，〔清〕汪森：《粵西文載》，《景印文淵閣四庫全書》第 1466 冊，臺灣商務印書館 1986 年，第 271 頁。

南寧、桂林等衛兵討之。十四年，融州猺民作亂，官軍討平之。十七年，象州土吏覃仁用言，其父景安，故元時常任本州巡檢，有兵獞二百人，今皆為民，請收集為軍。帝不許。十九年，融縣蠻賊五百餘人，群聚剽掠，廣西參政耿文彬率民兵會桂林衛指揮平之〔註103〕。

今考，「永樂」誤，宜改為「洪武」。辨證如下：

以《明實錄》證之，此段文字所述事件，皆發生於洪武年間也，且皆取材於《明實錄》。

本傳「七年，柳州道村寨蠻韋布黨等作亂，都指揮周誼率兵討禽之。命斬布黨，梟其首於寨」之取材，《明太祖實錄》卷八七洪武七年正月戊辰條：「柳州道村寨蠻寇韋布黨等作亂，廣西都衛指揮僉事周誼率兵討平之，禽布黨及從賊黃布寡等一百八十人。事聞，命斬布黨，梟其首于寨，餘賊送京師。」〔註104〕

本傳「廣西洞蠻韋父、融州羅城洞蠻潘父蔥各聚眾為亂，柳州等衛官軍捕斬之」之取材，《明太祖實錄》卷八八洪武七年三月壬辰條：「廣西洞蠻韋父、融州羅城洞蠻潘父蔥各聚眾為亂，柳州等衛官軍捕斬之。」〔註105〕

本傳「九年，賓州遷江縣、象州武仙縣古逢等洞蠻獠作亂。詔發柳州、南寧、桂林等衛兵討之」之取材，《明太祖實錄》卷一〇九洪武九年閏九月甲午條：「廣西賓州遷江縣、象州武仙縣古逢等洞蠻獠作亂，詔發柳州、南寧、桂林等衛兵討平之。」〔註106〕

本傳「十四年，融州猺民作亂，官軍討平之」之取材，《明太祖實錄》卷一三五洪武十四年二月乙丑條：「柳州府融州猺民作亂，官軍討平之。」〔註107〕

本傳「十七年，象州土吏覃仁用言，其父景安，故元時常任本州巡檢，有兵獞二百人，今皆為民，請收集為軍。帝不許」之取材，《明太祖實錄》卷一六七洪武十七年閏十月庚申條：「象州土吏覃仁用言，其父景安，故元時嘗任本州巡檢，有兵獞二百人，今皆為民。請收集為軍。上不許，因諭之曰：兵獞既為民矣，國家之兵，豈少此二百人？朕嘗下令，凡故元時士卒隸民籍者，

〔註103〕《明史》卷三一七，清乾隆四年武英殿刻本，葉五。參見《明史》，中華書局1974年，第8205頁。
〔註104〕《明太祖實錄》，第1543頁。
〔註105〕《明太祖實錄》，第1560頁。
〔註106〕《明太祖實錄》，第1810頁。
〔註107〕《明太祖實錄》，第2145頁。

不許相告，豈可以爾之一言而格朝廷之令乎？」〔註108〕又，《國朝典彙》亦繫此事於洪武十七年閏十月。〔註109〕

本傳「十九年，融縣蠻賊五百餘人，群聚剽掠，廣西參政耿文彬率民兵會桂林衛指揮平之」之取材，《明太祖實錄》卷一七七洪武十九正月己卯條：「柳州府融縣蠻賊五百餘人群聚，剽劫廣西，布政使司右參政耿文彬率民兵會桂林右衛指揮韓觀軍剿平之。」〔註110〕又，萬斯同《明史·韓觀傳》：「洪武十九年，柳州融縣蠻叛，觀與參政耿文彬合兵討平之。」〔註111〕亦繫此事於洪武十九年。

諸事紀年之數字皆可與《明實錄》對應，唯年號有異。是本傳此處之「永樂」，為「洪武」之訛，明矣。黃彰健曾論及之〔註112〕。

又識，「禽」，中華書局點校本徑改作「擒」〔註113〕。

（一六）融州羅城洞蠻潘父蒽〔註114〕。

舊考，四庫館臣：「融州羅城洞蠻潘父蒽。州改『縣』，下同。」〔註115〕

今按，竊以不必改。理由如下：

四庫館臣所以改「州」為「縣」者，蓋以明代稱融縣，不稱融州。《明太祖實錄》卷一一二洪武十年五月戊寅條稱：「改柳州府融州為縣。」〔註116〕《明史·地理志》：「融。府西北。元融州，直隸廣西兩江道。洪武二年十月以州治融水縣省入，來屬。十年五月降為縣。」〔註117〕是洪武十年融州纔降為縣。本傳此句發生於洪武七年，時尚為融州也。

至於其下，本傳「十四年，融州獷民作亂，官軍討平之」，洪武十四年為融縣，或可改之。檢其取材《明太祖實錄》卷一三五洪武十四年二月乙丑條：

〔註108〕《明太祖實錄》，第 2563 頁。

〔註109〕《國朝典彙》，《四庫全書存目叢書》史部第 266 冊，第 667 頁。

〔註110〕《明太祖實錄》，第 2676 頁。

〔註111〕〔清〕萬斯同：《明史》，《續修四庫全書》史部第 327 冊，上海古籍出版社 2002 年，第 560 頁。

〔註112〕《廣西土司傳考證：明史纂誤三續》，《中國歷史研究》第 2 輯，第 64 頁。

〔註113〕《明史》，中華書局 1974 年，第 8205 頁。

〔註114〕《明史》卷三一七，清乾隆四年武英殿刻本，葉五。參見《明史》，中華書局 1974 年，第 8205 頁。

〔註115〕《明史考證攟逸》，《續修四庫全書》第 294 冊，第 418 頁。

〔註116〕《明太祖實錄》，第 1855 頁。

〔註117〕《明史》，中華書局 1974 年，第 1155 頁。

「柳州府融州猺民作亂，官軍討平之。」〔註118〕原作「融州」，蓋沿俗稱。

（一七）柳州等府上林等縣獞民梁公竦等六千戶，男女三萬三千餘口，及羅城縣土酋韋公、成乾等三百餘戶復業。初，韋公等倡亂，獞民多亡入山谷，與之相結。事聞，遣御史王煜等招撫復業，至是俱至，仍隸籍為民〔註119〕。

今考，事在永樂元年五月。辨證如下：

本傳上文既誤「洪武」為「永樂」，故從其文本看之，是將此事繫在永樂十九年下。按本傳此句之取材，《明太宗實錄》卷二〇上永樂元年五月丁亥條：「柳州等府上林等縣獞民梁公竦等六千戶，凡男女三萬三千餘口，及羅城縣土酋韋公、成乾等三百餘戶復業。初韋公等作耗，獞民多亡入山谷，與之相結。事聞，遣御史王煜等招撫復業。至是俱至，仍隸籍為民。」〔註120〕在永樂元年五月。劉漢忠曾論及之〔註121〕。

（一八）宣德初，蠻寇覃公旺作亂，據思恩縣大、小富龍三十餘峒，固守險阻，以拒官軍。總兵官顧興祖等督兵分道攻之，斬公旺并其黨千五十餘人。捷至，帝曰：「蠻民亦朕赤子，殺至千數，豈無脅從非辜者。以後宜開示恩信，撫慰而降之，如賈琮戍交州可也。」〔註122〕

舊考，四庫館臣：「仍隸籍為民宣德初。改『隸籍為民宣宗即位』。」〔註123〕

今按，四庫館臣之意，以「宣德初」改作「宣宗即位」。至於刪去「仍」字，是為協調「宣德初」改「宣宗即位」所增加之一字，以保證總字數不變。以「宣德初」改作「宣宗即位」，是也。本傳此句之取材，《明宣宗實錄》卷一一洪熙元年十一月甲寅條：「摠兵官鎮遠候顧興祖討蠻寇覃公旺，殺之。時寇據思恩縣大、小富龍三十餘峒，固守險阻，以拒官軍。興祖等督兵分道攻之，

〔註118〕《明太祖實錄》，第2145頁。

〔註119〕《明史》卷三一七，清乾隆四年武英殿刻本，葉五。參見《明史》，中華書局1974年，第8205頁。

〔註120〕《明太宗實錄》，第363、364頁。按，土酋韋公，原作「上酉韋公」，據《校勘記》改。參見《明太宗實錄校勘記》，第93頁。

〔註121〕劉漢忠：《明史土司傳柳州史事繫年辨誤》，《廣西地方志》1995年第5期，第58頁。

〔註122〕《明史》卷三一七，清乾隆四年武英殿刻本，葉五。參見《明史》，中華書局1974年，第8205頁。

〔註123〕《明史考證攟逸》，《續修四庫全書》第294冊，第418頁。

斬公旺並其黨千五十餘人，歸民男女為賊所掠者三百餘人。奏捷至京，上謂侍臣曰：蠻民亦朕赤子，其為患不已，固當用兵。但殺之動以千數，其間豈無脅從非辜者乎？苟得良牧守如賈琮刺交州，開示恩信，慰撫而降之，安得殺傷之多如此。」〔註124〕是時宣宗已登位，而尚未改元宣德也。查《明史稿》作「宣德初年十一月」〔註125〕，蓋欲以之表示宣宗即位尚未改元時的洪熙元年，然似古無此例。至《明史》刪潤成「宣德初」，則更莫知所指矣。文淵閣庫本《明史》但改「初」為「即位」〔註126〕，餘不變，與《明史考證攟逸》所據之《明史》底本所改微有不同，而其意一也。

（一九）（宣德）二年，廣西三司奏：「柳慶等府賊首韋萬黃、韋朝傳等聚眾劫殺為民害。」敕興祖進兵剿平之。〔註127〕

今考，韋朝傳，一作「韋朝傅」，未詳孰是。辨證如下：

《明宣宗實錄》卷二九宣德二年七月乙未條：「行在兵部尚書張本言，初廣西三司奏，柳慶各府山賊糾合猺獞於臨桂等五縣劫掠人財，已集民款，置備器械守護，總兵官鎮遠侯顧興祖督軍往來哨捕。今三司又奏，桂林及柳慶等府賊首韋萬黃、韋朝傅等，聚眾劫殺為民害。敕興祖進兵剿之。」〔註128〕作「韋朝傅」。《粵西文載·鎮遠侯顧成傳》：「又剿柳慶府賊韋萬黃、韋朝傅等。」〔註129〕《（乾隆）柳州府志》：「（宣德）二年，廣西三司奏，柳慶等府賊首韋萬黃、韋朝傅等聚眾劫殺為民害。勒總兵官顧興祖進兵勦平之。」〔註130〕亦作「韋朝傅」。然「傅」、「傳」二字，本易相混，莫詳孰是。

（二〇）懷遠為柳州屬邑，在右江上游，旁近靖綏、黎平，諸猺竊據久。隆慶時，大征古田，懷遠知縣馬希武欲乘間築城，召諸猺役之，許犒不與。諸猺遂合繩坡頭、板江諸峒，殺官吏反。總制殷正茂請於朝，遣總兵官李錫、參將王世科

〔註124〕《明宣宗實錄》，第 304 頁。
〔註125〕《明史稿》第七冊，第 175 頁。
〔註126〕《明史》，《景印文淵閣四庫全書》第 302 冊，第 570 頁。
〔註127〕《明史》卷三一七，清乾隆四年武英殿刻本，葉六。參見《明史》，中華書局 1974 年，第 8205 頁。
〔註128〕《明宣宗實錄》，第 759 頁。
〔註129〕〔清〕汪森：《粵西文載》，《景印文淵閣四庫全書》第 1467 冊，臺灣商務印書館 1986 年，第 100 頁。
〔註130〕〔清〕王錦修，吳光昇纂：《（乾隆）柳州府志》卷三九，清乾隆二十九年刻本，葉八。

統兵進討。官兵至板江，猺賊皆據險死守。正茂知諸猺
獨畏永順鉤刀手及狼兵，乃檄三道兵數萬人擊太平、河裏
諸村，大破之，連拔數寨，斬賊首榮才富、吳金田等，
前後捕斬凡三千餘，俘獲男婦及牛馬無算。事聞，議設
兵防，改萬石、宜良、丹陽為土巡司，屯土兵五百人，
且耕且守〔註131〕。

今考，「事聞，議設兵防，改萬石、宜良、丹陽為土巡司，屯土兵五百人，
且耕且守」有問題。辨證如下：

本傳此段，取材於《蠻司合誌》卷十四「懷遠為柳州屬邑」至「以五年束
梧州」〔註132〕，而《蠻司合誌》此段文字，乃節錄自《萬曆武功錄》卷四之
《懷遠諸猺獞列傳》〔註133〕。郭應聘《郭襄靖公遺集》卷一之《查參懷遠失
事人員并議剿處疏》〔註134〕，又卷三之《討平懷遠捷音疏》〔註135〕，又卷四
之《議懷永善後事宜疏》〔註136〕，皆涉及所述事情，察其文字，似《萬曆武
功錄・懷遠諸猺獞列傳》又從中有所取材。本傳此段之「事聞，議設兵防，改
萬石、宜良、丹陽為土巡司，屯土兵五百人，且耕且守」，為有問題者。

其所取材之《蠻司合誌》，原作：「事聞，於是東岸北岸……河澪、蕉花
屬背江獞人。前是，諸當事議兵防，欲改萬石、宜良、丹陽為土巡司。已，欲
加守備一人。已，又欲于永福加海灣堡，屯兵二百人，古鉢堡，屯兵三百人，
毛峒堡，屯兵三百人；於臨桂加傘山堡，屯兵二百人；於陽朔及大水并田、金
寶頂為一堡，屯土兵五百人，而里定、羊骨、遇龍、翠屏諸堡，皆加兵為壘，
且耕且守。」〔註137〕

《蠻司合誌》所取材之《萬曆武功錄》，原作：「事聞，上賜殷正茂金三
十兩，紵絲二表裏……諸土吏思明則黃承祖……於是上有詔賜岑紹勳等金二
十兩，莫之厚等金十五兩，許宗蔭等金十兩。始尚書譚綸請曰：『上幸賜諸

〔註131〕《明史》卷三一七，清乾隆四年武英殿刻本，葉六。參見《明史》，中華書
　　　　局1974年，第8206頁。
〔註132〕《蠻司合誌》，《中國少數民族古籍集成（漢文版）》第二冊，第237～239頁。
〔註133〕《萬曆武功錄》，《續修四庫全書》第436冊，第263～266頁。
〔註134〕〔明〕郭應聘：《郭襄靖公遺集》，《續修四庫全書》第1349冊，上海古籍出
　　　　版社2002年，第32～36頁。
〔註135〕《郭襄靖公遺集》，《續修四庫全書》第1349冊，第61～67頁。
〔註136〕《郭襄靖公遺集》，《續修四庫全書》第1349冊，第76～85頁。
〔註137〕《蠻司合誌》，《中國少數民族古籍集成（漢文版）》第二冊，第238、239頁。

土吏金錢甚厚……」諸土吏曰：『敢不如約。』於是東岸北岸屬……河潯蕉花屬背江獞人。大田蘆及下猺籠皆互相約束矣。前是，諸當路議兵防，欲改萬石、宜良、丹陽為土巡司……且耕且守。」〔註138〕是《蠻司合誌》直接節錄之，只不錄皇上賞賜功臣及土官一處及「大田蘆及下猺籠皆互相約束矣」一句。

此句，《明史稿》〔註139〕同《明史》。是《明史稿》採錄《蠻司合誌》之時，直接跳躍摘取數字以成之也。然細觀《萬曆武功錄》及《蠻司合誌》之原文。言「議兵防」前有「前是」二字，則不一定在「事聞」之後矣。且言「欲改」，是改不改亦未定也。又「屯兵」之事，乃屯於永福、臨桂、陽朔，皆非柳州之地，且所屯兵數非「五百人」。職是之故，愚謂此句有問題。

《蠻司合誌》後尚有戍兵之事，《萬曆武功錄》固有之矣，且多出「皆以撫巡使郭應聘請也」〔註140〕數字。《明神宗實錄》卷二八萬曆二年八月甲子條：「兵部覆廣西撫按郭應聘等題懷遠、雒溶二縣善後八事。一、移設縣治，改懷遠治于民居環集處所，而雒溶仍舊補葺。一、聯束民猺，猺寇漏刃賤徒，撫處已定，責令各該官互相鈐束，以保無虞。一、慎固兵防，鎮安府湖潤寨、思恩土司、田州、江州、上映、二雷、二峒，分作四年一次戍省城。泗城、歸順、都康、向武、奉議等州，上林縣、思明府、思明州、遷隆峒、龍英忠州，分作五年一次戍梧鎮。一、繕修城堡，各府、州、縣城池既皆低薄，營堡率皆木柵，覆以草茅，一聞有警，輒使棄去，今令大加修葺，務堪保障。一、責成守令猺獞每村巢立一獞老鈐束，州縣官不時自齎供饋，親歷村落，以通其情，剪其強悍者。一、申飭兵巡巡守官員，不時巡歷州縣，一切民情夷情俱從輕畫。一、申明體統，融、雒二縣，仍舊屬右江兵備參將專轄。一、議行雕剿，猺獞為患，乘其初發制之，千百勁卒，一鼓可擒，各將官怠緩失事者，從重究治。上允行之。」〔註141〕概括郭應聘關於懷遠善後事宜，未言及改萬石、宜良、丹陽為土巡司。其具體善後八事之奏疏，收入《郭襄靖公遺集》，即卷四之《議懷永善後事宜疏》。《議懷永善後事宜疏》中有：「方懷遠未班師時，議者有欲照古田三鎮事例，改萬石、宜良、丹陽三巡檢司為土司者，有欲添設

〔註138〕《萬曆武功錄》，《續修四庫全書》第 436 冊，第 265、266 頁。
〔註139〕《明史稿》第七冊，第 176 頁。
〔註140〕《萬曆武功錄》，《續修四庫全書》第 436 冊，第 266 頁。
〔註141〕《明神宗實錄》，第 694、695 頁。

守備者。其說似矣。但懷遠僻在一隅，非古田肘腋府江咽喉者比，設官立鎮，供費不貲，恐非可繼之道。且殘猺畏威，乞命已出真心，似無事，紛紛建設，以滋煩擾。」〔註142〕知「欲改萬石、宜良、丹陽為土巡司」，在懷遠未班師時，郭應聘上奏時尚論及此事，是上奏之時，即萬曆二年八月，尚未改。而據《實錄》「上允行之」，郭應聘既不同意此事，則不改為土巡司明矣。

（二一）萬曆元年，洛容知縣邵廷臣以養歸，主簿謝漳行縣事。會上元夜，單騎巡檄山中。猺蠻韋朝義率上油、古底諸猺夜半出掠，逐漳，追至城，殺漳，奪縣印去〔註143〕。

今考，事在萬曆二年正月初八日夜，此謂萬曆元年誤。又，邵廷臣去任，是為丁憂，非為歸養。謝漳夜巡遇猺人而被逐身死之說，不知何據，諸猺潛入城內殺謝漳奪印則可知也。辨證如下：

本傳此句，取材《蠻司合誌》：「萬曆改元，洛容知縣邵廷臣以歸養去任。會上元夜，主簿謝漳行縣事，單騎巡徼萬山中。猺酋韋朝義統托定、洛斗、古底、上油諸猺，夜半出掠，遇漳，欺其人寡曰，此可禽也。逐之，追至城，城僅六丈，不下二十戶，諸猺鼓譟入，竟殺漳奪縣印去。」〔註144〕謂邵廷臣去任，是為歸養。謂謝漳夜巡，遇猺人逐之，亡歸城內，諸猺入城殺之。且繫其時間為萬曆元年正月十五日。是為《明史》敘述之依據。

《萬曆武功錄》卷四之《懷遠諸猺獞列傳》：「時癸酉秋八月也。先是，月正上元，托定、洛斗與古底、上油諸猺，聎洛容令邵廷臣以歸養去，尉謝漳行縣事。於是猺人朝義等，夜半攜漳所，鼓噪，竟殺漳。漳死，奪其印符而去。」〔註145〕此處之癸酉為萬曆元年，則「先是，月正上元」，是繫事件時間為萬曆元年正月十五日。亦謂邵廷臣去任，是為歸養。又曰：「余聞洛容城垣僅六丈，不下二十戶，而縣尉謝漳以單騎巡徼萬山中，可謂壯士。及韋酋發難，竟受金夷而死，死於封疆，誠封疆之臣哉。」〔註146〕謂謝漳夜巡，亦謂韋酋發難，然謝漳是否因夜巡遇猺人而被逐身死，則未可知也。

郭應聘《郭襄靖公遺集》卷三之《剿平洛永猺寇捷音疏》曰：「至本年（萬

〔註142〕《郭襄靖公遺集》，《續修四庫全書》第1349冊，第80頁。
〔註143〕《明史》卷三一七，清乾隆四年武英殿刻本，葉六。參見《明史》，中華書局1974年，第8206頁。
〔註144〕《蠻司合誌》，《中國少數民族古籍集成（漢文版）》第二冊，第239頁。
〔註145〕《萬曆武功錄》，《續修四庫全書》第436冊，第266、267頁。
〔註146〕《萬曆武功錄》，《續修四庫全書》第436冊，第268頁。

曆二年）正月十八等日，又據永寧兵備道副使莊國禎，右江兵備道副使沈子木，右江分守道參議李文續，各報稱，有洛容縣托定、洛斗獞賊，與永寧古底、上宋及永福理定、沙羅等賊，於本月初八日夜，潛集城外。至五更時分，二、三十徒由縣後山嶺原無城垣去處乘黑偷入，徑抵典史謝漳住所，逼取印信，吶喊而出。官兵居民，登時與賊拒敵，哨守柳州衛指揮朱昌胤等兵，斬獲賊級二十三顆，常安鎮土巡檢韋顯忠等兵斬賊級三十一顆。典史謝漳被傷身故，兵民被傷一十三名。」〔註147〕又曰：「近因邵知縣丁憂去任，典史謝漳護印，巡捕到彼。各獞聞知懷遠大兵俱已克捷，又傳聞典史有請兵剿捕之言，自生疑懼，欲為執質挾撫之謀。乃糾黨潛入，奪取印信僑僧，典史謝漳拒敵身死。」〔註148〕郭應聘《西南紀事》卷一之《征復古田》：「合洛容賊，潛入其縣。襲殺典史謝漳，奪其印而去。」〔註149〕又卷四之《平洛容蠻》：「廷臣旋以憂去。諸賊糾永寧遺孽韋狼要等，時時噪譟，愈益無忌。萬曆元年冬，舉懷遠師，都御史郭應聘深以城守單弱為虞，檄守巡官摘上林縣練兵一百名協哨兵守之，賊稍戢。典史謝漳者，委護縣印。酒酣，嘗語人曰：『諸賊患在臥楊，不乘此時幷及之，洛可常有耶？』賊聞之懼。適一商販陶至獞村，獞爭取之，弗酬其值。商以訴漳，漳執二獞，罪而繫之。賊益憤。日構韋黨及永福理定、柳城上油諸賊，為執質挾撫計。會上林兵糧乏，逃歸。哨守指揮朱昌胤，稚弱不振，守兵弛不為備。賊覘知，以二年正月八日夜五鼓，數十人從隙垣緣入，先釋二獞，急趨漳所，掠其印而出。漳拒之，力不敵，遂遇害。」〔註150〕謂邵廷臣去任，是為丁憂。無謝漳夜巡遇獞人而被逐身死之語，乃言諸獞係潛入城內。且繫其時間為萬曆二年正月初八日夜。

又檢王錫爵《平蠻碑》：「於二年正月初十日，大破賊于茶溪，有張千戶手刃二賊，陣亡。又洛容縣者，舊無城，賊聞懷遠捷，又聞典史謝漳將請兵，乃潛入漳宅，逼奪其印。意蓋質以挾撫也。我兵拒之。漳被創死。賊遁。已復大嘯集。公曰，自府江懷遠用兵取捷以來，而賊猶爾，爾是不當亟移師殲乎。若待請始復徵兵，勞費百之，謂玩寇何。遂檄李總兵，調懷遠兵為四軍，分抵永寧、永福、洛容、柳城，以將領將之。賊聞我兵來，棄巢入山箐，我兵尾

〔註147〕《郭襄靖公遺集》，《續修四庫全書》第 1349 冊，第 69 頁。
〔註148〕《郭襄靖公遺集》，《續修四庫全書》第 1349 冊，第 70 頁。
〔註149〕《西南紀事》，《四庫全書存目叢書》史部第 49 冊，第 391 頁。
〔註150〕《西南紀事》，《四庫全書存目叢書》史部第 49 冊，第 402 頁。

擊，大破之。」〔註 151〕亦謂諸獞係潛入城內。且繫其時間為萬曆二年。

《國榷》卷六九萬曆二年正月甲申條：「洛容縣盜夜殺典史謝漳。」〔註 152〕萬曆二年正月丁丑朔，甲申即初八日也。是《國榷》亦繫其事於萬曆二年正月初八。《國榷》於此事件，曾參考《萬曆武功錄》。見《國榷》卷六九萬曆四年正月戊申條引翟九思語〔註 153〕，實《萬曆武功錄・懷遠諸猺獞列傳》之贊語〔註154〕。而不用《萬曆武功錄》之繫年，亦可證時間為萬曆二年正月初八日。

郭應聘之說，直接依據當時奏疏，敘述詳細，且可與《平蠻碑》等相印證，當以其說為是。

（二二）是夜，指揮朱昌允、土巡檢韋顯忠共提兵決戰〔註 155〕。

今考，朱昌允，當作「朱昌胤」。以避清世宗諱改。辨證如下：

此句取材《蠻司合誌》，《蠻司合誌》原作「朱昌胤」〔註 156〕。「胤」字缺首筆避諱。郭應聘《郭襄靖公遺集》卷三之《剿平洛永獞寇捷音疏》曰：「官兵居民，登時與賊拒敵，哨守柳州衛指揮朱昌胤等兵，斬獲賊級二十三顆，常安鎮土巡檢韋顯忠等兵斬賊級三十一顆。」〔註 157〕作「朱昌胤」。《明史稿》尚作「朱昌胤」〔註 158〕，「胤」字缺末筆避諱。至於《明史》，則直接改作「允」。中華書局點校本徑改之〔註 159〕。

（二三）乃命總兵李錫，參將王瑞、康仁等剿之〔註 160〕。

舊考，中華書局：「參將王瑞。王瑞，本書卷二一二《李錫傳》作『王端』。」〔註 161〕

〔註 151〕〔明〕王錫爵：《平蠻碑》，〔清〕汪森：《粵西文載》，《景印文淵閣四庫全書》第 1466 冊，臺灣商務印書館 1986 年，第 465 頁。

〔註 152〕《國榷》，第 4241 頁。

〔註 153〕《國榷》，第 4282 頁。

〔註 154〕《萬曆武功錄》，《續修四庫全書》第 436 冊，第 268 頁。

〔註 155〕《明史》卷三一七，清乾隆四年武英殿刻本，葉六。參見《明史》，中華書局 1974 年，第 8206 頁。

〔註 156〕《蠻司合誌》，《中國少數民族古籍集成（漢文版）》第二冊，第 239 頁。

〔註 157〕《郭襄靖公遺集》，《續修四庫全書》第 1349 冊，第 69 頁。

〔註 158〕《明史稿》第七冊，第 176 頁。

〔註 159〕《明史》，中華書局 1974 年，第 8206 頁。

〔註 160〕《明史》卷三一七，清乾隆四年武英殿刻本，葉六。參見《明史》，中華書局 1974 年，第 8206 頁。

〔註 161〕《明史》，中華書局 1974 年，第 8227 頁。

今按，作「王瑞」是，《明史·李錫傳》作「王端」誤。辨證如下：

此句之取材，《蠻司合誌》：「命總兵李錫、參將王瑞、康仁等剿剿，歷破古底、上宋、大蠱、天心、塘托，定洛斗、上汕、上良、里廂諸巢。」〔註162〕作「王瑞」。郭應聘《郭襄靖公遺集》卷三之《剿平洛永獞寇捷音疏》曰：「隨即覆行總兵官李錫將懷遠各哨土兵量留善後，餘俱掣調前來，分為四哨。一抵永寧，以剿古底、上宋諸巢，令參將王瑞統之。一抵永福，以剿理定海灣諸巢，令原任參將門崇文、守備淩文明、康仁統之。一抵洛容，以剿托定、洛斗諸巢，令原任參將亦孔昭統之。一從柳城，以剿上油諸巢，令都司楊照統之。」〔註163〕《萬曆武功錄》卷四之《懷遠諸猺獞列傳》：「而是時王瑞為一軍，軍永寧，以往古底、上宋諸巢……二月二十六日四道並出。」〔註164〕皆作「王瑞」。以是知，《明史·李錫傳》：「洛容獞又殺典史，錫令王端討永寧。」〔註165〕作「王端」者，誤。

（二四）破上油、古底諸寨，斬覃金狼等二千八百三十餘級，俘二百二十餘人，牛馬器械稱是〔註166〕。

今考，「覃金狼」誤，蓋為「覃銀郎」或「覃金倒」之訛。斬首「二千八百三十餘級」，《剿平洛永獞寇捷音疏》作「三千一百四十三」級；俘「二百二十餘人」，《剿平洛永獞寇捷音疏》作「二百九十三」人，未詳孰是。辨證如下：

此句之取材，《蠻司合誌》：「破古底、上宋、大蠱、天心、塘托，定洛斗、上油、上良、里廂諸巢，生獲覃金鉢，陣斬覃金倒、覃銀郎、陶狼金、陶狼漢等凡二千八百三十餘級，俘獲二百二十人，牛五十五頭，器械二百六十有二，書籍五冊，關防一顆。」〔註167〕無「覃金狼」之名。

郭應聘《郭襄靖公遺集》卷三之《剿平洛永獞寇捷音疏》曰：「續於二月二十六等日，准總兵官李錫，并據按察使吳一介，副使沈子木、莊國禎各報稱，各賊風聞官兵將，至多棄原巢，深遯山箐，據險自固。各哨官兵奮勇

〔註162〕《蠻司合誌》，《中國少數民族古籍集成（漢文版）》第二冊，第239頁。
〔註163〕《郭襄靖公遺集》，《續修四庫全書》第1349冊，第70頁。
〔註164〕《萬曆武功錄》，《續修四庫全書》第436冊，第263～266頁。
〔註165〕《明史》卷二一二，葉二四。《明史》，中華書局1974年，第5623頁。中華書局點校本已改作「王瑞」。
〔註166〕《明史》卷三一七，清乾隆四年武英殿刻本，葉六。參見《明史》，中華書局1974年，第8206頁。
〔註167〕《蠻司合誌》，《中國少數民族古籍集成（漢文版）》第二冊，第239頁。

追擊。永寧哨攻剿古底、上宋、大毛、天心塘等巢，生擒首賊覃狼印，斬獲首賊覃金鉢、覃金倒、覃百長、覃銀郎，并賊徒共八百九十七名顆。永福并總統哨攻剿思位、狼家等巢，生擒首賊羅仁周、王朝傍，斬獲首賊莫扶頂、覃應黨、羅文朝、羅公盤、覃朝俸，并賊徒共一千零五名顆。洛容哨攻剿托定、洛斗、理伏、川巖等巢峒，斬獲首賊陶狼金、陶狼漢、羅道章、陶銀定、陶金總、羅道印、羅顯陽、陶朝漢，并擒斬賊徒共五百一十八名顆。柳城哨攻剿上油、上良、里廂等巢峒，擒斬賊徒共七百二十三名顆。各哨共擒斬過三千一百四十三名顆，俘獲賊屬男婦二百九十三名口，奪回被虜一名周扶，牛五十三頭，器械二百六十二件，書籍五本，遠年關防一顆。」〔註168〕《萬曆武功錄》卷四之《懷遠諸猺獞列傳》：「於是永寧軍擊古底、上宋、大蠱、天心塘諸巢，先登，破之，生獲覃狼印，斬覃金鉢、覃金倒、覃百長、覃銀郎等首凡八百七十二級。永福軍擊思位、狼家諸巢，邰敵先登，破之，生獲羅仁周、王朝傍，斬莫扶頂、覃應黨、羅文朝、羅公盤、覃朝俸首九百七十二級。洛容軍擊托定、洛斗、理伏、川巖諸巢，先登，破之，斬首捕虜陶狼金、陶狼漢、羅道章、陶艮、陶定、陶金總、羅道印、羅顯揚、陶朝漢等四百八十二級。柳城軍擊上油、上良、里廂諸巢，邰敵破之，斬首五百一十二級。大率斬首凡二千八百三十八級，俘獲凡二百二十一人，奪獲被鹵凡一人，牛凡五十五頭，器械凡二百六十有二，書籍凡五本，關防凡一顆。」〔註169〕二書所列斬首姓名，皆無「覃金狼」。蓋為「覃銀郎」或「覃金倒」之訛。

又，以上述材料視之，斬首及俘虜數量，《明史》取自《蠻司合誌》，而《蠻司合誌》大抵與《萬曆武功錄》同。當時奏疏，郭應聘《剿平洛永獞寇捷音疏》卻作「三千一百四十三」級，俘「二百九十三」人，與《萬曆武功錄》不同。而《剿平洛永獞寇捷音疏》與《萬曆武功錄》，皆分別開列各軍斬俘數目，似皆有所據，未詳孰是。

（二五）兵備周浩使千總往撫，遂殺千總，劫村落，總兵王尚父剿平之〔註170〕。

今考，「王尚父」為「王尚文」之訛。辨證如下：

〔註168〕《郭襄靖公遺集》，《續修四庫全書》第1349冊，第71頁。
〔註169〕《萬曆武功錄》，《續修四庫全書》第436冊，第267頁。
〔註170〕《明史》卷三一七，清乾隆四年武英殿刻本，葉七。參見《明史》，中華書局1974年，第8206頁。

此句之取材，《蠻司合誌》：「于是，總兵王尚文請于制撫劉堯誨、郭應聘，統兵攻剿。」〔註171〕作「王尚文」。黃彰健曾發現之〔註172〕。今查郭應聘《郭襄靖公遺集》卷五之《東歐報捷疏》，是關於韋王朋事之奏疏，敘千總被殺曰：「千總沈玉池抵巢撫插。餘黨詎意，各賊恃險，不服撫處，將沈玉池執禁，追至曹顏堡近地殺死。」〔註173〕知此千總名「沈玉池」。其中提及「廣西地方總兵官王尚文」〔註174〕。是當時材料作「王尚文」。《萬曆武功錄》卷四《馬平韋王朋諸獞列傳》：「於是總戎王尚文、李應祥，參將金丹請於制置使劉堯誨、臺御史郭應聘，得提千總張茂功、吳國勳等兵，及忻城莫鎮威、下雷峒許宗蔭諸土兵攻巢。」〔註175〕作「王尚文」。又《明神宗實錄》卷一二三萬曆十年四月辛丑條：「廣西馬平等處獞賊韋王朋等謀亂，殺死撫安千總、留報罷官二人，及謀劫仗量縣官。總督劉堯誨、巡撫郭應聘、總兵王尚文等，督兵討平之。是役也，擒斬俘獲以千計。兵部行巡按御史覆勘以聞。」〔註176〕亦作「王尚文」。是作「王尚文」無疑，此作「王尚父」誤。

慶遠

（二六）漢交阯、日南二郡界，後淪於蠻〔註177〕。

舊考，四庫館臣：「漢交阯日南二郡界。改『漢為鬱林郡地晉以』。」〔註178〕

今按，本傳此句，來源於《大明一統志》，四庫館臣之改，蓋據《大清一統志》之考證。辨證如下：

本傳此句來源《大明一統志》：「漢為交阯、日南二郡界。」〔註179〕其前之萬斯同《明史·地理志》：「慶遠府。領漢交阯、日南二郡地。」〔註180〕持

〔註171〕 《蠻司合誌》，《中國少數民族古籍集成（漢文版）》第二冊，第 241 頁。
〔註172〕 《廣西土司傳考證：明史纂誤三續》，《中國歷史研究》第 2 輯，第 65 頁。
〔註173〕 《郭襄靖公遺集》，《續修四庫全書》第 1349 冊，第 130 頁。
〔註174〕 《郭襄靖公遺集》，《續修四庫全書》第 1349 冊，第 131 頁。
〔註175〕 《萬曆武功錄》，《續修四庫全書》第 436 冊，第 273 頁。
〔註176〕 《明神宗實錄》，第 2296 頁。
〔註177〕 《明史》卷三一七，清乾隆四年武英殿刻本，葉七。參見《明史》，中華書局 1974 年，第 8207 頁。
〔註178〕 《明史考證攟逸》，《續修四庫全書》第 294 冊，第 418 頁。
〔註179〕 《明史》，中華書局 1974 年，第 1279 頁。
〔註180〕 〔清〕萬斯同：《明史》，《續修四庫全書》第 325 冊，上海古籍出版社 2002 年，第 447 頁。

此說。宋代《輿地紀勝》卷一二二於「宜州」下云：「漢交趾、日南二郡界，並同安南府（此據《通典・粵州》下）。」〔註181〕《方輿勝覽》卷四十一於「慶遠府」下云：「漢屬交趾、日南二郡界，並同安南府。」〔註182〕即持此說。從《輿地紀勝》之注，知此說來源於《通典》。查《通典》云：「安南府。今理宋平縣。秦屬象郡。漢交趾、日南二郡界。」〔註183〕又云：「粵州。理龍水縣。土地與安南府同。大唐為粵州，或為龍水郡。」〔註184〕《舊唐書・地理志》亦云「土地與交州同。」〔註185〕

四庫館臣之改，蓋據《大清一統志》之考證。《大清一統志》卷三五八於「慶遠府」下定為「漢為鬱林郡地。」並曰：「《明統志》以府為漢交趾、日南二郡之界。按今府南去交趾尚千餘里，日南又在其南，中隔思恩、太平、南寧三府，已為鬱林郡地。二郡之界，何得至此。」〔註186〕此當四庫館臣改動之由。

（二七）唐始置粵州，天寶初，改龍水郡，屬嶺南道，乾符中，更宜州〔註187〕。

舊考，四庫館臣：「乾符中。符改『封』。」〔註188〕

今按，「乾符中更宜州」自有依據，似不必改。辨證如下：

本傳此句取材《大明一統志》：「唐始置粵州。乾封中改曰宜州，治龍水縣。天寶初改龍水郡，屬嶺南道。乾元初，復為宜州。」〔註189〕無「乾符中更宜州」之語，或《明史》館臣無意訛「元」為「符」，或有意據其他資料改訂之。四庫館臣改「符」為「封」，而乾封本在天寶之前，今反置於其後，殊為不倫。

〔註181〕〔宋〕王象之：《輿地紀勝》，《續修四庫全書》第585冊，上海古籍出版社2002年，第123頁。

〔註182〕〔宋〕祝穆：《方輿勝覽》，中華書局2003年，第742頁。

〔註183〕《通典》，中華書局1988年，第4945頁。

〔註184〕《通典》，第4946頁。

〔註185〕《舊唐書》，第1751頁。

〔註186〕〔清〕和珅等：《大清一統志》，《景印文淵閣四庫全書》第482冊，臺灣商務印書館1986年，第378頁。

〔註187〕《明史》卷三一七，清乾隆四年武英殿刻本，葉七。參見《明史》，中華書局1974年，第8207頁。

〔註188〕《明史考證攟逸》，《續修四庫全書》第294冊，第418頁。

〔註189〕《大明一統志》，第1279頁。

　　有關宜州之設。《舊唐書・地理志》:「粵州，下。土地與交州同。唐置粵州，失起置年月。天寶元年，改為龍水郡。乾元元年，復為粵州。」〔註190〕並未提及。《新唐書・地理志》:「宜州龍水郡，下。唐開置，本粵州，乾封中更名。」〔註191〕以為乾封。《輿地紀勝》卷一二二於「宜州」下云:「唐招降，所置初曰粵州，郡同環州(《寰宇記》云郡同環州之地，招降所置。又按寰宇記……此一郡見《正元錄》，即不述創置年月。《元和郡縣》諸志亦不載)。改為龍水郡(大寶元年)。復為粵州(乾元元年)。改粵州為宜州(《唐志》在乾封元年。《廣西郡縣志》云乾符中更曰宜州。二者不同。象之謹按，《通典》所載，迄于乾元，尚稱粵州，不言其更為宜州。則其改粵為宜，非在乾元之前也。乾符、乾封，字亦相類，遂致訛舛耳)。」〔註192〕《方輿勝覽》卷四十一於「慶遠府」下云:「唐招降所置，初曰粵州，後曰環州，改為龍水郡，復為粵州，改為宜州。」〔註193〕乾元元元年復為粵州，是《輿地紀勝》與《方輿勝覽》以為乾元元年之後。《輿地紀勝》所引之《廣西郡縣志》「云乾符中更曰宜州」〔註194〕，則以為乾符。

　　《大明一統志》:「乾封中改曰宜州……乾元初，復為宜州。」〔註195〕不與《新唐書・地理志》乖離，亦不與乾元元年之後改宜州之說相違，是一種調和。本傳「乾符中，更宜州」，則與《輿地紀勝》所引之《廣西郡縣志》「云乾符中更曰宜州」〔註196〕之說同。以《通典》所載甚為簡略，只云:「粵州。理龍水縣。土地與安南府同。大唐為粵州，或為龍水郡。」〔註197〕王象之之考證，尚不可稱至塙。諸說可姑並行於世也。

　　（二八）元為慶元路〔註198〕。

　　今考，「慶元路」為「慶遠路」之訛。辨證如下:

〔註190〕《舊唐書》，第 1751 頁。
〔註191〕《新唐書》，第 1104 頁。
〔註192〕《輿地紀勝》，《續修四庫全書》第 585 冊，第 123 頁。
〔註193〕《方輿勝覽》，第 742 頁。
〔註194〕《輿地紀勝》，《續修四庫全書》第 585 冊，第 123 頁。
〔註195〕《大明一統志》，第 1279 頁。
〔註196〕《輿地紀勝》，《續修四庫全書》第 585 冊，第 123 頁。
〔註197〕《通典》，第 4946 頁。
〔註198〕《明史》卷三一七，清乾隆四年武英殿刻本，葉七。參見《明史》，中華書局 1974 年，第 8207 頁。

本傳此句之取材，《大明一統志》：「元至元中改置慶遠路。」〔註199〕作「慶遠路」。《元史·地理志》：「慶遠南丹溪洞等處軍民安撫司，唐為龍水郡，又改粵州。宋為慶遠府。元至元十三年，置安撫司。十六年，改慶遠路總管府。大德元年，中書省臣言：『南丹州安撫司及慶遠路相去為近，所隸戶少，請省之。』遂立慶遠南丹溪洞等處軍民安撫司。」〔註200〕是元代所設為慶遠路。此作「慶元路」誤。

（二九）時征南將軍楊文既平廣西〔註201〕。

今考，楊文，當作「楊璟」。辨證如下：

明初平廣西，《明太祖實錄》卷二六吳元年十月甲子條：「命中書右丞相信國公徐達為征虜大將軍，中書平章掌軍國重事鄂國公常遇春為征虜副將軍，率甲士二十五萬，由淮入河，北取中原；又命中書平章胡廷瑞為征南將軍，江西行省左丞何文輝為副將軍，率安吉、寧國、南昌、袁、贛、滁、和、無為等衛軍，由江西取福建，以湖廣參政戴德隨征；湖廣平章楊璟、左丞周德興、參政張彬率武昌、荊州、益陽、常德、潭、岳、衡、澧等衛軍取廣西。」〔註202〕《明太祖實錄》卷二九洪武元年正月丙子條：「湖廣行省平章楊璟進兵擊永州，元右丞鄧祖勝求救於守全州平章阿思蘭，思蘭遣兵來援。璟命左丞周德興、參政張彬等逆擊敗之。」〔註203〕《明太祖實錄》卷三二洪武元年七月辛卯條：「平章楊璟等自靖江率師還京。」〔註204〕又，《西園聞見錄》引田汝成曰：「洪武元年夏，平章楊璟、參政朱亮祖等既取廣西。」〔註205〕是明初之平廣西，為湖廣行省平章楊璟。

楊文之與廣西發生聯繫，始見於《明太祖實錄》卷二四〇洪武二十八年八月丁卯條：「命左軍都督府左都督楊文佩征南將軍印，為總兵官，廣西都指揮使韓觀為左副將軍，右軍都督府都督僉事宋晟為右副將軍，劉真為參將，率京衛精壯馬步官軍三萬人至廣西，會各處軍馬討龍州土官趙宗壽及奉議、

〔註199〕《大明一統志》，第1279頁。
〔註200〕《元史》，第1533、1534頁。
〔註201〕《明史》卷三一七，清乾隆四年武英殿刻本，葉七。參見《明史》，中華書局1974年，第8207頁。
〔註202〕《明太祖實錄》，第396頁。
〔註203〕《明太祖實錄》，第485頁。
〔註204〕《明太祖實錄》，第573頁。
〔註205〕《西園聞見錄》，《續修四庫全書》第1169冊，第748頁。

－253－

南丹、向武等州叛蠻，賜文等及從征指揮而下鈔有差。」〔註206〕是洪武二十八年，楊文方任征南將軍。且是去廣西平叛，非平定廣西也。

故黃彰健云：「『征南將軍楊文』，應改為『湖廣行省平章楊璟』。」〔註207〕然則楊璟亦可稱「征南將軍」。見《明太祖實錄》卷一四七洪武十五年八月乙巳條：「營陽侯楊璟卒。」〔註208〕其後所附楊璟小傳曰：「洪武元年，為征南將軍總兵，偕左丞周德興、參政張彬等征廣西。三月，師次永州，水陸並進，攻全州，略道州及桂陽、藍山等縣，徇常寧，取武岡，破永州，克靖江，執元平章也兒吉尼送京師，下郴州。八月，師還京，詔復統兵從大將軍達征山西。」〔註209〕是以，只需改「楊文」為「楊璟」即可。

（三〇）（洪武）八年，那地縣土官羅貌來朝，以貌知縣事〔註210〕。

舊考，四庫館臣：「那地縣土官羅貌來朝以貌知縣事。縣並改州。」〔註211〕

今按，是也，又羅貌，當本傳所附之《那地州傳》之土官「羅黃貌」〔註212〕。辨證如下：

本傳此句之取材，《明太祖實錄》卷九九洪武八年四月庚子條：「慶遠府那地縣土官羅貌來降，以貌知縣事。」作「縣」，作「羅貌」。《明史‧地理志》：「那地州。元地州。洪武元年改置。」〔註213〕則此時為那地州，稱「州」不稱「縣」，稱「知州事」不稱「知縣事」。蓋《明實錄》誤「州」為「縣」耳。

《土官底簿》述那地州土知州傳襲云：「羅黃貌，係宋朝世襲土官，歸附。洪武七年授本州知州。九年被利州知州岑志良殺害，劫去印信。十六年，男羅寶赴京，欽蒙重發降印信，除授本州知州。」〔註214〕以洪武七年授羅黃貌知州，且任至洪武九年。本傳所附之《那地州傳》：「洪武元年，土官羅黃貌歸附，詔并那入地，予印，授黃貌世襲土知州，以流官吏目佐之。」〔註215〕其

〔註206〕《明太祖實錄》，第3485頁。

〔註207〕《廣西土司傳考證：明史纂誤三續》，《中國歷史研究》第2輯，第65頁。

〔註208〕《明太祖實錄》，第2326頁。

〔註209〕《明太祖實錄》，第2327頁。

〔註210〕《明史》卷三一七，清乾隆四年武英殿刻本，葉八。參見《明史》，中華書局1974年，第8207頁。

〔註211〕《明史考證攟逸》，《續修四庫全書》第294冊，第419頁。

〔註212〕《明史》，中華書局1974年，第8211頁。

〔註213〕《明史》，中華書局1974年，第1158頁。

〔註214〕《土官底簿》，《景印文淵閣四庫全書》第599冊，第400頁。

〔註215〕《明史》，中華書局1974年，第8211頁。

取材《(萬曆)廣西通志》云：「洪武元年，羅黃貌歸附。詔省那入地，改為那地州，錫印，授黃貌為土官，世襲知州。以流官吏目佐之。隸慶遠府。」〔註216〕更早之《(嘉靖)廣西通志》：「國朝洪武元年，羅黃貌歸附。詔省那入地，改為那地州，錫印，授黃貌為土官，世襲知州。二年，州隸慶遠府。」〔註217〕是以洪武元年授羅黃貌知州。羅黃貌即羅貌，《國榷》卷六洪武八年四月庚子條：「慶遠府那地縣土官羅兒來降，命羅兒知縣事。」〔註218〕又作「羅兒」。《廣西通志》與《土官底簿》材料來源不同，而皆作「羅黃貌」，似當以「羅黃貌」為是。至於授知州時間，一作洪武元年，一作洪武七年，一作洪武八年。《蒼梧總督軍門志》則又云洪武二年〔註219〕。未詳孰是。黃彰健曾論及之〔註220〕。

（三一）大軍進征奉議，調參將劉真分道攻南丹，破之，執莫金併俘其眾。後遣寶慶衛指揮孫宗等分兵擊巴蘭等寨，蠻獠懼，焚寨遁去，官兵追捕斬之，蠻地悉定。詔置南丹、奉議、慶遠三衛，以官軍守之〔註221〕。

今議，詔置三衛為朝廷計劃在前，以官軍守之則實際執行於後。據《明太祖實錄》卷二四〇洪武二十八年八月癸未條：「詔置南丹、奉議、慶遠三衛指揮使司，命兵部取罷免武官及遼東捕野人有功者，俱送總兵官左都督楊文，俟征進畢日，選授三衛指揮以下官。每衛指揮五人、所千戶三人，百戶依缺選補。」〔註222〕《明太祖實錄》卷二四三洪武二十八年十一月乙亥條：「參將劉真等攻破南丹州，執土官知州莫金并俘其眾。復遣寶慶衛指揮孫宗等分兵擊巴蘭等寨，蠻獠懼，焚寨遁去，官軍追捕斬之，蠻地悉定。」〔註223〕則詔置南丹、奉議、慶遠三衛，在「蠻地悉定」之前，是故黃明光謂此

〔註216〕〔明〕蘇濬：《(萬曆)廣西通志》，《明代方志選(六)》，臺灣學生書局1986年，第612頁。

〔註217〕〔明〕林富修，黃佐纂：《(嘉靖)廣西通志》卷五一，明嘉靖十年刻本，葉七。

〔註218〕《國榷》，第521頁。

〔註219〕〔明〕應檟初輯，〔明〕凌雲翼嗣作，〔明〕劉堯誨重修：《蒼梧總督軍門志》，全國圖書館文獻縮微複製中心1991年，第73頁。

〔註220〕《廣西土司傳考證：明史纂誤三續》，《中國歷史研究》第2輯，第65頁。

〔註221〕《明史》卷三一七，清乾隆四年武英殿刻本，葉八。參見《明史》，中華書局1974年，第8208頁。

〔註222〕《明太祖實錄》，第3495頁。

〔註223〕《明太祖實錄》，第3530頁。

處不顧史實〔註224〕。然則《明太祖實錄》卷二四〇洪武二十八年八月癸未條明言「俟征進畢日，選授三衛指揮以下官」，故本傳所謂「以官軍守之」必在「征進畢日」，即「蠻地悉定」以後。蓋詔置三衛為朝廷計劃在前，以官軍守之則實際執行於後。不應據以稱誤。

（三二）（宣德）九年，雲奏：「思恩縣蠻賊覃公砦等累年作亂，今委都指揮彭義等率兵剿捕，斬賊首梁公成、潘通天等梟之，仍督官軍搜捕餘黨。」帝賜敕慰勞〔註225〕。

今考，「彭義」為「彭英」之訛。辨證如下：

本傳此句之取材，《明宣宗實錄》卷一〇九宣德九年三月戊寅條：「廣西總兵官都督僉事山雲奏，廣西思恩縣蠻賊覃公砦等累年作耗，今委廣西都指揮僉事彭英、署都指揮僉事魯義率兵剿捕，斬賊首覃公砦、梁公成、潘通天等首級一千五十五顆，梟之要路。仍督官軍搜捕餘黨。上嘉之，賜敕諭之曰，誅剿蠻寇，足見盡心為國，區畫有方，凡效勞官軍，即第其功狀以聞。」〔註226〕作「彭英」。萬斯同《明史·山雲傳》述此事曰：「又明年（宣德九年），復遣彭英、魯義進討思恩蠻，斬五千餘級。」〔註227〕亦作「彭英」。當以「彭英」為是。黃明光曾論及之〔註228〕。

葉盛《葉文莊公奏議》之《兩廣奏草》卷五《請補將官疏》，有關廣西地方急缺官員，曰：「查得本都司止是見有都指揮五員數內。都指揮使彭英、都指揮同知杜衝，俱各年老，不久當替。雖有署都指揮僉事三員數內，葛宗蔭不時患病，黃鉞又為地方惧事，已，該會官參奏去訖。止有韓瑄斃守欝林州。另有都指揮僉事一員花琛，見在廣東，推稱具奏存留，至今行取未到。」〔註229〕時為天順三年，去宣德九年已二十五春秋，此年老當替之彭英，蓋即本傳之彭英。

〔註224〕黃明光：《明史廣西土司傳論說》，《廣西民族研究》1988 年第 2 期，第 79 頁。

〔註225〕《明史》卷三一七，清乾隆四年武英殿刻本，葉九。參見《明史》，中華書局 1974 年，第 8209 頁。

〔註226〕《明宣宗實錄》，第 2440 頁。

〔註227〕〔清〕萬斯同：《明史》，《續修四庫全書》第 327 冊，第 562 頁。

〔註228〕黃明光：《明史廣西土司傳論說》，《廣西民族研究》1988 年第 2 期，第 74 頁。

〔註229〕〔明〕葉盛：《葉文莊公奏議》，《續修四庫全書》第 475 冊，上海古籍出版社 2002 年，第 417、418 頁。

（三三）臣竊不忍良民受害，願授臣本州土官知府〔註230〕。

今考，「願授臣本州土官知府」之「本州」誤，當作「本府」。辨證如下：

本傳莫禎上奏事，取材《明英宗實錄》卷五七正統四年七月癸酉條：「廣西慶遠府南丹州知州莫禎奏：『本府所轄東蘭等三州，土官所治，歷年以來，地方寧靖。宜山等六縣，流官所治，溪峒諸蠻，不時出沒。原其所自，皆因流官止能撫字附近良民，而溪峒諸蠻恃險為惡者，不能鈐制。及其出沒，調軍剿捕，而各縣居民與諸蠻結交者，又先泄漏軍情，致賊潛遁。及聞招撫，詐為向順，曾未幾何，仍肆劫掠。惟此之故，是以兵連禍結而無寧歲。臣切不忍良民受害，願授臣本府土官知府。其流官知府總理府事，而臣專備蠻賊，務將溪峒諸蠻積年為害者，擒捕殄絕。其餘則編伍造冊，使聽調用。據巖險者拘集平地，使無所恃。擇有名望者立為頭目，加意優恤，督勵生理。各村寨皆置社學，使漸入風化。或三十里，或五十里設一堡，使土兵守備。凡有為寇者，臣即率眾剿殺，如賊不除，地方不靖，乞究臣誑罔之罪。』上覽其奏，即遣敕廣西總兵官柳溥等曰：『今得土官莫禎所言除害靖邊之事，其意可嘉。茲特錄付爾等密看，如所言可行與否，仍密奏來。夫以夷攻夷，古有成說。使彼果能效力，省我邊費，朝廷豈惜一官，要在有實效耳。大抵為將者，宜用眾人所長，不可專執己意。古之良將莫不皆然，爾其勉之，用副委任之重。』」〔註231〕作「願授臣本府土官知府」。查《明史・地理志》，莫禎奏議中所提及「本府」之「東蘭」、「宜山」等州縣皆屬慶遠府，南丹為州，屬慶遠府〔註232〕。故其所提「本府」即慶遠府。莫禎本已為南丹州知州，故其所奏請者，乃慶遠府土官知府。

《土官底簿》於「南丹州知州」下云：「男莫植替職。宣德三年三月，奉聖旨，是，欽此。故，男莫必昇，景泰四年正月，奏准就彼冠帶。武進伯朱瑛等照勅書事，理將應襲弟莫必勝准令就彼冠帶承襲。天順三年七月，奉聖旨，是，欽此。」〔註233〕《（嘉靖）廣西通志）》：「子貞襲，尋以軍功擢慶遠府同知，仍知州事。貞死，必昇襲。死，無嗣。弟必勝襲。」〔註234〕《（萬曆）廣西通志》卷三一《右江土官》：「正統間，莫禎奏，宜山諸縣盜賊出沒，因流官

〔註230〕《明史》卷三一七，清乾隆四年武英殿刻本，葉九。參見《明史》，中華書局1974年，第8209頁。

〔註231〕《明英宗實錄》，第1101、1102頁。

〔註232〕《明史》，中華書局1974年，第1158頁。

〔註233〕《土官底簿》，《景印文淵閣四庫全書》第599冊，第402頁。

〔註234〕《（嘉靖）廣西通志》卷五一，葉三。

能撫良民，不能鈐束蠻夷。願假府職銜務，將谿峒諸蠻盡數殄滅。上以示總兵官柳溥，尋以禎軍功擢慶遠府同知，仍知州事。禎死，必昇襲。必昇死，無嗣，弟必勝襲。」〔註235〕蓋莫禎，一作莫貞，一名莫植。莫禎竟擢慶遠府同知，亦可證本傳此句「本州」為「本府」之訛。

（三四）又長官司二，曰永安，永順〔註236〕。

舊考，四庫館臣：「『又長官司二曰永安永順』改『又長官司三永順永定永安』。」〔註237〕

今按，此據《明史·地理志》改。故中華書局曰：「本書卷四五《地理志》謂永順、永定、永安三長官司。」〔註238〕《明史·地理志》曰：「領州四，縣五，長官司三。」〔註239〕又曰：「永順長官司。府西南。永定長官司。府南。二司皆弘治五年析宜山縣地置。永安長官司。弘治九年九月析天河縣十八里地置。」〔註240〕

（三五）元至正末，莫國麒納土，命為慶遠南丹谿洞安撫使〔註241〕。

今考，「至正」為「至元」之訛。辨證如下：

所附《南丹州傳》，除「明洪武初，安撫使莫天護歸附」以及置州之時間「七年」，來自《明實錄》外。其他材料蓋來自《（萬曆）廣西通志》。《（萬曆）廣西通志》：「元至正末，莫國麒獻圖納土，命為慶遠南丹谿峒安撫使。大德二年，改慶遠路總管府為軍民安撫司。」〔註242〕黃彰健云：「其（《（萬

〔註235〕《（萬曆）廣西通志》，《明代方志選（六）》，第609頁。按又見於〔清〕汪森：《粵西文載》，《景印文淵閣四庫全書》第1465冊，臺灣商務印書館1986年，第641頁。《粵西文載》此部分稱《右江土司志》，注「採《名勝志》」，然《廣西名勝志》卷九《右江土司》，較此文為簡，見〔明〕曹學佺：《廣西名勝志》，《續修四庫全書》第735冊，上海古籍出版社2002年，第101頁。所引此段，即不在《廣西名勝志》中。蓋採《廣西名勝志》，而又據《（萬曆）廣西通志》有所增補也。

〔註236〕《明史》卷三一七，清乾隆四年武英殿刻本，葉一一。參見《明史》，中華書局1974年，第8210頁。

〔註237〕《明史考證攟逸》，《續修四庫全書》第294冊，第419頁。

〔註238〕《明史》，中華書局1974年，第8227頁。

〔註239〕《明史》，中華書局1974年，第1157頁。

〔註240〕《明史》，中華書局1974年，第1158頁。

〔註241〕《明史》卷三一七，清乾隆四年武英殿刻本，葉。參見《明史》，中華書局1974年，第8211頁。

〔註242〕《（萬曆）廣西通志》，《明代方志選（六）》，第609頁。

曆）廣西通志》）敘至正事於大德之前，顯有訛字。」〔註243〕又據《元史·地理志》：「元至元十三年，置安撫司。十六年，改慶遠路總管府。大德元年，中書省臣言：『南丹州安撫司及慶遠路相去為近，所隸戶少，請省之。』遂立慶遠南丹溪洞等處軍民安撫司。」〔註244〕證「至正末」為「至元末」之誤。

其說是也，茲為補充材料。《（萬曆）志》更前之《（嘉靖）廣西通志》：「元至元十四年，南丹牧莫大秀內附，迨後叛服不常，惟竊麼之。至正末，莫圖麒獻圖納土，就命為慶遠南丹谿峒等處軍民安撫司使。大德二年改慶遠路總管府為軍民安撫司。」〔註245〕雖仍作「至正」，但其前承至元事，后接大德事。元吳澄《吳文正集》卷六五之《有元同知東川路總管府事孫侯墓碑》：「勅授慶遠南丹溪洞等處軍民安撫司儒學教授。一以周孔之教變殊俗，休暇之日，引古援今，懇懇以告，司政之官，多所匡救裨益。大德九年，轉授同知歸仁州事。」〔註246〕是大德九年以前，已有慶遠南丹溪洞等處軍民安撫司。《圖書編》卷四九之《猺獞獠蠻諸夷種類考》：「曰獞者，慶遠南丹谿峒之人呼為獞。初未嘗至省地，元至元間，莫國麒獻圖納土，命為慶遠等處軍民安撫使。自是獞人方入省地。」〔註247〕正作「至元間」。以是知「至正」為「至元」之訛。

（三六）猺老韋公泰等舉莫保之孫誠敬為土官，寬為請於上官，具奏，得世襲知縣〔註248〕。

今考，「孫誠敬」為「玄孫敬誠」之訛。「猺老」為「獞老」之訛。辨證如下：

《（萬曆）廣西通志》：「獞老韋公泰等舉莫保之玄孫敬誠為土官，蘇寬為申監司，具奏，授敬誠世襲知縣。」〔註249〕作「玄孫敬誠」。其前之《（嘉靖）

〔註243〕《廣西土司傳考證：明史纂誤三續》，《中國歷史研究》第2輯，第65頁。

〔註244〕《元史》，第1533、1534頁。

〔註245〕《（嘉靖）廣西通志》卷五一，葉三。

〔註246〕〔元〕吳澄：《吳文正集》，《景印文淵閣四庫全書》第1197冊，臺灣商務印書館1986年，第636頁。

〔註247〕〔明〕章潢：《圖書編》，《景印文淵閣四庫全書》第970冊，臺灣商務印書館1986年，第174頁。

〔註248〕《明史》卷三一七，清乾隆四年武英殿刻本，葉一一。參見《明史》，中華書局1974年，第8212頁。

〔註249〕《（萬曆）廣西通志》，《明代方志選（六）》，第614頁。

廣西通志》:「永樂間,忻城猺獞作亂。宣德三年,紹討平之,獞老韋公泰等舉莫保之玄孫敬誠為土官。時流官知縣世襲蘇寬為申監司,覆實具奏,詔授敬誠忻城土官知縣,世襲。」〔註250〕《萬曆野獲編》卷二二之《一邑二令》云:「宣德以後,猺獞不靖。知縣蘇寬不事事。而獞老韋公秦等保舉莫保之元孫莫敬誠為土官,詔授敬誠特襲知縣。」〔註251〕作「元孫莫敬誠」。元孫同玄孫,當是避康熙帝諱。又《土官底簿》:「慶遠府忻城縣知縣。莫敬誠,係本府宜山縣民前八僊屯土官千戶莫保子孫。總兵三司保擒治房族土兵一千名口納糧追出原虜去良民人口婦男一十六口送官,陞本縣知縣,世襲。」〔註252〕作「敬誠」。是以,「誠敬」為「敬誠」之訛,當乙正。胡起望〔註253〕、黃彰健〔註254〕曾論及之。據上引材料,「猺老」為「獞老」之訛。黃明光曾論及之〔註255〕。

至於《萬曆野獲編》言獞老韋公秦〔註256〕。由上述材料,以及《(嘉靖)廣西通志》:「永樂後,猺獞屢叛。宣德三年討平之。尋用知縣蘇寬并獞老韋公泰等議,乃以土官兼治。」〔註257〕知「韋公秦」為「韋公泰」之訛。

(三七)弘治間,總督鄧廷瓚奏革流官,土人韋保為內官,陰主之,始獨任土官〔註258〕。

今考,「韋保」,當作「韋涓」。辨證如下:

《(萬曆)廣西通志》:「弘治間,總督鄧廷瓚與土官為市,奏革流官。而土人韋涓為內監官,用事,陰主之,始獨任土官。」〔註259〕《萬曆野獲編》卷二二之《一邑二令》云:「弘治中,督臣鄭廷寶奏革土官。而土目韋涓等,方為鎮守內臣私人,遂獨用土官,以至於今。」〔註260〕《(萬曆)廣西通志》

〔註250〕《(嘉靖)廣西通志》卷五一,葉九。
〔註251〕《萬曆野獲編》,第575頁。
〔註252〕《土官底簿》,《景印文淵閣四庫全書》第599冊,第405頁。
〔註253〕胡起望:《明史廣西土司傳校補》,《民族研究》,1979年第2期,第47頁。
〔註254〕《廣西土司傳考證:明史纂誤三續》,《中國歷史研究》第2輯,第66頁。
〔註255〕黃明光:《明史廣西土司傳續考》,《中央民族學院學報》1989年第4期,第39頁。
〔註256〕《萬曆野獲編》,第575頁。
〔註257〕《(嘉靖)廣西通志》卷五一,葉八。
〔註258〕《明史》卷三一七,清乾隆四年武英殿刻本,葉一二。參見《明史》,中華書局1974年,第8212頁。
〔註259〕《(萬曆)廣西通志》,《明代方志選(六)》,第614頁。
〔註260〕《萬曆野獲編》,第575頁。

似為本傳此句之來源，且《（萬曆）廣西通志》與《萬曆野獲編》之間無資料承襲關係而皆作「韋涓」，當以「韋涓」為是。

（三八）永順司、永安司，舊為宜山縣……都御史鄧廷瓚為奏，置永順、永安二司，各設長官一，副長官一〔註261〕。

舊考，四庫館臣：「永安司。『安』改『定』。都御史鄧廷瓚為奏置永順永安二司。『安』改『定』。」〔註262〕

今按，是也。本傳此段，蓋據《（萬曆）廣西通志》刪潤，《志》云：「永順、永定長官司。永順司在府城西南六十里，舊為宜山縣……之地。永定司，在府城東南八十里，舊為宜山縣……之地……都御史鄧廷瓚為聞之朝，置永順、永定二司，各設長官一，副長官一……」〔註263〕原作「永定」。《明史・地理志》曰：「永順長官司。府西南。永定長官司。府南。二司皆弘治五年析宜山縣地置。永安長官司。弘治九年九月析天河縣十八里地置。」〔註264〕是永順、永定皆析宜山縣地置。與本傳此段所述之「舊為宜山縣」合，而永安長官司乃析天河縣地置，故「永安」為「永定」之訛。黃彰健曾論及之〔註265〕。是以，當如四庫館臣之說，此二處之「永安」皆為「永定」之訛。

（三九）弘治元年委官撫之，眾願取前地，別立長官司。都御史鄧廷瓚為奏，置永順、永安二司，各設長官一，副長官一〔註266〕。

今考，委官撫之在弘治五年，此作元年誤。為之上奏之都御史是閔珪，非鄧廷瓚。辨證如下：

本傳此句「永安」為「永定」之訛，見上則考證。本傳此句，蓋取諸《（萬曆）廣西通志》：「弘治間，委官撫之，各賊願取前地，別立長官司以治。都御史鄧廷瓚為聞之朝，置永順、永定二司，各設長官一，副長官一。」〔註267〕

〔註261〕《明史》卷三一七，清乾隆四年武英殿刻本，葉一二。參見《明史》，中華書局1974年，第8212頁。

〔註262〕《明史考證攟逸》，《續修四庫全書》第294冊，第419頁。

〔註263〕《（萬曆）廣西通志》，《明代方志選（六）》，第616頁。

〔註264〕《明史》，中華書局1974年，第1158頁。

〔註265〕《廣西土司傳考證：明史纂誤三續》，《中國歷史研究》第2輯，第66頁。

〔註266〕《明史》卷三一七，清乾隆四年武英殿刻本，葉一二。參見《明史》，中華書局1974年，第8212頁。

〔註267〕《（萬曆）廣西通志》，《明代方志選（六）》，第616頁。

稱都御史鄧廷瓚，且繫年為弘治間。故本傳此句之弘治元年未必正確。

　　更早之《（嘉靖）廣西通志》：「弘治五年，總督府委官招撫，各賊出化，告願取前改撥土地，別立長官司治之。都御史閔公珪具奏，蒙准將改撥前地置司鑄印，給授原舉獞民韋槐為正長官，韋朝和為副長官。」〔註268〕言委官撫之在弘治五年，且為之上奏之都御史是閔珪。黃明光曾論及之〔註269〕。

　　檢《明孝宗實錄》卷四九弘治四年三月癸卯條：「陞刑部左侍郎閔珪為都察院右都御史，總督兩廣軍務兼理巡撫。」〔註270〕又卷九〇弘治七年七月庚戌條：「總督兩廣軍務都察院右都御史閔珪乞致仕，不允。」〔註271〕是弘治五年、六年間，閔珪為總督兩廣都察院右都御史。《明孝宗實錄》卷六四弘治五年六月庚子條：「命都察院右副都御史鄧廷瓚巡視貴州兼提督軍務。廷瓚前巡撫貴州，以母憂去任，至是服將闋，故復用之。」〔註272〕又卷一〇七弘治八年十二月辛未條：「命南京都察院右都御史鄧廷瓚總督兩廣軍務兼理巡撫。」〔註273〕是弘治五年、六年間，鄧廷瓚或丁憂去任，或在貴州巡視，至弘治八年十二月，方受總督兩廣軍務之命。據《國朝列卿紀》卷一〇七《總督兩廣尚書侍郎都御史年表》：「閔珪，浙江烏程人，進士，弘治四年以右都御史任。唐珣，直隸華亭人，進士，弘治八年以右副都御史任。鄧廷瓚，湖廣巴陵人，進士，弘治九年以右副都御史任。」〔註274〕亦可知也。《明武宗實錄》卷八〇正德六年十月壬辰條：「致仕少保刑部尚書閔珪卒。」〔註275〕後所附閔珪之小傳云：「（弘治）四年，以都御史總督兩廣軍務。猺獞相繼為亂，皆討平之。又通行鹽之地，以濟軍儲。立定、順長官司以制蠻變。八年，進刑部尚書。」〔註276〕此定、順長官司，當永定、永順長官司之省稱。故永定、永順長官司之設，為之具奏者，當從《（嘉靖）廣西通志》作閔珪，而非鄧廷瓚，《（萬曆）廣西通志》誤。

〔註268〕　《（嘉靖）廣西通志》卷五一，葉一〇。
〔註269〕　黃明光：《明史廣西土司傳續考》，《中央民族學院學報》1989年第4期，第35頁。
〔註270〕　《明孝宗實錄》，第997頁。
〔註271〕　《明孝宗實錄》，第1660頁。
〔註272〕　《明孝宗實錄》，第1229頁。
〔註273〕　《明孝宗實錄》，第1964頁。
〔註274〕　《國朝列卿紀》，《四庫全書存目叢書》史部第94冊，第321頁。
〔註275〕　《明武宗實錄》，第1738頁。
〔註276〕　《明武宗實錄》，第1739頁。

至於永定、永順二長官司之設置時間，《明史・地理志》曰：「永順長官司。府西南。永定長官司。府南。二司皆弘治五年析宜山縣地置。」〔註277〕以為弘治五年。《明孝宗實錄》卷七五弘治六年五月戊寅條：「增設廣西慶遠府永順、永定二長官司。設長官正、副各一員，從兩廣鎮巡等官請也。」〔註278〕則以為弘治六年五月。二書所述設置時間不同。據上所引《（嘉靖）廣西通志》〔註279〕，蓋委官招撫在弘治五年，而蒙准設立在弘治六年。是故黃明光云：「五年當是地方初議時間，官員奏疏至京，當已是六年上半年。而旨准設置在六年五月。」〔註280〕

（四〇）以鄧文茂等四人為之，皆宜山洛口、洛東諸里人也〔註281〕。

今考，「洛口」為「洛目」之訛。辨證如下：

本傳此句之取材，《（萬曆）廣西通志》云：「鄧文茂，宜山洛目里人。」〔註282〕其前之《（嘉靖）廣西通志》亦云：「正長官鄧文茂，世為宜山洛目里人。」〔註283〕又《（嘉靖）廣西通志》於「宜山縣」下云：「覃塘泉。穴地出，西流，俱在洛目里。」〔註284〕《（雍正）廣西通志》於「宜山縣」下云：「默流江，源出龍門，經雒目。」〔註285〕是宜山縣之有「洛目」里可知。是以，「洛口」為「洛目」之訛。

至於《廣西名勝志》：「以鄧文茂、彭訪、韋槐、韋朝和等授之，亦皆宜山洛日、洛東諸里人也。」〔註286〕《粵西文載》採《名勝志》，亦曰：「以鄧文茂、彭訪、韋槐、韋朝和等授之，亦皆宜山洛日、洛東諸里人也。」〔註287〕作「洛日」。《粵西文載》文後：「舊《通志》云，永順正長官鄧文茂，世為宜山洛目里

〔註277〕 《明史》，中華書局1974年，第1158頁。

〔註278〕 《明孝宗實錄》，第1425頁。

〔註279〕 《（嘉靖）廣西通志》卷五一，葉一〇。

〔註280〕 黃明光：《明史廣西土司傳續考》，《中央民族學院學報》1989年第4期，第33頁。

〔註281〕 《明史》卷三一七，清乾隆四年武英殿刻本，葉一二。參見《明史》，中華書局1974年，第8212頁。

〔註282〕 《（萬曆）廣西通志》，《明代方志選（六）》，第616頁。

〔註283〕 《（嘉靖）廣西通志》卷五一，葉一一。

〔註284〕 《（嘉靖）廣西通志》卷一六，葉一三。

〔註285〕 〔清〕金鉷：《（雍正）廣西通志》，《景印文淵閣四庫全書》第565冊，臺灣商務印書館1986年，第604頁。

〔註286〕 《廣西名勝志》，《續修四庫全書》第735冊，第103頁。

〔註287〕 《粵西文載》，《景印文淵閣四庫全書》第1465冊，第644頁。

人。」〔註288〕蓋不知當以舊《通志》為是，抑以《廣西名勝志》為是，故兩存「目」、「日」。然《廣西名勝志》此部分內容，刪採自《（萬曆）廣西通志》，其文後有「蘇濬曰」字樣亦可為證。可知《廣西名勝志》刪採時訛「目」為「日」。

（四一）議者以忻城自唐、宋內屬已二百餘年，一旦舉而棄之於蠻，為失策云〔註289〕。

舊考，「云」下庫本有「永安長官司，弘治九年九月析天河縣置」十六字〔註290〕。

今按，是也。如庫本上述所改，則永安長官司缺少敘述，故補敘於此。《明史·地理志》曰：「永安長官司。弘治九年九月析天河縣十八里地置。」〔註291〕

平樂

（四二）（洪武）二十九年遷富川縣於富川千戶所。時富川千戶所新立於矮石城，典史言：「縣治無城，恐蠻寇竊發，無以守禦，宜遷城內為便。」從之〔註292〕。

舊考，四庫館臣：「新立於矮石城。『矮』改『䂂』。」〔註293〕

今按，「矮石」、「䂂石」，二名並行，且「矮石」之名似更古，不必改。辨證如下：

本傳此句之取材，《明太祖實錄》卷二四七洪武二十九年十月是月條云：「遷富川縣治於富川千戶所。富川，廣西平樂府屬縣也。時富川守禦千戶所新立於矮石城，典史徐魯言：縣治無城，恐蠻寇竊發，無以禦之，宜遷於城內為便。從之。」〔註294〕是本傳作「矮石」之根據。《明史·地理志》：「富川……西南有鍾山縣，舊治於此，洪武二十九年十一月移治䂂石山下，而置邊蓬寨巡檢司於舊治。」〔註295〕作「䂂石」，或為四庫館臣改字之由。檢《（嘉靖）

〔註288〕《粵西文載》，《景印文淵閣四庫全書》第1465冊，第644頁。

〔註289〕《明史》卷三一七，清乾隆四年武英殿刻本，葉一二。參見《明史》，中華書局1974年，第8212頁。

〔註290〕《明史》，《景印文淵閣四庫全書》第302冊，第574頁。

〔註291〕《明史》，中華書局1974年，第1158頁。

〔註292〕《明史》卷三一七，清乾隆四年武英殿刻本，葉一三。參見《明史》，中華書局1974年，第8213頁。

〔註293〕《明史考證攟逸》，《續修四庫全書》第294冊，第419頁。

〔註294〕《明太祖實錄》，第3595頁。

〔註295〕《明史》，中華書局1974年，第1151頁。

廣西通志》：「矮石山，在縣北一里，矮石生雲即此山。」〔註296〕《（萬曆）廣西通志》：「靄石山，在縣北一里，初為千戶所，洪武一十八年，縣自鍾山徙此。」〔註297〕是「矮石」、「靄石」，二名並行，且「矮石」之名似更古。故不必改。

（四三）弘治九年，總督鄧廷瓚言：「平樂府之昭仁堡介在梧州、平樂間，猺獞率出為患，乞令上林土知縣黃瓊、歸德土知州黃通各選子弟一人，領土兵各千人，往駐其地。」〔註298〕

舊考，四庫館臣：「平樂府之昭仁堡。『仁』作『平』。」〔註299〕

今按，是也。理由如下：本傳此句之取材，《明孝宗實錄》卷一一六弘治九年八月壬寅條：「總督兩廣右都御史鄧廷瓚等言：『……平樂府之昭平堡界梧州、平樂二府之間，猺獞數出為患，乞令上林縣土官知縣黃瓊、歸德州土官知州黃通各選子弟一人，領土兵各千人，駐劄本堡。』」〔註300〕原作「昭平」。又本傳此句之下文，同取材於《明孝宗實錄》卷一一六弘治九年八月壬寅條，云：「其冠帶千夫長龍彪改授昭平巡檢，造哨船三十，使往來府江巡哨，流官停選。廷議以昭平堡係內地，若增土官，恐貽後患。」〔註301〕作「昭平」。又據《明史·地理志》，平樂府下有昭平縣〔註302〕。《（嘉靖）廣西通志》卷三一：「（正德）十六年，平樂府昭平屯堡原無狼兵住守，兵備副使張祜申明招募田州等處狼兵把守，至今往來者便之。」〔註303〕又「哨守」下有「昭平堡」〔註304〕。又卷三二於「平樂府」下云：「……昭平堡城皆正德中建。」〔註305〕職是之故，本傳此處之「昭仁」為「昭平」之訛明矣。

〔註296〕《（嘉靖）廣西通志》卷一四，葉五。

〔註297〕《（萬曆）廣西通志》，《明代方志選（六）》，第 116 頁。

〔註298〕《明史》卷三一七，清乾隆四年武英殿刻本，葉一三。參見《明史》，中華書局 1974 年，第 8213 頁。

〔註299〕《明史考證攟逸》，《續修四庫全書》第 294 冊，第 419 頁。

〔註300〕《明孝宗實錄》，第 2106 頁。

〔註301〕《明史》卷三一七，清乾隆四年武英殿刻本，葉一三。參見《明史》，中華書局 1974 年，第 8213 頁。

〔註302〕《明史》，中華書局 1974 年，第 1151 頁。

〔註303〕《（嘉靖）廣西通志》卷三一，葉二四。

〔註304〕《（嘉靖）廣西通志》卷三一，葉一五。

〔註305〕《（嘉靖）廣西通志》卷三二，葉一三。

（四四）江上諸賊倚為黨援，日與府江酋長楊公滿等掠荔浦、平樂
及峰門、南源，執永安知州楊惟執，殺指揮胡翰、千戶
周濂、土舍岑文及兵民無算。〔註306〕

舊考，中華書局：「殺指揮胡翰。胡翰，本書卷二二一《郭應聘傳》作『胡潮』，《萬曆武功錄》頁三四七《府江右江諸獞列傳》作『胡瀚』。」〔註307〕

今按，「胡翰」、「胡瀚」皆誤，當作「胡潮」。又胡潮未被殺，只是被執而已。辨證如下：

本傳此句之取材，《蠻司合誌》云：「于是江上諸賊皆倚借為黨援，日與府江酋長楊公滿、雷公奉、黃公東等奪荔浦坊郭、平樂樂山及峰門、南源諸所，執永安知州楊惟執，殺指揮胡瀚、千戶李可久、周濂、鄧厔二、土舍岑文、太學黃文堂及兵民無算。」〔註308〕《萬曆武功錄》卷四《府江右江諸獞列傳》同之〔註309〕，是《蠻司合誌》此處之取材。原皆作「胡瀚」。且皆言胡〔潮〕（瀚）被殺。

然檢郭應聘《郭襄靖公遺集》卷一《議征府江右江獞寇疏》曰：「惟平樂府江兩岸結連荔浦三峒，憑恃險阻，出役江灘，肆行劫掠。往年姑不暇論，近自隆慶四年以來，月日不等，殺死監生黃文堂、舍人朱銓、千戶周濂、軍牢鄧厔二等共五十餘人。又殺死護送鹽船土舍岑文等十餘人，虜去指揮胡潮、千戶李可久入巢，索銀贖命。近又科眾千餘，衝劫伐木兵營，殺傷兵士十餘人。其他鉤劫商船，殺死人命，虜掠子女，占據田地，難以盡數。屢招屢叛，小民無所控訴。跡其罪狀，誠天地所不容，王法所必誅者也。」〔註310〕又卷二《蕩平府江捷音疏》：「執永安州知州楊惟執，連印入巢，厚贖而出。彪灘諸賊劫虜公差指揮胡潮、桂林衛千戶李可久并同行二十餘人。」〔註311〕又卷二三《柬呂豫所》曰：「後知州楊惟執經過地名山灣，連印被執入巢，厚贖而出。在府江彪灘則虜指揮胡潮、千戶李可久，被殺千戶周濂及一行商民三十餘人。」〔註312〕皆作「胡潮」。且胡潮是被執，索銀贖命。應聘為當事之官員，所引者

〔註306〕 《明史》卷三一七，清乾隆四年武英殿刻本，葉一三。參見《明史》，中華書局 1974 年，第 8213 頁。
〔註307〕 《明史》，中華書局 1974 年，第 8227 頁。
〔註308〕 《蠻司合誌》，《中國少數民族古籍集成（漢文版）》第二冊，第 237 頁。
〔註309〕 《萬曆武功錄》，《續修四庫全書》第 436 冊，第 260 頁。
〔註310〕 《郭襄靖公遺集》，《續修四庫全書》第 1349 冊，第 27、28 頁。
〔註311〕 《郭襄靖公遺集》，《續修四庫全書》第 1349 冊，第 42 頁。
〔註312〕 《郭襄靖公遺集》，《續修四庫全書》第 1349 冊，第 500 頁。

皆有關之奏疏信札，故當從《郭襄靖公遺集》作「胡潮」。亦不當言「殺指揮胡〔潮〕（翰）」。

《明史稿‧郭應聘傳》：「至是圍荔浦、永安，劫知州楊惟執，殺指揮胡翰。」〔註313〕《明史稿‧平樂傳》作「胡翰」〔註314〕。皆作「胡翰」。《明史‧郭應聘傳》：「至是攻圍荔浦、永安，劫知州楊惟執、指揮胡潮。」〔註315〕作「胡潮」。《明史‧平樂傳》，即本傳，作「胡翰」。蓋「瀚」、「潮」形近，《萬曆武功錄》訛「潮」作「瀚」，《蠻司合誌》因《萬曆武功錄》作「瀚」。而《明史稿》則脫去水旁作「翰」，且襲《萬曆武功錄》、《蠻司合誌》之說，言胡〔潮〕（翰）被殺。至於《明史》刪潤《明史稿》，《郭應聘傳》蓋有所依據，故改正為「潮」，且不云胡潮被殺，而言其被劫。《平樂傳》則仍沿其誤，作「翰」。

殿本《明史‧郭應聘傳》作「胡潮」〔註316〕，中華書局點校本改作「胡翰」〔註317〕，曰：「胡翰，原作『胡潮』，據本書卷三一七《平樂傳》，《明史稿》傳一○二《郭應聘傳》、傳一九一《平樂傳》改。」〔註318〕則未之審也。

（四五）攻古西、巖口、笋山、古造及兩峰黃洞等寨，斬獲賊渠，餘黨竄入仙回、古帶諸山，搜捕殆盡〔註319〕。

今考，「兩峰」為「兩岸」之誤。又識，「黃洞」，一寫作「黃峒」；「仙回」，一寫作「仙廻」。辨證如下：

本傳此句之取材，《蠻司合誌》：「攻古西、巖口、笋山、古造及兩岸黃洞、古摺、糯洞，斬獲賊渠楊錢甫、黃公護、袁婆、沈娑、鄧琶婆、盤賤婆、鄧郎等，餘黨竄入仙廻、古帶諸山，疏捕殆盡。」〔註320〕原作「兩岸」。

而《蠻司合誌》此處之取材《萬曆武功錄》：「於是王世科提東蘭、泗城、永順、安隆、湖潤兵，攻古西、巖口，破之，斬首捕虜二百有四級。復攻平滿、青龍，破之，生得八人，斬首五十四級。餘黨犇入笋山、古造，阻山為

〔註313〕〔清〕王鴻緒：《明史稿》第四冊，文海出版社1962年，第505頁。

〔註314〕《明史稿》第七冊，第179頁。

〔註315〕《明史》卷二二一，清乾隆四年武英殿刻本，葉三。

〔註316〕《明史》卷二二一，清乾隆四年武英殿刻本，葉三。

〔註317〕《明史》，中華書局1974年，第5814頁。

〔註318〕《明史》，中華書局1974年，第5831頁。

〔註319〕《明史》卷三一七，清乾隆四年武英殿刻本，葉一四。參見《明史》，中華書局1974年，第8214頁。

〔註320〕《蠻司合誌》，《中國少數民族古籍集成（漢文版）》第二冊，第237頁。

巢，泗城、東蘭兵搏戰，斬首三百五十三級。已，疏捕諸山，斬首八十四級。餘黨復走南源、鷄籠山巢，追逐斬首二百二十二級，還攻西南青殿、木魚諸巢，斬楊錢甫、楊公滿、楊朝猛、楊扶豺、莫扶金、莫扶楊等首三百六十一級。錢鳳翔提田州、忠州、龍英、武靖、遷龍兵，攻東岸黃洞、古摺、糯峒，破之，生得黃公護、蘇公韋，斬唐義婆、唐會婆、袁婆、沈婆首一百一十三級。攻黃泥嶺、水瀣洞，生得黃公送，斬首一百二十六級。疏捕何沖、莫家沖，斬首二百一十級。餘黨犇入倒流、苦竹、蒲巖諸山，追亡斬首四百一十六級。王承恩提田州兵，擊龍巖，破之，斬首二百二十二級，奪獲被鹵二人。復提思恩、鎮安、都康兵，擊西岸馬尾及勞碌、黃牛諸山，破之，斬周添郎、鄧琶婆、盤滿婆、盤賤婆、鄧郎等首一百二十一級。餘黨犇入仙迴、高天、古帶諸山。疏捕仙迴，西岸生得四人，斬首一百五十二級。守備康仁，生得一人，斬首二百八十四級。進攻高天，泗城兵先登，斬首一百二十六級，我兵創五人。餘黨悉遯，追亡逐北，至古河中，斬黃公東等首七十一級。復疏捕西岸，斬首三百一十三級，董龍提歸順。南丹、那北、上林兵擊太平、古冒、馬尾，破之，斬雷公奉、王公社等首一百四十一級，奪被鹵一人。復攻唐沖彪灘，破之，斬首一百一十七級。田義、凌文明提向武、江州、奉議、上映兵，擊兩岸，破之，斬鄧婆等首百一十七級。復攻南源、鷄籠、仙迴、高天，斬首捕虜一百四十一級。是歲萬曆元年春正月也。大率斬首凡四千六百六十七級，俘獲凡四百四十八人，奪獲被虜凡三人，馬牛凡二百三十三頭，器械凡二百一十有九。」〔註321〕又郭應聘《郭襄靖公遺集》卷二《蕩平府江捷音疏》亦羅列各處攻打斬獲首級數量，且有具體日期，或為《萬曆武功錄》之資料來源，云：「又該僉事夏道南、參將錢鳳翔統督田州、忠州、龍英、武靖、遷隆等官兵，十月十五日進剿東岸黃峒、古摺、糯峒等巢，生擒……又陸續攻破黃坭嶺、水瀣峒等巢，生擒……十一月二十三等日搜剿何沖、莫家沖等巢，斬級二百一十顆。各賊遯入地名倒流山、苦竹、蒲巖等山巢，官兵踉蹤攻剿……又都司王承恩改委東岸哨，督田州等官兵……又該副使鄭茂，原任都司，董龍，統督歸順南丹、那地、上林等官兵，十月十五日進剿西岸，攻打太平、古冒、馬尾等巢……水哨都司王承恩，統督思恩、鎮安、都康等官兵，由歸化登岸，十月十五日夾剿西岸馬尾等巢，并陸續攻破勞碌、黃牛等巢，擒斬……各賊遯入仙迴峒并高天、古帶，擄險為巢，會合各哨官兵，十一月二十七日

〔註321〕《萬曆武功錄》，《續修四庫全書》第 436 冊，第 260、261 頁。

攻剿仙廻峒，西岸哨生擒……總計自隆慶六年十月十五日開刀起至萬曆元年正月二十日止，總統哨共擒斬二百五十八名顆，三峒哨共擒斬一千九百九十二名顆，內知州梁直部兵擒斬一百二十五名顆，東岸哨共擒斬一千八十七名顆，西岸哨共擒斬八百三十七名顆，水哨共擒斬四百九十三名顆，以上五哨，通共擒斬四千六百六十七名顆，俘獲賊屬四百四十八名口。」〔註322〕雖無直接寫兩岸，而知此兩岸，乃東岸、西岸之合稱。東岸有黃洞、古摺、糯洞等寨，西岸有馬尾、勞碌、黃牛等寨。

又識，由以上所引材料，見「黃洞」，一寫作「黃峒」。「仙回」，一寫作「仙廻」，《（康熙）平樂縣志》亦皆寫作「仙廻」〔註323〕。

（四六）乃移檄北三、北五，趣其歸降。峒老韋法真同被擄來賓、遷江民蒙演等詣軍前乞降，許之〔註324〕。

今識，諸書述此事似微有區別。材料如下：

本傳此句之取材，《蠻司合誌》云：「乃移檄北三、北五，趣其歸降。會峒老韋法真等同原鹵來賓、遷江民蒙演、蒙葛眉詣兵備請命，許之。」〔註325〕《蠻司合誌》之語取自《萬曆武功錄》卷四《府江右江諸獞列傳》：「於是右江備兵使沈子木，移指揮使干碧、蕭紳，令奉檄入北三、北五宣朝廷威德，趨歸降。會峒老韋法真等同原鹵來賓遷江民蒙演、蒙葛眉等具盟誓，詣備兵使所，願歸所奪田，輸賦，請以漢官式臨之。當事者具報可。於是蒙演等得自新。」〔註326〕而郭應聘《郭襄靖公遺集》卷二《蕩平府江捷音疏》云：「右江兵備副使沈子木呈稱，依奉備行來賓、遷江二縣各掌印官督備指揮干碧督令千總蕭紳等，進入北三、北五地方，宣布朝廷恩威，開誠撫諭。各峒老情願認還原占屯田錢糧，請官進住。及退還原虜來賓、遷江二縣民蒙演、蒙葛眉等，取具甘結，并帶峒老韋法真等，到道投見，省令回寨安住，姑免征剿。」〔註327〕諸書述此事似微有區別。然語意甚簡，材料有限，不知其詳。姑識於是，以俟有關材料。

〔註322〕《郭襄靖公遺集》，《續修四庫全書》第1349冊，第40、41頁。
〔註323〕見〔清〕黃大成：《（康熙）平樂縣志》，清康熙五十六年刻本。
〔註324〕《明史》卷三一七，清乾隆四年武英殿刻本，葉一四。參見《明史》，中華書局1974年，第8214頁。
〔註325〕《蠻司合誌》，《中國少數民族古籍集成（漢文版）》第二冊，第237頁。
〔註326〕《萬曆武功錄》，《續修四庫全書》第436冊，第261頁。
〔註327〕《郭襄靖公遺集》，《續修四庫全書》第1349冊，第42頁。

（四七）自殺黃勝後，復聚黨以三千人出仚鳳山、龜鱉塘，與河塘韋宋武傍江結寨〔註328〕。

今考，「三千人」為「二千人」之訛。辨證如下：

本傳此句之取材，《蠻司合誌》云：「曾弑土吏黃勝，不治。萬曆六年，公柄召韋三層、韋三丈等，以二千人出仚鳳山、龜鱉塘，與河塘韋宋武傍江結壘。」〔註329〕原作「二千人」。而《蠻司合誌》之來源，《萬曆武功錄》卷四《北三譚公柄河塘韋宋武諸獞列傳》：「自弑土吏黃勝以來，歲歲為邊患苦。戊寅夏，公柄與韋三層、韋三丈等，常以二千餘人，出仚鳳山、龜鱉塘，而韋宋武亦傍江結壘。」〔註330〕亦作「二千人」。此作「三千人」誤。黃明光曾論及之〔註331〕。

（四八）會咘咳寨藍公潯執土吏黃如金，奪其司。巡撫吳文華檄守巡道吳善、陳俊徵永順白山兵及狼兵剿之，平橫山、咘咳諸巢〔註332〕。

今考，執，當作「欲執」。辨證如下：

本傳此句之取材，《蠻司合誌》云：「會咘咳寨藍公潯執土吏黃如金，奪其土司。如金以狀告。巡撫吳文華檄分守吳善、分巡陳俊徵永順白山兵及狼兵馳大岩上，平橫山、咘咳諸巢，大剿之。」〔註333〕而《蠻司合誌》之來源，《萬曆武功錄》卷四《北三譚公柄河塘韋宋武諸獞列傳》：「亡何咘咳寨酋長藍公潯等欲執土吏黃如金，盡奪其土司。如金乃以其狀告於恩吉參將王瑞。頃柳慶將倪中化、遷來指揮孫世寶、永寧百戶陳維翰，皆後先請于臺御史吳文華。於是軍書移制置使凌雲翼，大會于東蘭、那地、面冊之間。是日，即以羽檄屬分守使吳善、分巡使陳俊，徵永順、白山諸土州，州賦兵三百人，及狼兵營堡諸兵。皆馳大岩上。平橫山、咘咳等巢。」〔註334〕黃明

〔註328〕《明史》卷三一七，清乾隆四年武英殿刻本，葉一四。參見《明史》，中華書局1974年，第8214頁。

〔註329〕《蠻司合誌》，《中國少數民族古籍集成（漢文版）》第二冊，第240頁。

〔註330〕《萬曆武功錄》，《續修四庫全書》第436冊，第269頁。

〔註331〕黃明光：《明史廣西土司傳論說》，《廣西民族研究》1988年第2期，第74頁。

〔註332〕《明史》卷三一七，清乾隆四年武英殿刻本，葉一四。參見《明史》，中華書局1974年，第8214頁。

〔註333〕《蠻司合誌》，《中國少數民族古籍集成（漢文版）》第二冊，第240頁。

〔註334〕《萬曆武功錄》，《續修四庫全書》第436冊，第269頁。

光云：「『欲執』未執，黃氏方可『以狀告』，『欲』字不當省。」〔註335〕是
也。

（四九）以思古、周安、落紅、古卯、龍哈立一州，屬向武土官黃九疇；羅墨、古鉢、古憑、都北、峎咳立一州，屬那地土官黃暘〔註336〕。

今考，「都北」為「都者」之訛。至於「思古」，一作「思吉」，恐當以「思吉」為是。「落紅」，一作「落洪」，又作「剝丁」。「古憑」，一作「古蓬」。辨證如下：

本傳此句之取材，《蠻司合誌》云：「以思古、周安、落紅、古卯、龍哈立一州，屬向武黃九疇；羅墨、古鉢、古憑、都者、峎咳立一州，屬那馬黃暘。」〔註337〕作「都者」。《萬曆武功錄》卷四《十寨諸獞列傳》亦然〔註338〕，為《蠻司合誌》之取材。故知本傳此句之「都北」為「都者」之訛。

觀上面引文，以十寨為思古、周安、落紅、古卯、龍哈、羅墨、古鉢、古憑、都者、峎咳，而《萬曆武功錄》卷四《十寨諸獞列傳》及《蠻司合誌》，開篇記右江十寨為「思吉、周安、落洪、古卯、羅墨、古鉢、古憑、都者、龍哈、峎咳」〔註339〕。又比對當事者郭應聘《西南紀事》卷五《撫剿十寨》：「十寨即舊八寨，曰思吉，曰周安，曰古卯，曰古蓬，曰古鉢，曰都者，曰羅墨，曰剝丁，是為八寨。後益以龍哈、峎咳為十焉。」〔註340〕《（萬曆）賓州志》：「十寨即舊八寨，曰思吉，曰周安，曰古卯，曰古憑，曰古鉢，曰都者，曰羅墨，曰剝丁，是為八寨。後益龍哈、峎咳，是為十寨。」〔註341〕《（萬曆）廣西通志》：「十寨，舊稱八寨，曰思吉，曰周安，曰古卯，曰古蓬，曰古鉢，曰都者，曰羅墨，曰剝丁。後益以龍哈、峎咳為十。」〔註342〕

〔註335〕黃明光：《明史廣西土司傳論說》，《廣西民族研究》1988年第2期，第74頁。

〔註336〕《明史》卷三一七，清乾隆四年武英殿刻本，葉一五。參見《明史》，中華書局1974年，第8215頁。

〔註337〕《蠻司合誌》，《中國少數民族古籍集成（漢文版）》第二冊，第240頁。

〔註338〕《萬曆武功錄》，《續修四庫全書》第436冊，第270頁。

〔註339〕見《蠻司合誌》，《中國少數民族古籍集成（漢文版）》第二冊，第240頁。參見《萬曆武功錄》，《續修四庫全書》第436冊，第270頁。

〔註340〕《西南紀事》，《四庫全書存目叢書》史部第49冊，第408頁。

〔註341〕〔明〕郭棐：《（萬曆）賓州志》卷一一，明萬曆十五年刻本，葉二〇。

〔註342〕《（萬曆）廣西通志》，《明代方志選（六）》，第693頁。

《明神宗實錄》卷一〇〇萬曆八年五月辛卯條：「兩廣總督劉堯誨、廣西巡撫張任、巡按胡宥奏議十寨善後事宜。」〔註343〕其中：「設三鎮以重彈壓。八寨地形四寨官難制服，應照古田三鎮事例，以周安、古卯為一鎮，思吉、古鉢、羅墨為一鎮，都者、古蓬、剝丁為一鎮，均其田里，各建一城，設土巡簡守之，總於思恩參將而隸於賓州。」〔註344〕是「思古」，一作「思吉」，恐當以「思吉」為是。「落紅」，一作「落洪」，又作「剝丁」。「古憑」，一作「古蓬」。

（五〇）屬那地土官黃瑒〔註345〕。

舊考，中華書局：「屬那地土官黃瑒。那地，《明史稿》傳一九一《平樂傳》及《萬曆武功錄》頁三四七《府江右江諸獞列傳》俱作『那馬』。」〔註346〕

今按，「那地」為「那馬」之訛。辨證如下：

本傳此句之取材，《蠻司合誌》云：「屬那馬黃瑒。」〔註347〕作「那馬」。《萬曆武功錄》卷四《十寨諸獞列傳》亦然〔註348〕，為《蠻司合誌》之取材。《粵西文載》卷七一：「黃瑒，思恩那馬土司人。本府廩生，襲司職。嘉靖三十五年調征南贛有功，陞行營都司僉事，撫民有功。」〔註349〕稱黃瑒為思恩那馬土官。檢《（嘉靖）廣西通志》於思恩府下有「那馬巡檢司巡檢」〔註350〕，則思恩有那馬明矣。《明史稿·平樂傳》亦作「那馬」〔註351〕。是《明史》刪潤《明史稿》時，訛「那馬」為「那地」矣。

（五一）已，移思恩守備於周安堡，而布政使以為不便，總制乃議立八寨為長官司，以兵八千人屬黃瑒為長官，黃昌、韋富皆給冠帶為土舍，亦各引兵二百守焉〔註352〕。

〔註343〕《明神宗實錄》，第1989頁。
〔註344〕《明神宗實錄》，第1989、1990頁。
〔註345〕《明史》卷三一七，清乾隆四年武英殿刻本，葉一五。參見《明史》，中華書局1974年，第8215頁。
〔註346〕《明史》，中華書局1974年，第8227頁。
〔註347〕《蠻司合誌》，《中國少數民族古籍集成（漢文版）》第二冊，第240頁。
〔註348〕《萬曆武功錄》，《續修四庫全書》第436冊，第270頁。
〔註349〕《粵西文載》，《景印文淵閣四庫全書》第1467冊，第242頁。
〔註350〕《（嘉靖）廣西通志》卷八，葉二六。
〔註351〕《明史稿》第七冊，第180頁。
〔註352〕《明史》卷三一七，清乾隆四年武英殿刻本，葉一五。參見《明史》，中華書局1974年，第8215頁。

舊考，四庫館臣：「而布政司以為不便，總制乃議立八寨為長官司。『總制』改『正茂』。」〔註353〕

今按，當時總制為殷正茂，庫本為敘述明確而改。又，「八千」為「六百」之訛，「韋富」為「韋觀」之訛。辨證如下：

本傳此句之取材，《蠻司合誌》云：「兵備霍與瑕又以為八寨故不甚廣，當陞為州，而使黃暘提兵六百人守之。龍哈、峝哎則立土巡司，而徵安定兵二百人付黃昌備龍哈，徵興龍兵二百人付韋富備峝哎。即以守備移鳳化城黃村，俾與黃暘並得調度二邏使。其後總制竟請八寨為長官司，而以兵八千人屬黃暘為長官，而黃昌、韋富皆給冠帶為土舍，亦各引兵二百食二寨如約。」〔註354〕《萬曆武功錄》卷四《十寨諸獞列傳》亦然〔註355〕，為《蠻司合誌》之取材。

然檢當事者郭應聘《西南紀事》卷五《撫剿十寨》云：「隆慶四年，殷都御史正茂奉命征古田，天威所臨，羣夷震讋，八寨尤懷疑懼。賈人蕭紳久貿販寨中，善機警，熟險阨，正茂多方購之，令齎文告往諭。諸寨酋讙謓投見，請官坐鎮，願輸糧給兵食。下諸司議。聘時為左藩使，議遣賓州知州吳臬撫之，擇思恩所部那馬司巡檢黃暘、興隆司巡檢韋觀、安定司頭目黃昌分鎮之。議者有欲開設州治，以暘統頒者。有欲設二土州者。聘曰，夷性未馴，遽設州治，其誰與守。暘一土巡檢耳，授之州太驟。惟龍哈、峝哎獷悍甚，不可不為控制。其立長官司一，土巡司二分轄之便。正茂是之，疏請以暘為長官司，部兵六百人，專轄八寨。觀以原職，昌以冠帶土舍，各部兵二百人，分轄龍哈、峝哎諸寨。歲輸銀千七十有奇，聽土官照所轄地徵發。復以思田守備移黃村調度。紳充冠帶千總，往來宣諭。諸夷酋憚我兵威，帖然聽命。」〔註356〕《（萬曆）賓州志》〔註357〕、《（萬曆）廣西通志》〔註358〕所記相同。《明穆宗實錄》卷六〇隆慶五年八月乙巳條：「廣西守臣言，思吉等八寨及龍哈、峝哎二處降夷，乞以那馬土巡檢黃暘充長官司長官，領兵六百鎮之。給土舍黃昌冠帶，住守龍哈。巡檢韋觀住守峝哎。各率所部兵二百，聽思田守備調度。報可。」〔註359〕郭應

〔註353〕《明史考證攟逸》，《續修四庫全書》第 294 冊，第 419 頁。
〔註354〕《蠻司合誌》，《中國少數民族古籍集成（漢文版）》第二冊，第 240 頁。
〔註355〕《萬曆武功錄》，《續修四庫全書》第 436 冊，第 270 頁。
〔註356〕《西南紀事》，《四庫全書存目叢書》史部第 49 冊，第 408 頁。
〔註357〕〔明〕郭棐：《（萬曆）賓州志》卷一一，明萬曆十五年刻本，葉二一。
〔註358〕《（萬曆）廣西通志》，《明代方志選（六）》，第 694 頁。
〔註359〕《明穆宗實錄》，第 1464 頁。

聘為當事者，且《實錄》、方志記錄俱在，當以郭應聘所述為是。郭應聘以為授黃暘知州太驟，應立長官司。而《萬曆武功錄》卷四《十寨諸獞列傳》及《蠻司合誌》之記，議以黃暘領州治則提兵六百人，為長官司則領兵反至八千人，亦可見記述之竄亂。是以，「八千」為「六百」之訛。又據郭應聘、《實錄》、方志所記，「韋富」為「韋觀」之訛。

（五二）總制劉堯誨、巡撫張任急統兵進剿，斬首一萬六千九百有奇，獲器仗三千二百，牛馬二百三十九〔註360〕。

今考，此一萬六千九百有奇，為斬首捕虜之總數，非只斬首數。辨證如下：

本傳此句之取材，《蠻司合誌》：「於是總制劉堯誨、巡撫張任，急統兵盡剿諸寨，斬首捕鹵凡一萬六千九百有奇，奪獲器仗三千二百，牛馬二百三十九頭。」〔註361〕《蠻司合誌》此語之取材《萬曆武功錄》卷四《十寨諸獞列傳》作：「亡何，斬首捕虜，凡一萬六千九百有奇，奪獲器仗三千有二百，牛馬二百三十九頭。」〔註362〕《明神宗實錄》卷九九萬曆八年閏四月庚申條：「廣西十寨猺賊平。先是，諸賊據有八寨，凶黠特甚，以方有事古田，始因其乞撫羈縻之。繼復殺逐龍蛤、咘咳長官司，占成十寨，其惡愈熾。督撫諸臣節奉明命，調發漢土官兵剿之，擒斬首從九千一百餘級，俘獲男婦六千七百餘名，破其堅巢，遂平。」〔註363〕所記數目稍有不同，而斬首、捕虜，合為一萬五千八百有奇，與此數相近。故知此一萬六千九百有奇，為斬首捕虜之總數。此單云「斬首」不確。

（五三）帝乃陞賞諸土吏功，復分八寨為三鎮，各建一城，而以東蘭州韋應鯤、韋顯能及田州黃馮克為土巡檢，留兵一千人戍之〔註364〕。

今考，「黃馮克」，當作「黃馮充」。辨證如下：

本傳此句之取材，《蠻司合誌》：「上乃陞賞并論諸土吏功，復分八寨為三鎮，各建一城。而以東蘭州韋應鯤、韋顯能及田州黃馮充為土巡檢，得比古

〔註360〕《明史》卷三一七，清乾隆四年武英殿刻本，葉一五。參見《明史》，中華書局1974年，第8215頁。

〔註361〕《蠻司合誌》，《中國少數民族古籍集成（漢文版）》第二冊，第241頁。

〔註362〕《萬曆武功錄》，《續修四庫全書》第436冊，第271頁。

〔註363〕《明神宗實錄》，第1979頁。

〔註364〕《明史》卷三一七，清乾隆四年武英殿刻本，葉一五。參見《明史》，中華書局1974年，第8215頁。

田例，留兵一千人戍之。」〔註365〕《蠻司合誌》此語之取材《萬曆武功錄》卷四《十寨諸獞列傳》作：「是歲也，以八寨分為三鎮，各建一城，而以東蘭州韋應鯤、韋顯能及田州黃馮充為土巡檢，得比古田例，留兵一千人。」〔註366〕皆作「黃馮充」。又《（萬曆）廣西通志》卷三三《劉堯誨議十寨善後》：「宜以其寨地分以為三鎮，均其田里，各建一城，就令見調東蘭州官□韋應鯤、韋顯能及田州總目黃馮充為土巡檢，各帶兵千名，攜家世守。」〔註367〕亦作「黃馮充」。是以，當作「黃馮充」，此作「黃馮克」誤。

> **（五四）（萬曆）三十二年，桂林、平樂猺、獞據險肆亂，殺知縣張士毅，焚劫無虛月。總督應檟檄總兵官顧寰督兵進勦，禽斬四百八十四，俘獲男女三百四十，牛馬器械甚眾。守臣以捷聞，並上僉事茅坤、參將王寵、都指揮鍾坤秀、參政張謙、百戶吳通等功狀，各陞廕有差**〔註368〕。

今考，事在嘉靖三十二年。又識，三百四十，為舉「三百四十四」之約數而言。辨證如下：

本傳此句前為萬曆八年劉堯誨平十寨事，且上文有「萬曆六年」，是本傳以此「三十二年」為「萬曆三十二年」。按此句之取材，《明世宗實錄》卷四〇一嘉靖三十二年八月戊戌條：「先是，廣西桂林、平樂猺獞據險肆亂，殺知縣張士毅，傷百戶曹恩，焚劫歲無虛月。提督兩廣侍郎應檟、總兵官顧寰督兵進勦，至是討平之，凡擒斬四百八十四，俘虜男女三百四十四，牛馬器械甚眾。守臣以捷聞。並上僉事茅坤、參將王寵、朱昇、都指揮鍾坤秀、參政張謙、百戶吳通等功狀。上嘉諸臣勞績，命檟蔭一子，入監讀書，仍與□各賞銀四十兩，紵絲二表裏。坤□二級。寵、坤、秀各一級，昇銀十兩。謙已去任，陞一級致仕。通等給賞有差。」〔註369〕繫在嘉靖三十二年。黃彰健曾論及之〔註370〕。查《明世宗實錄》卷四〇四嘉靖三十二年十一月庚午條：「提督兩廣軍務兵部右侍郎

〔註365〕《蠻司合誌》，《中國少數民族古籍集成（漢文版）》第二冊，第 241 頁。

〔註366〕《萬曆武功錄》，《續修四庫全書》第 436 冊，第 272 頁。

〔註367〕《（萬曆）廣西通志》，《明代方志選（六）》，第 696 頁。

〔註368〕《明史》卷三一七，清乾隆四年武英殿刻本，葉一五。參見《明史》，中華書局 1974 年，第 8215 頁。

〔註369〕《明世宗實錄》，第 7029、7030 頁。張士毅，原缺「士」字，據《校勘記》增。參見《明世宗實錄校勘記》，第 2147 頁。

〔註370〕《廣西土司傳考證：明史纂誤三續》，《中國歷史研究》第 2 輯，第 66 頁。

兼都察院右僉都御史應櫃卒,贈兵部尚書,賜祭葬如例。」〔註371〕嘉靖三十二年十一月,應櫃去世,則征討及賞賜之事不可能在萬曆三十二年。《國朝列卿紀》卷一〇七《總督兩廣尚書侍郎都御史年表》:「應櫃,浙江遂昌人,嘉靖丙戌進士。三十一年以兵部右侍郎兼僉都任。三十三年卒。」〔註372〕《提督兩廣軍務兼理巡撫》:「應櫃,字子材,浙江處州府遂昌縣人。嘉靖丙戌進士。二十二年任湖廣提學副使。三十一年以兵部右侍郎兼僉都御史任。三十三年卒於官。」〔註373〕是嘉靖三十一年至三十二年末,應櫃在廣東任上。職是之故,本傳所述之事,必在嘉靖三十二年。

又識,據上所引《明世宗實錄》卷四〇一嘉靖三十二年八月戊戌條〔註374〕,俘獲男女三百四十,為舉「三百四十四」之約數而言。又本傳「總督應櫃檄總兵官顧寰督兵進剿」與《實錄》「提督兩廣侍郎應櫃、總兵官顧寰督兵進剿」,其意似略有區別矣。

復識,桂林、平樂猺、獞肆亂殺知縣張士毅之年月。《明世宗實錄》卷三六五嘉靖二十九年九月癸丑條:「廣西桂林府猺賊莫良朋殺陽朔知縣張士毅,官軍計誘良朋擒之,詔斬以狗。」〔註375〕黃明光據以定在嘉靖三十一年以前〔註376〕。又,「禽」,中華書局點校本逕改作「擒」〔註377〕

梧州

(五五)洪武元年,征南將軍廖永忠、參將朱亮祖等既平廣東,引兵至梧州境〔註378〕。

舊考,中華書局:「參政朱亮祖等既平廣東。參政,原作『參將』,據本書卷一三二《朱亮祖傳》、《明史稿》傳一九一《平樂傳》及《太祖實錄》卷二八

〔註371〕《明世宗實錄》,第 7074 頁。

〔註372〕《國朝列卿紀》,《四庫全書存目叢書》史部第 94 冊,第 321 頁。

〔註373〕《國朝列卿紀》,《四庫全書存目叢書》史部第 94 冊,第 343 頁。

〔註374〕《明世宗實錄》,第 7029、7030 頁。張士毅,原缺「士」字,據《校勘記》增。參見《明世宗實錄校勘記》,第 2147 頁。

〔註375〕《明世宗實錄》,第 6533 頁。

〔註376〕黃明光:《明史廣西土司傳續考》,《中央民族學院學報》,1989 年第 4 期,第 34 頁。

〔註377〕《明史》,中華書局 1974 年,第 8215 頁。

〔註378〕《明史》卷三一七,清乾隆四年武英殿刻本,葉一六。參見《明史》,中華書局 1974 年,第 8216 頁。

洪武元年五月戊戌條改。」〔註379〕

今按，是也。《明太祖實錄》卷三二洪武元年五月己卯條：「征南將軍廖永忠、參政朱亮祖等兵至梧州境，元達魯花赤拜住率官吏父老迎降。」〔註380〕作「參政」。《西園聞見錄》引田汝成曰：「洪武元年夏，平章楊璟、參政朱亮祖等既取廣西。」〔註381〕亦作「參政」。檢《明史稿·梧州傳》：「洪武元年五月，征南將軍廖永忠、參政朱亮祖等既平廣東，引兵至梧州境。」〔註382〕原作「參政」。蓋《明史》刪潤《明史稿》時，訛「政」為「將」矣。

（五六）六山為容縣、北流中衝〔註383〕。

今考，「六山」為「六雲」之訛。辨證如下：

本傳此句，取材《蠻司合誌》：「六山為容縣、北流中衝。」〔註384〕《蠻司合誌》又以《萬曆武功錄》卷四之《岑溪潘積善諸猺列傳》為據：「六山為容縣、北流中衝。」〔註385〕此「六山」之由來。

然當時奏疏，《小司馬奏草》卷二之《題為積年劇寇畏威向化并議撫處事宜以久安地方事》云：「六雲為容縣、北流中衝。」〔註386〕作「六雲」。《（雍正）廣西通志》卷九五《潘積善傳》云：「因立五大營，曰大峒、連城、北科、平河、六雲等，鎮以其酋目韋月，領耕兵三百名，教之耕守，而統以參將指揮千百戶焉。時募兵三千人。」〔註387〕作「六雲」。當以「六雲」為是。

（五七）議者謂七山為蒼、藤信地，六山為容縣、北流中衝，北科為六十三山咽喉，懷集為賀縣諸村出入之所。因立五大營，營六百人，合得三千人〔註388〕。

〔註379〕《明史》，中華書局1974年，第8227頁。

〔註380〕《明太祖實錄》，第560頁。

〔註381〕《西園聞見錄》，《續修四庫全書》第1169冊，第748頁。

〔註382〕《明史稿》第七冊，第181頁。

〔註383〕《明史》卷三一七，清乾隆四年武英殿刻本，葉一六。參見《明史》，中華書局1974年，第8216頁。

〔註384〕《蠻司合誌》，《中國少數民族古籍集成（漢文版）》第二冊，第239頁。

〔註385〕《萬曆武功錄》，《續修四庫全書》第436冊，第268頁。

〔註386〕《小司馬奏草》，《續修四庫全書》第478冊，第541頁。

〔註387〕〔清〕金鉷：《（雍正）廣西通志》，《景印文淵閣四庫全書》第567冊，臺灣商務印書館1986年，第602頁。

〔註388〕《明史》卷三一七，清乾隆四年武英殿刻本，葉一六。參見《明史》，中華書局1974年，第8216頁。

今考，立五大營，而只言七山、六山（當作六雲，說見上則考證）、北科、懷集四處，缺「連城」一處。辨證如下：

本傳此句，取材《蠻司合誌》：「當是時，七山為蒼、藤信地，六山為容縣、北流中衝，北科為六十三山咽喉，懷集為賀縣諸村出入之所。因立五大營，營六百人，合得三千人。」〔註389〕《蠻司合誌》又以《萬曆武功錄》卷四之《岑溪潘積善諸猺列傳》為據：「當是時，七山政蒼、藤信地，而六山為容縣、北流中衝，北科為六十三山咽喉，懷集亦接鄰賀縣，五里村山猺時往來於道塗不休也。於是立五大營，營皆六百人，大率三千人。」〔註390〕云立五營，而《萬曆武功錄》及《蠻司合誌》皆只有四處。

當時奏疏，《小司馬奏草》卷二之《題為積年劇寇畏威向化并議撫處事宜以久安地方事》云：「又謂道理遼遠，控制難周。七山為蒼、藤、岑要地，連城為羅定、信宜、岑溪諸猺嘯聚之藪，六雲為容縣、北流中衝，北科為六十三山咽喉之處，懷集縣與賀縣為界，五里村山猺賊由此出沒。議設指揮千戶五員於各地方，分兵劃營屯守。暫選梧州等衛所指揮等官李汝賢等五員，各令派定信地，立營坐鎮，將蒼梧各縣原設防守額兵三千九百七十七名，每官一員，撥軍六百名聽用，共三千名。」〔註391〕是有七山、連城、六雲、北科、懷集五處地方。《（雍正）廣西通志》卷九五《潘積善傳》云：「因立五大營，曰大峒、連城、北科、平河、六雲等，鎮以其酋目韋月，領耕兵三百名，教之耕守，而統以參將指揮千百戶焉。時募兵三千人。」〔註392〕雖有二營不以地方名，而有連城則可知。故知本傳此句，缺「連城」一處。

（五八）都御史吳善檝總兵戚繼光徵兵於羅定、泗城、都康諸土司，分五道，命參將戴應麟等擊金雞、松柏諸寨，斬渠魁，撫四百餘人〔註393〕。

舊考，四庫館臣：「擊金雞松柏諸寨。雞改鵝。」〔註394〕

今按，是也。本傳此句，取材《蠻司合誌》：「遂請都御史吳善檝兩廣總

〔註389〕《蠻司合誌》，《中國少數民族古籍集成（漢文版）》第二冊，第239頁。

〔註390〕《萬曆武功錄》，《續修四庫全書》第436冊，第268頁。

〔註391〕《小司馬奏草》，《續修四庫全書》第478冊，第541頁。

〔註392〕《（雍正）廣西通志》，《景印文淵閣四庫全書》第567冊，第602頁。

〔註393〕《明史》卷三一七，清乾隆四年武英殿刻本，葉一六。參見《明史》，中華書局1974年，第8216頁。

〔註394〕《明史考證攟逸》，《續修四庫全書》第294冊，第419頁。

兵戚繼光呼良朋徵兩廣官兵及羅定東西山、泗城、郭康諸土兵，分為五道，命參將戴應麟等擊金鵝、松栢、埇七諸寨，斬秀珠、韋胡通等。」〔註395〕原作「金鵝」。至於《蠻司合誌》原作「郭康」一詞，據《萬曆武功錄》及《廣西通志》，是「都康」之訛，本傳作「都康」無誤。

《蠻司合誌》所據之《萬曆武功錄》卷四之《懷集嚴秀珠諸猺列傳》，原作「二月初二日竝舉，於是伏虎軍擊金鷄、松栢、埇七諸巢，先登破之，斬嚴秀珠、韋胡通等首六十一級。」〔註396〕作「金鷄」。本傳蓋據之改變《蠻司合誌》「金鵝」之說。然《懷集嚴秀珠諸猺列傳》又曰：「懷集有金鵝之酋、松栢之酋、龍壙之酋、埇七之酋。」〔註397〕瞿九思之贊語亦曰：「金鵝之捷，豈天欲殲除此屬耶……其為金鵝諸巢善後策不少。」〔註398〕皆作「金鵝」。則《萬曆武功錄》之「金鷄」是「金鵝」之訛明矣。

又《明神宗實錄》卷一六六萬曆十三年閏九月戊戌條：「廣東之開建縣，廣西之懷、賀二縣界聯金鷥、黃沙諸峒，賊首嚴秀珠等糾眾流劫，總督吳文華會兩省官兵進剿，斬首七百九十一級，俘賊屬二百人，馬牛資賄甲仗稱是。而廣西復有府江之捷。」〔註399〕亦作「金鵝」。職是之故，本傳「金鷄」為「金鵝」之訛，當改「鷄」為「鵝」。

潯州

（五九）近者廣西布政司參議楊敬恭為大亨、老鼠、羅碌山生猺所殺，官軍討之，賊登嚴攀樹，捷如猿狄，追襲不及〔註400〕。

舊考，羅碌，庫本作「羅淥」〔註401〕。

今按，「羅碌」或作「羅淥」。「楊敬恭」為「湯敬恭」之訛。大亨，疑當作「大享」。辨證如下：

本傳此句之取材，《明太祖實錄》卷一八二洪武二十年六月己卯條：「近者廣西布政使司參議湯敬恭為大享、老鼠、羅碌山生猺所殺，官軍討之，賊

〔註395〕《蠻司合誌》，《中國少數民族古籍集成（漢文版）》第二冊，第 242 頁。
〔註396〕《萬曆武功錄》，《續修四庫全書》第 436 冊，第 276 頁。
〔註397〕《萬曆武功錄》，《續修四庫全書》第 436 冊，第 275 頁。
〔註398〕《萬曆武功錄》，《續修四庫全書》第 436 冊，第 277 頁。
〔註399〕《明神宗實錄》，第 3009 頁。
〔註400〕《明史》卷三一七，清乾隆四年武英殿刻本，葉一七。參見《明史》，中華書局 1974 年，第 8217 頁。
〔註401〕《明史》，《景印文淵閣四庫全書》第 302 冊，第 577 頁。

乃登陟巖崖，攀緣樹木，捷如猿狖，追襲所不及。」〔註402〕作「大亨」。作「湯敬恭」，據《校勘記》：「湯敬恭。中本湯作揚。」〔註403〕是只有臺灣「中央」圖書館藏本作「揚」。《五邊典則》卷十九摘引《實錄》亦作「湯敬恭」，作「大享」。〔註404〕

　　檢《（嘉靖）廣西通志》卷六《秋官表》有布政司左參議：「湯敬恭（宜興）。」〔註405〕無楊敬恭。又《粵西叢載》卷二八《藤峽》：「明洪武間，羅碌山猺叛，參議湯敬恭死焉。」〔註406〕亦作「湯敬恭」。是此參議為「湯敬恭」無疑。此作「楊敬恭」誤。

　　「羅碌」一詞，上引《粵西叢載》作「羅淥」。《粵西文載》引嘉靖間郭文經《平斷藤峽碑》曰：「王傑率部兵繇武宣踰山而東，攻羅淥上峒。戚振率部兵攻羅淥中峒。吳同章率部兵攻羅淥下峒。」〔註407〕《（雍正）廣西通志》記潯州府桂平縣有：「羅淥山，在城北一百八十里，即羅淥洞。」〔註408〕似當作「羅淥」。然明初資料於此山無所記述，唯《實錄》作「羅碌」，不知明初是否稱作「羅淥」也。

　　至於「大亨」，疑當從《實錄》作「大享」。

（六〇）（宣德）九年，雲奏潯州等處蠻寇劫掠良民，指揮田真率兵於大藤峽等處，前後斬首九十六級，歸所掠男婦二百三人〔註409〕。

　　今識，指揮田真，即「都指揮僉事田真」。辨證如下：

　　本傳此句之取材，《明宣宗實錄》卷一一五宣德九年十二月乙丑條：「廣西總兵官都督同知山雲奏，廣西潯州等府蠻寇劫虜良民，署都指揮僉事田真率兵於大藤峽等處，前後斬首九十六級，歸所掠男婦二百三人。」〔註410〕故

〔註402〕《明太祖實錄》，第 2743、2744 頁。
〔註403〕《明太祖實錄校勘記》，第 609 頁。
〔註404〕《五邊典則》，《四庫禁燬書叢刊》史部第 26 冊，第 468 頁。
〔註405〕《（嘉靖）廣西通志》卷六，葉一〇。
〔註406〕〔清〕汪森：《粵西叢載》，《景印文淵閣四庫全書》第 1467 冊，臺灣商務印書館 1986 年，第 756 頁。
〔註407〕《粵西文載》，《景印文淵閣四庫全書》第 1466 冊，第 457 頁。
〔註408〕《（雍正）廣西通志》，《景印文淵閣四庫全書》第 565 冊，第 371 頁。
〔註409〕《明史》卷三一七，清乾隆四年武英殿刻本，葉一八。參見《明史》，中華書局 1974 年，第 8218 頁。
〔註410〕《明宣宗實錄》，第 2593 頁。

知此指揮田真，即「都指揮僉事田真」。田真之名，又見《皇明詔令》卷十一正統十四年《勸捕廣賊勅》云：「勅總兵官安遠侯柳溥，參將都指揮使田真及廣西都司、布政司、按察司、巡按監察御史。」〔註411〕亦稱田真都指揮。黃彰健以為「都字不可省」〔註412〕。然檢《明史·山雲傳》：「復遣指揮田真攻大藤峽賊，破之。」〔註413〕亦省作「指揮」。未知可不可省，謹附識。

（六一）臣已會同巡按諸司計議，量撥田州等府族目土兵，分界耕守，即委土官都指揮黃竑領之〔註414〕。

今識，黃竑，《明實錄》作「黃玹」。辨證如下：

本傳此句之取材，《明英宗實錄》卷三五正統二年十月戊午條：「臣已會巡按御史三司等官計議，誠為長便，乞如所言。量撥田州等府族目土兵，分界耕守，就委土官都指揮黃玹部領。」〔註415〕作「黃玹」。據《明英宗實錄校勘記》，「抱本玹作玹」〔註416〕。

檢李東陽《懷麓堂集》卷四三《明故廣西按察司副使致仕進階中議大夫贊治尹劉公行狀》：「景泰辛未，守潯州都指揮黃竑殺其異母兄思明知府岡及其家七百人以滅口。」〔註417〕所云之「黃竑」，當即一人。黎淳《黎文僖公集》卷一二《廣西按察司副使劉公墓誌銘》：「景泰壬申，蠻酋都指揮守潯州黃竑殺其嫡兄思明知府岡闔門七百口。」〔註418〕亦作「黃竑」。然《（乾隆）湖南通志》記該事作：「景泰中，思明都指揮黃玹殺其兄。」〔註419〕是亦有「黃玹」之寫法。未知「玹」、「竑」二字是否可以替用。謹附識。

〔註411〕〔明〕佚名：《皇明詔令》，《四庫全書存目叢書》史部第 58 冊，齊魯書社 1996 年，第 215 頁。

〔註412〕《廣西土司傳考證：明史纂誤三續》，《中國歷史研究》第 2 輯，第 66 頁。

〔註413〕《明史》卷一六六，清乾隆四年武英殿刻本，葉四。參見《明史》，中華書局 1974 年，第 4482 頁。

〔註414〕《明史》卷三一七，清乾隆四年武英殿刻本，葉一八。參見《明史》，中華書局 1974 年，第 8218 頁。

〔註415〕《明英宗實錄》，第 674 頁。

〔註416〕《明英宗實錄校勘記》，第 111 頁。

〔註417〕〔明〕李東陽：《懷麓堂集》，《景印文淵閣四庫全書》第 1250 冊，臺灣商務印書館 1986 年，第 466 頁。

〔註418〕〔明〕黎淳：《黎文僖公集》，《續修四庫全書》第 1330 冊，上海古籍出版社 2002 年，第 132 頁。

〔註419〕〔清〕陳宏謀修，歐陽正煥纂：《（乾隆）湖南通志》卷一一六，清乾隆二十二年刻本，葉一○。

（六二）（正統）七年，猺賊藍受貳等恃所居大藤峽山險，糾集大信等山山老、山丁數百人，遞年殺掠。千戶滿智等誘殺十人，帝命梟之，家口給賜有功之家。〔註420〕

舊考，四庫館臣：「千戶滿智等誘殺十人。滿改『潘』，殺改『執』。」〔註421〕

今按，是也。本傳此句之取材，《明英宗實錄》卷八九正統七年二月丙午條：「廣西潯州猺賊藍受二等，恃所居大藤峽石門山險，糾集大信等山山老、山丁或五六百人或三四百人，遞年作耗，劫殺搶虜，累煩官軍撫捕，輒拒避不服。至是，千戶潘智等誘執其十人，上命即彼斬之，梟首示眾，家口給賜有功之家。」〔註422〕原作「潘」，原作「執」。《國榷》卷二五正統七年二月丙午條：「潯州叛猺藍受貳等怙亂。至是，千戶潘智誘執之，伏誅。」〔註423〕是以，本傳誤「潘」為「滿」。又誤「執」為「殺」，此十人原只被執，未見殺，至受帝命，方殺之梟首，誤「執」為「殺」，則其意大變。當改正。

又識，據《實錄》，藍受貳，一作「藍受二」。

（六三）乃命都督僉事顏彪佩征蠻將軍印，調南京、江西及直隸九江等衛官軍一萬隸之。〔註424〕

舊考，中華書局：「乃命都督僉事顏彪佩征夷將軍印。征夷將軍，原作『征蠻將軍』，據本書卷十二《英宗後紀》及《英宗實錄》卷三二五天順五年二月丙申條改。」〔註425〕

今按，是也。本傳此句之取材，《明英宗實錄》卷三二五天順五年二月丙申條：「命都督僉事顏彪佩征夷將軍印，充總兵官，征剿兩廣猺賊。先是，鎮守廣東右監丞阮隨等奏，廣西大藤峽等處猺賊，出沒兩廣，為惡累年，邇來愈甚。雖嘗會兵剿捕，緣地里遼遠，且兩廣軍馬不相統屬，未易成功。必大舉兵，搗其巢穴，庶絕民患。事下兵部，請如隨所言。上從之，故以命彪仍調南京、

〔註420〕《明史》卷三一七，清乾隆四年武英殿刻本，葉一八。參見《明史》，中華書局1974年，第8218頁。

〔註421〕《明史考證攟逸》，《續修四庫全書》第294冊，第419頁。

〔註422〕《明英宗實錄》，第1794頁。

〔註423〕《國榷》，第1623頁。

〔註424〕《明史》卷三一七，清乾隆四年武英殿刻本，葉一九。參見《明史》，中華書局1974年，第8218頁。

〔註425〕《明史》，中華書局1974年，第8227頁。

江西及直隸、九江等衛官軍一萬隸之。」〔註426〕作「征夷將軍」。《明史·英宗後紀》：「（五年二月）丙申，都督僉事顏彪為征夷將軍，充總兵官，討兩廣猺賊。」〔註427〕《明史·歐信傳》：「而是時都督顏彪佩征夷將軍印，討賊久無功，濫殺良民報捷。」〔註428〕皆作「征夷將軍」。檢當時資料，《葉文莊公奏議》之《兩廣奏草》卷十一《大藤峽捷音疏》：「天順五年九月初九日期不等，發哨兵營，直抵廣西潯州等府地方，進勦大藤峽等處賊巢，并廣東高廉等府流賊出沒地方。該總營征夷將軍總兵官顏彪、監丞楊敬、都御史葉盛、并遊擊將軍和勇、各哨鎮守廣東監丞阮隨、協贊御史吳禎、參將孫麒、協同都指揮使楊麟等，分投躬親，督率兩京漢達，并江西湖廣沿江等衛所，及兩廣官軍土兵民壯民款人等，分布哨道，水陸竝進。」〔註429〕是作「征夷將軍」無疑。

檢《明史稿》已改作「蠻」〔註430〕。大抵《明史稿·土司傳》取材《明實錄》，喜將「夷」字改作「蠻」字。多數地方無傷大雅，而於種族名號、職官制度等，則易成謬誤也。

（六四）（天順）六年，彪奏：「臣率軍進勦大藤，攻破七百二十一寨，斬首三千二百七十一級，復所掠男婦五百餘口。」帝敕獎之。〔註431〕

今考，「三千二百七十一級」為「三千二百一十七級」之訛，當改正。辨證如下：

本傳此句之取材，《明英宗實錄》卷三三六天順六年正月壬子條：「征進兩廣總兵官都督僉事顏彪奏，臣同兩廣總兵等官，督率官軍，進勦潯州大藤峽等處猺賊。攻破七百二十一寨，斬首三千二百一十七級，復所掠男婦五百餘口。上賜敕獎勵彪等，令其益加奮勇，務盡殄滅，以息民患。」〔註432〕作「三千二百一十七級」。檢當時資料，《葉文莊公奏議》之《兩廣奏草》卷十一

〔註426〕《明英宗實錄》，第6719頁。

〔註427〕《明史》卷一二，清乾隆四年武英殿刻本，葉五。《明史》，中華書局1974年，第157頁。

〔註428〕《明史》卷一七四，清乾隆四年武英殿刻本，葉一〇。參見《明史》，中華書局1974年，第4641頁。

〔註429〕《葉文莊公奏議》，《續修四庫全書》第475冊，第456頁。

〔註430〕《明史稿》第七冊，第182頁。

〔註431〕《明史》卷三一七，清乾隆四年武英殿刻本，葉一九。參見《明史》，中華書局1974年，第8218頁。

〔註432〕《明英宗實錄》，第6870頁。

《大藤峽捷音疏》：「又據各該都指揮知府等官節次殺獲共該生擒，斬獲首從賊徒藍用陸、韋公立等三千二百一十七級，攻破賊巢寨七百二十一處，燒毀房屋禾倉一萬七千二百間，追奪賊船五百三隻，奪回被虜兩廣良民男婦五百三十一名口，牛馬五百二十頭匹，器械五千七百一十件。」〔註433〕是「三千二百一十七級」無疑。此作「三千二百七十一級」誤。

（六五）時總兵官泰寧侯陳涇駐兵城中，會太監朱祥、巡按吳璘、副使周瑄、僉事董應軫、參議陸禎、都指揮杜衡、土官都指揮岑瑛等議調兵〔註434〕。

今考，朱祥，當作「朱詳」。辨證如下：

此句之取材，《明憲宗實錄》卷一天順八年正月壬午條：「先是，天順七年十一月十三日，大藤峽賊夜入梧州城。時總兵官泰寧侯陳涇駐兵城中，會太監朱詳、巡按御史吳璘、按察司副使周瑄、僉事董應軫、布政司右參議陸禎、都指揮杜衡、翟政、土官都指揮岑瑛等，于城中議調兵。」〔註435〕作「朱詳」。《明實錄》其餘地方亦皆作「朱詳」。「朱祥」僅見《明英宗實錄》卷三○三天順三年五月庚子條：「敕鎮守廣東廣西左少監阮能、朱祥，總兵官左都督劉深，副總兵都督同知歐信等。」〔註436〕按《校勘記》云：「朱祥。廣本『祥』作『詳』。」〔註437〕則該「朱祥」亦當是「朱詳」之訛。《葉文莊公奏議》之《兩廣奏草》皆作「朱詳」。如其卷十五有：「題為會兵事該鎮守廣東副總兵都督歐信、准鎮守廣西總兵官征蠻將軍泰寧侯陳涇咨內開……及稱本官同左少監朱詳、右參將孫麒領軍於柳、慶、賓州等處，振揚軍威。」〔註438〕為天順七年九月十三日之奏議。

較早之記錄，《（嘉靖）廣西通志》於「鎮守太監」下云：「朱祥。御馬監左少監。天順乙亥年任。」〔註439〕作「朱祥」。因《葉文莊公奏議》中之奏議皆當時材料，更可信，且《明實錄》亦皆作「朱詳」。當以「朱詳」為是。

〔註433〕《葉文莊公奏議》，《續修四庫全書》第475冊，第456頁。
〔註434〕《明史》卷三一七，清乾隆四年武英殿刻本，葉一九。參見《明史》，中華書局1974年，第8219頁。
〔註435〕《明憲宗實錄》，第27頁。
〔註436〕《明英宗實錄》，第6415頁。
〔註437〕《明英宗實錄校勘記》，第1097頁。
〔註438〕《葉文莊公奏議》，《續修四庫全書》第475冊，第490頁。
〔註439〕《（嘉靖）廣西通志》卷六，葉七。

檢《蠻司合誌》：「天順七年，賊劫上林縣，攻梧州城。時總兵官泰寧侯陳涇駐兵城中，會太監朱祥、御史吳璘、副使周璹等方議調兵。」〔註440〕作「朱祥」。《明史稿》亦作「朱祥」〔註441〕。蓋《明史稿》採《實錄》時，據《蠻司合誌》改「詳」作「祥」，《明史》因之。反而誤矣。

（六六）（天順）八年，國子監生封登奏：「潯州夾江諸山，崄岈巑嵂，峽中有大藤如斗，延亙兩崖，勢如徒杠，蠻眾蟻渡，號大藤峽，最險惡，地亦最高。登藤峽巔，數百里皆歷歷目前，軍旅之聚散往來，可顧盼盡，諸蠻倚為奧區。桂平大宣鄉崇姜里為前庭，象州東鄉、武宣北鄉為後戶，藤縣五屯障其左，貴縣龍山據其右，若兩臂然。峽北巖峒以百計，仙人關、九層崖極險峻，峽以南有牛腸、大岵諸村，皆緣江立寨。藤峽、府江之間為力山，力山之險倍於藤峽。又南則為府江，其中多冥巖奧谷，絕壁層崖，十步九折，失足隕身。中產猺人，藍、胡、侯、槃四姓為渠魁。力山又有獞人，善傅毒藥弩矢，中人無不立斃，四姓猺亦憚之。自景泰以來，嘯聚至萬人，隳城殺吏。而修仁、荔浦、平樂、力山諸猺應之，其勢益張。渠長侯大狗嘗懸千金購，莫能得。鬱林、博白、新會、信宜、興安、馬平、來賓亦煽動，所至丘墟，為民害。乞選良將，多調官軍、狼兵急滅賊。」報聞〔註442〕。

今考，封登，當作「封澄」。又識，本傳「潯州夾諸山」至「所至丘墟」似據他書補入，而非封澄奏議之原有。辨證如下：

《明憲宗實錄》卷四天順八年四月乙未條：「國子監生封澄奏：廣西大藤峽、淥水、橫石等山，藤縣、太平等鄉，猺獞嘯聚虜掠，甚為民害，乞選良將，多調官兵狼兵攻滅之。下兵部議。請申敕鎮守、總兵、巡撫等官阮隨、陳涇、葉盛等，急督將官，量調官軍土兵人等，設法撫捕。從之。」〔註443〕作「封澄」。黃彰健曾言及之〔註444〕。《國榷》卷三四天順八年四月乙未條：「國

〔註440〕《蠻司合誌》，《中國少數民族古籍集成（漢文版）》第二冊，第223頁。
〔註441〕《明史稿》第七冊，第182頁。
〔註442〕《明史》卷三一七，清乾隆四年武英殿刻本，葉一九。參見《明史》，中華書局1974年，第8219頁。
〔註443〕《明憲宗實錄》，第105頁。
〔註444〕《廣西土司傳考證：明史纂誤三續》，《中國歷史研究》第2輯，第67頁。

子生封澄請討廣西大藤峽等盜，事下兵部。」〔註445〕亦引作「封澄」。是以，「封登」，當作「封澄」。

本傳「潯州夾諸山」至「所至丘墟」，似據《蠻司合誌》〔註446〕補入，而又以《蠻司合誌》對應文字所取材之《行邊紀聞》之《斷藤峽》〔註447〕斟酌改定。黃彰健曾論及之〔註448〕。謹附識。

（六七）命以雍為僉都御史，都督同知趙輔為征蠻將軍，和勇為遊擊將軍，率師討之〔註449〕。

舊考，中華書局：「都督同知趙輔為征夷將軍。征夷將軍，原作『征蠻將軍』，據本書卷十三《憲宗紀》、又卷一五五《趙輔傳》及《憲宗實錄》卷一三成化元年正月甲子條改。」又，舊識，四庫館臣：「命以雍為僉都御史都督同知趙輔為征蠻將軍。按輔亦王竑所薦，見《明史紀事本末》。」〔註450〕

今按，是也。本傳此句之取材，《明憲宗實錄》卷一三成化元年正月甲子條：「命中軍都督同知趙輔佩征夷將軍印，充總兵官，右都督和勇充遊擊將軍，浙江布政司左參政韓雍陞都察院左僉都御史，贊理軍務，往征兩廣蠻賊。」〔註451〕作「征夷將軍」。《明史・憲宗本紀》：「（成化元年正月）甲子，都督同知趙輔為征夷將軍，僉都御史韓雍贊理軍務，討廣西叛猺。」〔註452〕《明史・趙輔傳》：「成化元年，以中府都督同知拜征夷將軍，與韓雍討兩廣蠻，克大藤峽，還封武靖伯。」〔註453〕亦作「征夷將軍」。又《行邊紀聞》：「乃以雍為僉左都御史，以都督同知趙輔為征夷將軍，右都督和勇為遊擊將軍，太監盧求、陳宣監視軍務，都督則戶部右侍郎薛遠，紀功則監察御史劉慶、汪霖，而閫外之事，一以屬雍。」〔註454〕作「征夷將軍」。職是之故，作「征夷將軍」

〔註445〕《國榷》，第2170頁。
〔註446〕參見《蠻司合誌》，《中國少數民族古籍集成（漢文版）》第二冊，第 223 頁。
〔註447〕參見《行邊紀聞》，《中華文史叢書》之二三，第463頁。
〔註448〕《廣西土司傳考證：明史纂誤三續》，《中國歷史研究》第 2 輯，第 67 頁。
〔註449〕《明史》卷三一七，清乾隆四年武英殿刻本，葉二〇。參見《明史》，中華書局1974年，第8220頁。
〔註450〕《明史考證攟逸》，《續修四庫全書》第 294 冊，第 419 頁。
〔註451〕《明憲宗實錄》，第 280 頁。
〔註452〕《明史》卷一三，清乾隆四年武英殿刻本，葉二。
〔註453〕《明史》卷一五五，清乾隆四年武英殿刻本，葉一八。
〔註454〕《行邊紀聞》，《中華文史叢書》之二三，第 467 頁。

無疑。檢《明史稿》已作「蠻」〔註455〕。大抵《明史稿‧土司傳》取材《明實錄》，喜將「夷」字改作「蠻」字。多數地方無傷大雅，而於種族名號、職官制度等，則易成謬誤也。

又，輔亦王竑所薦者。《行邊紀聞》：「憲皇帝即位，集廷臣問計，兵部尚書王竑言：峽賊稱亂久矣。其始皆由守臣失策，以招撫為功，長其桀驁。譬諸驕子，愈惜愈啼，非流血撻之，其狂不止。竊見浙江左參政韓雍，謀勇拔萃，文武全材，求之廷僚，罕與倫比，陛下誠以討賊屬之，斯人可遄南顧。上然之。」〔註456〕《蠻司合誌》取之，又增入為：「浙江左參政韓雍有文武才，屬之討賊，可紓南顧憂。而諸將中，惟都督趙輔勇略可任。」〔註457〕則不知據何補入。蓋《明史》取《蠻司合誌》，以《行邊紀聞》審之，故只言王竑薦韓雍。

（六八）諸軍緣木攀蘿，蟻附而上，四面夾攻，連日鏖戰，賊不能支。破賊寨三百二十四所，斬首三千二百七級，生禽七百八十二人，獲賊婦女二千七百一十八人，戰溺死者不可勝計〔註458〕。

舊考，「禽」下庫本有「侯大狗等」四字。為字數不變，「不能支」，庫本改作「不支」；「破賊寨」，庫本改作「破寨」；「獲賊婦女」，庫本改作「獲婦女」；「不可勝計」，庫本改作「不勝計」。又，「禽」，中華書局點校本徑改作「擒」〔註459〕。

今按，庫本「禽」下增「侯大狗等」四字，是為敘述更完備。本傳此句之取材，《明憲宗實錄》卷二七成化二年三月壬戌條云：「諸軍緣木捫蘿，猿攀蟻附，分布而上。或擊其前，或絕其後，或要其左右，四面夾攻，連日鏖戰，至百數十合，賊不能支。隨處大敗。踰月之間，破賊大小巢寨三百二十四所，斬首三千二百七級，生擒七百八十二人，獲賊屬婦女二千七百一十八人，餘賊戰傷溺死者，不可勝計。」〔註460〕此處未涉及生擒人中是否有侯大狗，故

〔註455〕《明史稿》第七冊，第183頁。

〔註456〕《行邊紀聞》，《中華文史叢書》之二三，第467頁。

〔註457〕《蠻司合誌》，《中國少數民族古籍集成（漢文版）》第二冊，第224頁。

〔註458〕《明史》卷三一七，清乾隆四年武英殿刻本，葉二一。參見《明史》，中華書局1974年，第8221頁。

〔註459〕《明史》，中華書局1974年，第8221頁。

〔註460〕《明憲宗實錄》，第543頁。或絕其後，原作「或純其後」，據《校勘記》改。見《明憲宗實錄校勘記》，第112頁。

《明史》省略之。據《行邊紀聞》記此事云：「雍麾死士，以大斧刊木開道，兩軍齊登，發火箭，焚其營柵，而都指揮夏正復自林峒來援。賊大驚潰。生擒侯大狗等七百捌十餘人，斬首三千二百餘級。」〔註461〕知生擒人中有侯大狗。

（六九）正德十一年，總督陳金復督調兩廣官軍土兵，分為六大哨，按察使宗璽，布政使吳廷舉，副總兵房閏，鎮守太監傅倫，參將牛桓，都指揮魯宗貫、王瑛將之，水陸並進，斬七千五百六十餘級〔註462〕。

舊考，中華書局：「都指揮魯宗貫王瑛將之。王瑛，《明史稿》傳一九一及《武宗實錄》卷一五五正德十二年十一月丙戌條俱作『王英』。」〔註463〕

今按，事在正德十二年。「房閏」為「房潤」之訛，「魯宗貫」為「魯宗貴」之訛，「王瑛」為「王英」之訛。辨證如下：

《明武宗實錄》卷一五五正德十二年十一月丙戌條云：「總督兩廣都御史陳金等奏，廣西府江地方，綿亘三千餘里皆賊巢穴。茲奉命與總兵郭勛、太監甯誠調兩江土兵及湖廣官軍剿之，太監傅論、副總兵房潤、按察使宗璽由陽朔、荔浦；左參將牛桓、左布政吳廷舉由五屯、平南；右參將張祐、副使傅習由沉沙口；都指揮僉事魯宗貴、副使張佑由平樂；都指揮王英、參議張九達由昭平；都指揮鄭綏、左參政蔣曙由封川，分道以進。參將陳義、都指揮戴儀，則以泗城州目兵視巢寨之難克者，併力協助，阻賊迎敵，我軍殊死戰，乃大敗，擒斬賊首王公珣等百餘人、餘賊六千四十二人，俘獲男婦千五百餘人，器械牛馬甚眾。」〔註464〕作「房潤」，作「魯宗貴」，作「王英」。

《國朝列卿紀》卷一〇七《兩廣督撫行實·陳金行實》：「（正德）十年，再起原職，加太子太保總制兩廣軍務兼理巡撫。先是府江東、西兩岸，大小桐江、洛口、仙回、古茂、田沖、斷藤峽、朦朧、三黃等處，村巢接壤，道路崎嶇，唇齒相連，聚眾糾合，劫船殺人，久為府江之患。至是，金等督調三廣漢達官軍土兵，分為六大哨，行兩廣按察使宗璽、布政使吳廷舉、副使傅習、

〔註461〕《行邊紀聞》，《中華文史叢書》之二三，第471頁。

〔註462〕《明史》卷三一七，清乾隆四年武英殿刻本，葉二二。參見《明史》，中華書局1974年，第8221頁。

〔註463〕《明史》，中華書局1974年，第8228頁。

〔註464〕《明武宗實錄》，第2980頁。副總兵，原作「副總官」。吳廷舉，原作「吳廷筆」。泗城州目兵，原作「泗城州自兵」。據《校勘記》改。參見《明武宗實錄校勘記》，第532頁。

張祐、左參議張九達、左參政蔣曙、副總兵房潤、鎮守太監傅倫、參將牛桓、張祐、陳義、都指揮魯宗貴、王英、鄭綬、戴儀統領，水陸並進，俘斬七千五百六十九名顆，餘黨撫平。」〔註465〕亦作「房潤」，作「魯宗貴」，作「王英」。

當時材料，《晉溪本兵敷奏》卷十二《為捷音事》：「該總督兩廣軍務太子太保都察院左都御史陳金等奏稱……臣等議照，前項州縣，地方廣潤，山路險遠，林箐叢密，巢穴星散，從長計議。將調到三廣漢達官軍土兵分為六大哨，一哨鎮守廣西副總兵房潤、廣西按察使宗璽同鎮守廣西太監傅倫統領，從陽翔、荔浦進。一哨分守潯、梧等處地方，左參將牛桓、廣東左布政使吳廷舉統領，從五屯、平南進。一哨分守柳、慶等處地方，右參將張祐、廣西兵備副使傅習統領，從象州取路，過南隘，由沉沙口進。俱攻勦荔浦、修仁、永安、五屯等處賊巢。一哨廣西都指揮僉事魯宗貴、廣西兵備副使張祐統領，從平樂府水陸並進，攻勦荔浦縣朦朧、三峒，太平古茂并平樂縣東岸魚狗、九峒及府江東西兩岸、昭平以上賊巢。一哨廣東都指揮同知王英、廣西左參議張九達統領，從梧州府水路進勦府江昭平以下東西兩岸賊巢。一哨廣東都指揮同知鄭綬、廣東布政司左參政蔣曙統領，從封川縣文德等鄉取路進勦賀縣樊家屯等山賊巢。及委廣東分守雷廉高肇地方，左參將陳義、廣西都司都指揮僉事戴儀統領續調到泗城州目兵并廣東左等衛官軍前去各哨兇巢惡寨難克去處，併力協助，俱勦定。正德十二年二月初五日寅卯時分，一齊抵勦，按圖撲勦，照例約會。」〔註466〕作「房潤」，作「魯宗貴」，作「王英」。故知本傳「房閏」為「房潤」之訛，「魯宗貫」為「魯宗貴」之訛，「王瑛」為「王英」之訛。

又據上所引《晉溪本兵敷奏》卷十二《為捷音事》：「正德十二年二月初五日寅卯時分，一齊抵勦，按圖撲勦，照例約會。」〔註467〕云事在正德十二年。《明穆宗實錄》卷六九隆慶六年四月己卯條：「廣西府江右江諸猺獞復亂……兵部覆言，府江自正德十二年都御史陳經征討之後，且六十年。」〔註468〕此陳經即陳金，本傳下文引作「陳金」〔註469〕亦追溯至「正德十二年」。是事在正德十二年無疑，此繫在「十一年」誤。

〔註465〕 《國朝列卿紀》，《四庫全書存目叢書》史部第 94 冊，第 333 頁。

〔註466〕 〔明〕王瓊：《晉溪本兵敷奏》，《四庫全書存目叢書》史部第 59 冊，齊魯書社 1996 年，第 356 頁。

〔註467〕 《晉溪本兵敷奏》，《四庫全書存目叢書》史部第 59 冊，第 356 頁。

〔註468〕 《明穆宗實錄》，第 1669 頁。

〔註469〕 《明史》，中華書局 1974 年，第 8223 頁。

（七〇）守仁故為散遣諸兵狀，寇弛不為備，乃令官軍突進，連破油榨、石壁、大皮等寨，賊奔斷藤峽，復追擊破之〔註470〕。

今考，大皮，當作「大陂」。辨證如下：

本傳此句之取材《蠻司合誌》作：「連破油榨、石壁、大陂諸巢。」〔註471〕《蠻司合誌》此句之取材《鴻猷錄》卷十五《再平蠻寇》：「初五日，復攻破油榨、石壁、大陂等巢。」〔註472〕皆作「大陂」。《明世宗實錄》卷九二嘉靖七年九月甲戌條：「新建伯王守仁督兵討廣西諸寨叛賊，悉平之……以四月三日合戰敗之。明日破仙女山寨。又明日破油榨、石壁、大陂等巢。斷藤峽平。」〔註473〕亦作「大陂」。當時材料，《王陽明全集》卷十五有嘉靖七年七月初十日《八寨斷藤峽捷音疏》：「（嘉靖七年四月）初五日，復攻破油榨、石壁、大陂等巢，生擒斬獲首賊及次從賊徒賊級七十九名顆，俘獲男婦、牛隻、器械等項數多。」〔註474〕作「大陂」。是以知「大皮」為「大陂」之訛。

（七一）賊奔渡橫石江，溺死六百餘人，俘斬甚眾，賊潰散〔註475〕。

舊考，四庫館臣：「賊奔渡橫石江。『石』改『水』。」〔註476〕

今按，似不可妄改。辨證如下：

黃彰健亦謂：「《世宗實錄》頁二一一〇記此事作橫水江，以《明史·地理志》證之，作水是也。」〔註477〕《明世宗實錄》卷九二嘉靖七年九月甲戌條：「餘賊僅千餘人，且戰且走，趨渡橫水江，會大風，溺死太半。」〔註478〕《明史·地理志》於柳州府「武宣」縣下云：「東南有大藤峽，後名永通峽。西有柳江，又有都泥江，亦謂之橫水江，來入焉，下流為潯州府之右江，亦入

〔註470〕《明史》卷三一七，清乾隆四年武英殿刻本，葉二二。參見《明史》，中華書局1974年，第8222頁。
〔註471〕《蠻司合誌》，《中國少數民族古籍集成（漢文版）》第二冊，第233頁。
〔註472〕《鴻猷錄》，第349頁。
〔註473〕《明世宗實錄》，第2111頁。
〔註474〕〔明〕王守仁：《王陽明全集》，上海古籍出版社2014年，第557頁。
〔註475〕《明史》卷三一七，清乾隆四年武英殿刻本，葉二二。參見《明史》，中華書局1974年，第8222頁。
〔註476〕《明史考證攟逸》，《續修四庫全書》第294冊，第419頁。
〔註477〕《廣西土司傳考證：明史纂誤三續》，《中國歷史研究》第2輯，第67頁。
〔註478〕《明世宗實錄》，第2111頁。

於柳江。」〔註479〕似當作「横水江」。

　　然《明史・王守仁傳》：「遂循横石江而下。」〔註480〕亦作「横石江」。《蠻司合誌》作「横石江」〔註481〕。《蠻司合誌》此句之取材《鴻猷錄》卷十五《再平蠻寇》：「官兵追擊之，賊奔渡横石江，覆溺死者六百餘人。」〔註482〕亦作「横石江」。當時材料，《王陽明全集》卷十五有嘉靖七年七月初十日《八寨斷藤峽捷音疏》：「餘賊奔至斷藤峽、横石江邊，因追兵緊急，爭渡覆溺死者，約有六百餘徒。」〔註483〕正作「横石江」，不知孰是。

（七二）賊不支，奔入永安力山〔註484〕。

　　今考，力山，當作「立山」。辨證如下：

　　本傳此句之取材，《蠻司合誌》作「力山」〔註485〕。《蠻司合誌》此句之取材《鴻猷錄》卷十五《再平蠻寇》：「賊奔入永安力山，仍恃險結寨，乃分兵圍之。」〔註486〕作「力山」。檢當時材料，《王陽明全集》卷十五有嘉靖七年七月初十日《八寨斷藤峽捷音疏》：「各賊奔入永安邊界，地名立山，恃險結寨。當蒙謫調指揮王良輔並目兵彭愷等於本月二十四日亦各分路並進，奮勇爭先，四面仰攻。」〔註487〕作「立山」。且知「立山」是永安之一地名，中華書局點校本點作「永安、力山」誤。以《（嘉靖）廣西通志》「永安州，舊為桂林府立山」〔註488〕證之。當以「立山」為是。

（七三）僉事鄔閱、參議孫繼祖言於都御史潘旦，請討之〔註489〕。

　　舊考，四庫館臣：「僉事孫繼祖。『祖』改『武』。下同。」〔註490〕

〔註479〕《明史》卷四五，清乾隆四年武英殿刻本，葉二四。
〔註480〕《明史》卷一九五，清乾隆四年武英殿刻本，葉九。
〔註481〕《蠻司合誌》，《中國少數民族古籍集成（漢文版）》第二冊，第233頁。
〔註482〕《鴻猷錄》，第350頁。
〔註483〕《王陽明全集》，第557頁。
〔註484〕《明史》卷三一七，清乾隆四年武英殿刻本，葉二二。參見《明史》，中華書局1974年，第8222頁。
〔註485〕《蠻司合誌》，《中國少數民族古籍集成（漢文版）》第二冊，第234頁。
〔註486〕《鴻猷錄》，第350頁。
〔註487〕《王陽明全集》，第557頁。
〔註488〕《（嘉靖）廣西通志》卷一，葉一六。
〔註489〕《明史》卷三一七，清乾隆四年武英殿刻本，葉二三。參見《明史》，中華書局1974年，第8222頁。
〔註490〕《明史考證攟逸》，《續修四庫全書》第294冊，第419頁。

今按，「祖」改「武」是也。又，「參議」應為「參將」之訛。辨證如下：

本傳此句之取材，《蠻司合誌》作「參議孫繼武」〔註491〕。更早之《行邊紀聞》卷二「十六年五月，貴香乃誘勝海市中，刺之。其弟公丁噪眾城下，殺廂民二人去。僉事鄔閱、左參將孫繼武詣都御史潘旦言狀，請征之。」〔註492〕作「繼武」。是取材處原作「繼武」。《皇明大政紀》卷二十三：「有侯勝海者為亂，首指揮潘翰臣誘勝海殺之。勝海弟公丁聚眾譟城下。僉事鄔閱、參議孫繼祖言于都御史潘旦，請討之。」〔註493〕《國朝典彙》同〔註494〕。皆作「繼祖」，不知何據，《明史稿》作「繼祖」〔註495〕者，蓋據《皇明大政紀》有意改訂《蠻司合誌》，故《明史》因之。

《行邊紀聞》固即可信材料。又檢《王陽明全集》卷十五有嘉靖七年七月初十日《八寨斷藤峽捷音疏》：「本月（五月）十二等日，復據參將沈希儀解到督領指揮孫繼武等官軍及遷江土目兵夫人等於高徑、洛春、大潘等處搜勦截捕各寨奔賊。」〔註496〕其孫繼武者，與沈希儀同時出現，當即本傳所提之「孫繼祖」。《（嘉靖）廣西通志》無「孫繼祖」。其卷六於「左江參將」云：「孫繼武。字□□，廣西都指揮。嘉靖□年任，應天府六合縣人。」〔註497〕《明史紀事本末》卷三九《平藤峽盜》：「指揮潘翰臣聽土目黃貴、韋香言，誘勝海殺之，實貴、香利勝海田廬也。勝海弟公丁集眾噪城下殺人，僉事鄔閱、參議孫繼武言于都御史潘旦請討之。」〔註498〕亦取「繼武」。職是之故，當以「繼武」為是。

又，孫繼武之官職，本傳此句及《皇明大政紀》、《國朝典彙》、《明史紀事本末》、《蠻司合誌》作「參議」。但更為原始之《行邊紀聞》作「左參將」，《（嘉靖）廣西通志》列入「左江參將」，似應以「參將」為是。黃彰健曾論及之〔註499〕。

〔註491〕 《蠻司合誌》，《中國少數民族古籍集成（漢文版）》第二冊，第 234 頁。

〔註492〕 《行邊紀聞》，《中華文史叢書》之二三，第 478 頁。

〔註493〕 〔明〕雷禮等輯：《皇明大政紀》，《四庫全書存目叢書》史部第 8 冊，齊魯書社 1996 年，第 680 頁。

〔註494〕 《國朝典彙》，《四庫全書存目叢書》史部第 266 冊，第 711 頁。

〔註495〕 《明史稿》第七冊，第 184 頁。

〔註496〕 《王陽明全集》，第 559 頁。

〔註497〕 《（嘉靖）廣西通志》卷六，葉九。

〔註498〕 《明史紀事本末》，第 579 頁。

〔註499〕 《廣西土司傳考證：明史纂誤三續》，《中國歷史研究》第 2 輯，第 67 頁。

（七四）乃以副總兵張經、都指揮高乾分將左右二軍，萬達及副使梁廷振監之，副使蕭畹紀功，參政林士元及汝成督餉〔註500〕。

今考，蕭畹，當作「蕭晚」。辨證如下：

當事者田汝成《行邊紀聞》卷二：「會沈希儀病在告，遂以副總兵經將左軍，副使萬達監之，會于南寧，而指揮王良輔、朱昇、凌浦、柳浦、周維新、孫文繡屬焉。以都指揮僉事高乾將右軍，副使梁君廷振監之，會於賓州，而指揮馬文傑、王俊、戚振、吳同章屬焉。紀功則副使蕭晚，督餉則汝成暨右參政林士元。」〔註501〕作「蕭晚」。時人毛伯溫有《平斷藤峽記》，收入《毛襄懋先生文集》卷四，云：「督餉則參政林士元、參議田汝成，紀功則副使蕭晚。」〔註502〕作「蕭晚」。《明世宗實錄》卷二二七嘉靖十八年閏七月甲寅條：「廣西斷藤峽弩灘諸巢賊平，凡斬首一千三百五十餘級，俘其眾四百五十餘人，撫猺獞二千九百有奇。捷聞。上嘉其功。詔進總兵官安遠侯柳珣太子太保，歲益祿米三十石，提督兵部右侍郎蔡經升左侍郎兼右副都御史，仍加俸一級，廕總鎮太監馬廣弟姪一人為錦衣衛所鎮撫，各賞銀五十兩，彩幣八表裏。副總兵張經，副使翁萬達、梁廷振，都指揮高乾，參政林士元，參議田汝成各陞一級；仍與兩廣巡按鄒堯臣、陳儲秀，副使蕭晚及三司掌印官祝續、陸銓、余恩，參將沈希儀等，各賞銀幣有差。」〔註503〕述賞賜諸臣，作「蕭晚」。職是之故，當以「蕭晚」為是。黃明光曾論及之〔註504〕。

《鴻猷錄》卷十五《再平蠻寇》：「會沈希儀病，乃以副總兵張經將左軍，副使翁萬達監之，南寧指揮王良輔、朱昇、凌浦、柳浦、周維新、孫文綉屬焉；以都指揮高乾將右軍，副使梁廷振監之，賓州指揮馬文傑、王俊、戚振、吳同章屬焉；以副使蕭畹紀功；參政林士元及汝成督餉。」〔註505〕作「蕭畹」。《國朝典彙》：「乃以副總兵張經將左軍，副使翁萬達監之，以都指揮高乾將

〔註500〕《明史》卷三一七，清乾隆四年武英殿刻本，葉二四。參見《明史》，中華書局1974年，第8223頁。
〔註501〕《行邊紀聞》，《中華文史叢書》之二三，第482頁。
〔註502〕〔明〕毛伯溫：《毛襄懋先生文集》，《四庫全書存目叢書》集部第63冊，齊魯書社1997年，第267頁。
〔註503〕《明世宗實錄》，第4717頁。
〔註504〕黃明光：《明史廣西土司傳續考》，《中央民族學院學報》1989年第4期，第35頁。
〔註505〕《鴻猷錄》，第352頁。

右軍,副使梁廷振監之,以副使蕭晼紀功,參政林士元及汝成督餉。」〔註506〕作「蕭晼」。與此二書相比較,不論行文,抑或距離事件發生之時間,《行邊紀聞》與《平斷藤峽記》之記錄更為原始,更可信從。蓋「晚」字,一訛為「晼」,再訛為「晼」。《蠻司合誌》作「蕭晼」〔註507〕,《明史稿》因之〔註508〕,《明史》又因之,遂成此誤。

(七五) 嘉靖十八年二月,兩軍齊發,左軍三萬五千人,分六道,攻紫荊、石門、梅嶺、木昂、藤沖、大坑等巢〔註509〕。

今考,木昂,當作「大昂」。辨證如下:

《蠻司合誌》作「大昂」〔註510〕。《蠻司合誌》此處之取材,《行邊紀聞》卷二:「以二月丁未,兩軍齊發。左軍則王良輔以六千五百人由牛渚灣越武靖,攻紫荊、大沖、根姜、老鼠諸巢;朱昇以七千五百人由三等村渡蓼水,攻二驢、石門、石塘、太安、黃泥嶺諸巢;柳浦以八千人由白沙灣攻道袍、大井、李儀、洪泥、梅嶺諸巢;凌溥以五千人由白沙灣攻大昂、屋厦、小梅嶺諸巢;周維新以七千八百人由白沙灣攻藤沖、竹埠、胡塘、綠水沖諸巢;孫文繡以八百人由藤峽溯流,與陸軍夾攻大坑巢。」〔註511〕作「大昂」。田汝成是當時人,其《紀聞》當可信。又當時人郭文經《平斷藤峽碑》,收入《粵西文載》,云:「乃於十八年二月丁未,兩廣齊發,左軍則王良輔……凌溥率部兵繇白沙下灣攻大昂、屋夏、小梅嶺諸巢。」〔註512〕亦作「大昂」。職是之故,當作「大昂」。黃明光曾論及之〔註513〕。

《國朝典彙》:「左軍三萬五千人,分六道,攻紫荊、石門、梅嶺、木昂、藤沖、大坑等巢。」〔註514〕《皇明大政紀》卷二十三:「是年二月,兩軍齊

〔註506〕《國朝典彙》,《四庫全書存目叢書》史部第266冊,第711頁。
〔註507〕《蠻司合誌》,《中國少數民族古籍集成(漢文版)》第二冊,第235頁。
〔註508〕《明史稿》第七冊,第184頁。
〔註509〕《明史》卷三一七,清乾隆四年武英殿刻本,葉二四。參見《明史》,中華書局1974年,第8223頁。
〔註510〕《蠻司合誌》,《中國少數民族古籍集成(漢文版)》第二冊,第235頁。
〔註511〕《行邊紀聞》,《中華文史叢書》之二三,第485頁。
〔註512〕〔明〕郭文經:《平斷藤峽碑》,《粵西文載》,《景印文淵閣四庫全書》第1466冊,第457頁。
〔註513〕黃明光:《明史廣西土司傳續考》,《中央民族學院學報》1989年第4期,第37頁。
〔註514〕《國朝典彙》,《四庫全書存目叢書》史部第266冊,第711頁。

發，左軍三萬五千人，分六道，攻紫荊、石門、梅嶺、木昂、藤沖、大坑等巢。」〔註515〕皆作「木昂」。然當以比較原始之材料《行邊紀聞》、《平斷藤峽碑》為可信。《明史稿》作「木昂」〔註516〕者，其據《皇明大政紀》等書耶？而《明史》沿襲之。

（七六）追至羅連山，又斬百餘級〔註517〕。

舊考，中華書局：「追至羅運山。羅運山，原作『羅連山』，據本書卷二〇五《張經傳》、《炎徼紀聞》卷二、《行邊紀聞》頁三九改。」〔註518〕

今按，羅連山未必錯誤，不可妄改。辨證如下：

《蠻司合誌》作「羅運山」〔註519〕。更早之《行邊紀聞》卷二：「今東奔者已入羅運山矣。經、萬達遂移兵攻羅運，檄右軍抵長洲，沿江而東，繞出其背。」〔註520〕時人毛伯溫有《平斷藤峽記》，收入《毛襄懋先生文集》卷四，云：「東奔者已入羅運山矣。」〔註521〕《明史·張經傳》：「其東者遁入羅運山。」〔註522〕此皆作「羅運山」者。《行邊紀聞》及《平斷藤峽記》皆當時資料，且《明史》他處亦可佐證，似以「羅運山」無疑。許鴻磐《方輿考證》卷八八於潯州府桂平縣下云：「羅運山，在平南縣北七十里，為猺獞巢穴。」下引《明史·張經傳》，並云：「按《土司傳》作羅連山，或刊刻之誤。」〔註523〕歸結其致誤之由為刊刻之誤。

然鄒守愚《資善大夫兵部尚書東涯翁公萬達行狀》，收入《國朝獻徵錄》卷三九，云：「餘賊來奔入羅連山，公遂移兵就攻之，檄右軍，繞出其背。」〔註524〕《鴻猷錄》卷十五《再平蠻寇》：「其東奔者，入羅連山。萬達等移兵

〔註515〕《皇明大政紀》，《四庫全書存目叢書》史部第8冊，第691頁。
〔註516〕《明史稿》第七冊，第184頁。
〔註517〕《明史》卷三一七，清乾隆四年武英殿刻本，葉二四。參見《明史》，中華書局1974年，第8223頁。
〔註518〕《明史》，中華書局1974年，第8228頁。
〔註519〕《蠻司合誌》，《中國少數民族古籍集成（漢文版）》第二冊，第235頁。
〔註520〕《行邊紀聞》，《中華文史叢書》之二三，第487頁。
〔註521〕《毛襄懋先生文集》，《四庫全書存目叢書》集部第63冊，第267頁。
〔註522〕《明史》卷二〇五，清乾隆四年武英殿刻本，葉四。
〔註523〕〔清〕許鴻磐：《方輿考證》卷八八，濟寧潘氏華鑒閣民國七至二十一年刻本，葉三。
〔註524〕〔明〕鄒守愚：《資善大夫兵部尚書東涯翁公萬達行狀》，〔明〕焦竑：《國朝獻徵錄》，周駿富：《明代傳記叢刊》第110冊，臺灣明文書局1991年。第773頁。

攻羅連，檄右軍抵長洲，沿江繞出賊背。」〔註525〕《國朝典彙》：「復追至羅連山，又斬百餘級。」〔註526〕此皆作「羅連」。而《翁公萬達行狀》亦去當時不遠，翁萬達又是當事之人；《國朝典彙》此句上下文字與本傳大類，似與本傳有材料上的聯繫。是以，羅連山未必錯誤，不可妄改。

（七七）萬達等移兵剿之，招降賊黨二百餘人〔註527〕。

今考，二百餘人，當作「三百餘人」。辨證如下：

《蠻司合誌》作「三百二十人」〔註528〕。當事者田汝成《行邊紀聞》卷二：「會平南縣小田、羅應、古陶、古思諸猺弗靖，經、萬達復移兵勦之，斬首五十七級。先是，諸賊亦有依結良民而匿其妻子牛馬者。時部將獻策，欲搜捕。萬達曰，不可，殲餘孽而擾良民，此兵家謬計。吾且將留此，以耀示諸猺，使知良民之利，是堅其向化之心也。乃以三月庚寅班師，凡四十五日而畢役，招其餘黨三百二十人降之，而江南胡姓諸猺投順者千人，藤峽悉平。」〔註529〕作「三百二十人」。時人郭文經《平斷藤峽碑》，收入《粵西文載》，云：「會平南縣小田、羅應、羅鳳、古陶、古思諸猺亦弗靖，田、翁二君復移軍勦之，斬首五十七級。乃以三月庚寅班師，凡四十五日而畢事，降其餘黨四百人，而江南諸猺投順者千餘人。藤峽悉平。」〔註530〕作「四百人」者，當即是「三百二十人」之省稱。

《鴻猷錄》卷十五《再平蠻寇》：「會平南縣有小田、羅應、古陶、古思諸瑤亦據險弗靖，萬達等移兵勦之。三月班師，招賊餘黨二百餘人降之，江南胡姓諸瑤歸順者亦千餘人，藤峽諸瑤復平。」〔註531〕《國朝典彙》：「會平南縣有小田、羅應、古陶、古思諸猺，亦據險弗靖，萬達等移兵剿之。招降賊黨二百餘人，江南胡姓諸猺歸順者亦千餘人，藤峽復平。」〔註532〕此皆作「二百餘人」，或為《明史》所本。然《行邊紀聞》及《平斷藤峽碑》，皆更原始之

〔註525〕　《鴻猷錄》，第 353 頁。
〔註526〕　《國朝典彙》，《四庫全書存目叢書》史部第 266 冊，第 711 頁。
〔註527〕　《明史》卷三一七，清乾隆四年武英殿刻本，葉二四。參見《明史》，中華書局 1974 年，第 8223 頁。
〔註528〕　《蠻司合誌》，《中國少數民族古籍集成（漢文版）》第二冊，第 235 頁。
〔註529〕　《行邊紀聞》，《中華文史叢書》之二三，第 487、488 頁。
〔註530〕　〔明〕郭文經：《平斷藤峽碑》，《粵西文載》，《景印文淵閣四庫全書》第 1466 冊，第 457 頁。
〔註531〕　《鴻猷錄》，第 353 頁。
〔註532〕　《國朝典彙》，《四庫全書存目叢書》史部第 266 冊，第 711 頁。

材料，尤為可信。當從之作「三百餘人」。

（七八）隆慶三年，右江諸猺、獞復亂，巡撫郭應聘請給餉剿除。
給事中梁問孟以賊黨眾，不可盡滅，宜令守臣熟計。兵部
言：「府江自正德十二年都御史陳金征討之後，且六十年。
而右江北三、北五等巢，素未懲創，生齒日繁，遂肆猖獗。
頃者大征古田，各巢咸畏威斂戢，獨府江、右江恃險為亂，
若復縱之，非惟無以固八寨懷遠之招，亦恐以啟古田攜貳
之漸，剿之便。但兵在萬全，宜即以科臣所慮，備行提督
殷正茂及巡撫郭應聘等便宜行之。」應聘遂檄總兵官李錫
等將兵往討，以捷聞〔註533〕。

今考，此繫在隆慶三年，《明實錄》繫在隆慶六年，《（雍正）廣西通志》
據《舊志》繫在隆慶五年。辨證如下：

《明穆宗實錄》卷六九隆慶六年四月己卯條：「廣西府江右江諸猺獞復亂，
巡撫都御史郭應聘請給兵餉剿除之。兵科都給事中梁問孟以賊黨甚眾，不可
盡滅，宜令守臣熟計。兵部覆言，府江自正德十二年都御史陳經征討之後且
六十年，而右江北三、比五等巢，素未懲創，生齒日煩，遂肆猖獗。頃者大征
古田，各巢咸畏威斂戢，獨府江右江恃險為亂，若復縱之，非惟無以固八寨
懷遠之招，亦恐以啟古田攜二之漸。臣以為剿之便，但兵在萬全，宜即以科
臣所慮，備行兩廣提督侍郎殷正茂及廣西撫按郭應聘等相機行事，毋貽後患。
其調兵給餉諸務，悉聽便宜。上是之。」〔註534〕繫在隆慶六年。

《（雍正）廣西通志》據《舊志》云：「隆慶五年，廣西府江右江諸猺獞作
亂，巡撫郭應聘請給兵餉剿除之。給事中梁問孟以賊黨甚眾，不可盡滅，宜
令守臣熟計。兵部覆言，府江自正德十二年都御史陳金征討之後且六十年，
而右江北三、北五等巢，素未懲創，生齒日煩，遂肆猖獗。頃者大征古田，各
巢咸畏威斂戢，獨府江右江恃險為亂。若復縱之，非惟無以固八寨懷遠之招，
亦恐以啟古田攜貳之漸，剿之便。但兵在萬全，宜即以科臣所慮，備行提督
殷正茂及廣西撫按郭應聘等相機行事，毋貽後患。其調兵給餉諸務，悉聽便
宜。上是之。六年，府江猺復作亂，都御史郭應聘徵漢土官兵六萬討平之。又

〔註533〕《明史》卷三一七，清乾隆四年武英殿刻本，葉二四。參見《明史》，中華
　　　　書局1974年，第8223頁。
〔註534〕《明穆宗實錄》，第1669頁。

上善後之策，改土司，置參將，通水陸，處兵費，設縣治，分田糧六事。詔從之。」〔註535〕繫在隆慶五年。

又，郭應聘之討平，據上所引《（雍正）廣西通志》據《舊志》所云，在隆慶六年。《明神宗實錄》卷一○萬曆元年二月甲戌條：「廣西巡撫臣郭應聘奏報府江之捷，言府江猺獞恃險稔凶，肆行殺掠，兵備副使劉穩請調大兵剿滅。應聘等題奏，督各州司土官兵為四大哨，參將王世科統三峒哨，副使金柱監之；參將錢鳳翔統東岸哨，僉事夏道南監之；都司董龍、王承恩統西岸並水哨，副使鄭茂監之；以總兵官李錫為都統哨，居中調度。參政胡直總理糧賞，委各州縣等官分理諸務。清軍副使劉廷舉隨軍紀功。以隆慶六年十月按圖進剿，至今年正月，克破數十巢寨，擒斬楊錢甫等十首賊徒從四千六百六十七，俘獲賊屬四百四十人，牛馬二百三十三，器械二百一十九。兩粵之通途無梗，萬民之積憤已紓。效勞人員，乞敕覆議上，請用彰勸典，以勵人心。疏下兵部。」〔註536〕亦謂郭應聘之討平，在隆慶六年。又據《明穆宗實錄》卷六七隆慶六年閏二月辛巳條：「改鎮守福建總兵官署都督同知李錫鎮守廣西。」〔註537〕李錫隆慶六年閏二月始守廣西，故應聘檄李錫往討在六年閏二月之後無疑。是以，郭應聘之討平，在隆慶六年。

又識，本傳「陳金」，上所引《明穆宗實錄》卷六九隆慶六年四月己卯條〔註538〕，謂「陳經」。上所引《（雍正）廣西通志》據《舊志》所云〔註539〕，則謂「陳金」。當時材料，郭應聘《郭襄靖公遺集》卷一之《議征府江右江猺寇疏》：「府江自正德十二年該左都御史陳金請兵征討之後，至今幾六十年。而北三、北五諸猺，一向未經征剿，致各生齒日繁，猖獗日甚。」〔註540〕作「陳金」。以是知作「陳金」是。《明史稿》亦作「陳金」〔註541〕。若非今存各《明實錄》鈔本與修史館臣所據《明實錄》有異，則是《明史》刪採《實錄》之時作有意改訂者也。

〔註535〕〔清〕金鉷修，〔清〕錢元昌纂：《（雍正）廣西通志》，《景印文淵閣四庫全書》第 566 冊，臺灣商務印書館 1986 年，第 360 頁。
〔註536〕《明神宗實錄》，第 357 頁。
〔註537〕《明穆宗實錄》，第 1623 頁。
〔註538〕《明穆宗實錄》，第 1669 頁。
〔註539〕《（雍正）廣西通志》，《景印文淵閣四庫全書》第 566 冊，第 360 頁。
〔註540〕《郭襄靖公遺集》，《續修四庫全書》第 1349 冊，第 29 頁。
〔註541〕《明史稿》第七冊，第 184 頁。

南寧

（七九）泰定中，改南寧路〔註542〕。

今識，改南寧路，在泰定元年。辨證如下：

《元史·地理志》：「泰定元年，改為南寧路。」〔註543〕《大明一統志》：「泰定初，改為南寧路。」〔註544〕其改南寧路，在泰定元年，故《大明一統志》稱其為「泰定初」。此稱「泰定中」，以泰定年間理解則可，以泰定中期理解則非，為凡誤讀，故附識焉。

（八〇）洪武二年命潭州衛指揮同知丘廣為總兵官，寶慶衛指揮僉事胡海、廣西衛指揮僉事左君弼副之，率兵討左江上思州蠻賊黃龍冠等。龍冠一名英傑，時聚眾萬餘，寇鬱林州〔註545〕。

今考，龍冠，當作「龍關」。辨證如下：

本傳此句之取材，《明太祖實錄》卷四六洪武二年十月癸未條：「命潭州衛指揮同知丘廣為總兵官，寶慶衛指揮僉事胡海、廣西衛指揮僉事左君弼副之，率兵討左江上思州蠻賊黃龍關等。龍關，一名英傑，時聚眾萬餘，寇鬱林州，知州趙鑑、同知王彬集民丁拒守，賊攻圍半月不下。廣西海北等衛官軍來援，賊夜遁，追至上思州境，破之，賊走還，仍結聚不解。事聞，故命廣等討之。」〔註546〕作「龍關」。《國榷》卷三洪武二年十月癸未條：「命潭州衛指揮同知丘廣為總兵官，寶慶衛指揮僉事胡海、廣西衛指揮僉事左君弼副之，討左江上思州蠻黃龍關等。以龍關糾眾萬餘寇鬱林州也。」〔註547〕亦作「龍關」。

又檢地方資料。《（嘉靖）廣西通志》：「二年秋九月，上思州酋蠻黃龍關作亂，命潭州指揮同知丘廣為總兵官，寶慶衛指揮僉事胡海、廣西衛指揮僉事左君弼為副，率兵討之。龍關一名英傑。時聚眾萬餘寇鬱林，知州趙鑑、同知王彬集民丁拒之。夜追至上思州境，破之。賊仍糾聚。事聞，命廣致討，英

〔註542〕《明史》卷三一七，清乾隆四年武英殿刻本，葉二五。參見《明史》，中華書局1974年，第8224頁。

〔註543〕《元史》，第1532頁。

〔註544〕《大明一統志》，第1297頁。

〔註545〕《明史》卷三一七，清乾隆四年武英殿刻本，葉二五。參見《明史》，中華書局1974年，第8224頁。

〔註546〕《明太祖實錄》，第924頁。

〔註547〕《國榷》，第401頁。

傑逃十萬山七洞口，追之。英傑陣亡，弟英覽俘斬，餘悉撫定。」〔註548〕《（嘉靖）南寧府志》「國朝洪武二年秋，黃龍關（即英傑）作亂，寇鬱林，命潭州丘度為總兵官，率指揮胡海、左君弼等討之。龍關陣死，俘其弟英覽斬首，餘悉撫定。」〔註549〕按《南寧志》之「丘度」為「丘廣」之訛。此二志書皆作「龍關」，與《實錄》同。職是之故，當以「龍關」為是。

自《明史稿》已作「龍冠」〔註550〕，而「龍冠」兩見，不似無意訛誤。不識採錄《明實錄》時，何以改「龍關」為「龍冠」也。

（八一）又言：「廣海俗素獷戾，動相讎殺，蓋緣郡縣無兵以馭之。近盜寇鬱林，同知集民兵拒守，潯州經歷徐成祖亦以民兵千餘敗賊，是土兵未始不可用。乞令邊境郡縣輯民丁之壯者，置衣甲器械，籍之有司，有事則捕賊，無事則務農。」詔從之。遂置衛，益兵守禦，賞王彬、徐成祖等有功者〔註551〕。

今考，徐成祖，當作「徐承祖」。辨證如下：

本傳此句及其上文之取材，《明太祖實錄》卷五○洪武三年三月辛亥條：「置南寧、柳州二衛。時廣西行省臣言便宜三事……其三曰：『廣海之俗素獷戾，動相讎殺，因而為亂，則一方皆警，其始蓋緣郡縣無兵以制馭之故也。近羣盜轉攻鬱林州，同知王彬集民兵拒之，潯州經歷徐承祖亦以民兵千餘敗賊。由此言之，土兵未必不可用也，乞令廣西邊境郡縣長官輯民丁之壯者，置衣甲、器械，籍之于有司，有警用以捕賊，無事則俾之務農，如此非惟郡縣無養兵之費，而民實賴之以安也。』奏至，詔俱從之，遂設南寧、柳州二衛，益兵守禦。改慶遠安撫司為慶遠府，命莫天護赴京，賞同知王彬、經歷徐承祖以下有破賊功者。」〔註552〕作「徐承祖」。黃光昇《昭代典則》卷六之「置南寧柳州二衛」條，轉引《明太祖實錄》卷五○洪武三年三月辛亥條〔註553〕，作「徐承祖」〔註554〕。

〔註548〕《（嘉靖）廣西通志》卷五五，葉一。

〔註549〕〔明〕方瑜纂修：《（嘉靖）南寧府志》卷一一，明嘉靖四十三年刻本，葉一六。

〔註550〕《明史稿》第七冊，第185頁。

〔註551〕《明史》卷三一七，清乾隆四年武英殿刻本，葉二五。參見《明史》，中華書局1974年，第8224頁。

〔註552〕《明太祖實錄》，第982、983頁。

〔註553〕《明太祖實錄》，第982、983頁。

〔註554〕〔明〕黃光昇：《昭代典則》，《四庫全書存目叢書》史部第12冊，齊魯書社1996年，第314頁。

《（雍正）廣西通志》又引用之，作「徐承祖」，並題出自黃光昇之書。

本傳此句之「徐成祖」兩出。查《明史稿》，前一處作「徐成祖」，後一處作「徐承祖」〔註555〕。綜合上述材料考慮，知《明史稿》刪採《明實錄》時，前一處訛作「徐成祖」，後一處正作「徐承祖」。其後《明史》刪潤《明史稿》，見前後有異，乃以「徐成祖」統一之，反而致誤。職是之故，徐成祖，當作「徐承祖」。

（八二）南寧領州四。曰新寧，曰橫州，為流官。曰上思州，曰下雷州，為土官。縣三，曰宣化，曰隆化，曰永淳〔註556〕。

舊考，四庫館臣：「南寧領州四。曰新寧，曰橫州，為流官。曰上思州，曰下雷州，為土官。縣三，曰宣化，曰隆化，曰永淳。改『南寧領州七。曰新寧，橫州，為流官。歸德、果化、上思州、下雷州、忠州，為土官。縣三，宣化，隆安，永淳。』」〔註557〕

今按，四庫館臣之說，涉及兩個問題，一為『南寧領州四』，二為『隆化』為『隆安』之訛。

先說「南寧領州四」問題。中華書局點校本《校勘記》：「南寧領州四。本書卷四五《地理志》作領州七，橫州、新寧州、上思州、歸德州、果化州、忠州、下雷州。」〔註558〕《明史・地理志》：「南寧府。元南寧路。洪武元年為府。領州七，縣三。」〔註559〕其下述州七為橫州、新寧州、上思州、歸德州、果化州、忠州、下雷州，述縣三為宣化、隆安、永淳。是明代南寧府之最後狀態，其前則建制分合有變。試敘述之：

《大明清類天文分野之書》謂南寧府「親領縣二」，為宣化、武緣；又領州一，為橫州。橫州又「親領縣二」，一為永淳，一為寧浦。寧浦縣，元仍屬橫州，「本朝（明朝）併入橫州」〔註560〕，《（嘉靖）南寧府志》：「寧浦縣。寧浦為郡始於晉，而宋齊以下皆因之。厥後為郡為縣，代有紛更。至明始省入

〔註555〕《明史稿》第七冊，第185頁。
〔註556〕《明史》卷三一七，清乾隆四年武英殿刻本，葉二六。參見《明史》，中華書局1974年，第8225頁。
〔註557〕《明史考證攟逸》，《續修四庫全書》第294冊，第420頁。
〔註558〕《明史》，中華書局1974年，第8228頁。
〔註559〕《明史》，中華書局1974年，第1158頁。
〔註560〕《大明清類天文分野之書》，《續修四庫全書》第586冊，第265～267頁。

焉，開官職猶有存者，不可沒也，書之。」〔註561〕故南寧府此時實際領州縣情況為州一，縣三。《大明一統志》於「南寧府」下云：「本朝洪武初，改路為府，領州一縣三。」謂州一為橫州，縣三為宣化、武緣、永淳〔註562〕。謂此也。《大明清類天文分野之書》成書於洪武十七年，《大明一統志》成書於天順五年。此州一縣三是洪武至天順間之狀態。

《（嘉靖）廣西通志》於「南寧府圖經」下云：「領州三縣三。」謂州三為橫州、上思州、歸德州，縣三為宣化、武緣、永淳〔註563〕。《（嘉靖）廣西通志》修於嘉靖八至十年，此時已有變化，多出上思、歸德二州。「上思州。唐置，宋屬邕州□隆寨，元屬思明路，本朝因之。弘治十八年改屬南寧府。編戶三里」〔註564〕，「歸德州。宋熙寧中置，元屬田州路，本朝因之，弘治十八年改今屬。編戶一里」〔註565〕，皆弘治十八年來屬者。

《（嘉靖）南寧府志》：「皇明洪武元年，平章楊章、參政朱亮祖取左右兩江。十年政路為府，宣化、橫州、武緣、永淳屬焉。弘治十八年，上思、果化、歸德三州改附屬。上思原屬思明府，果化、歸德原屬田州府。嘉靖十二年，添設隆安縣。州四縣四，屬廣西布政使司，分屬左江道。」〔註566〕《（嘉靖）南寧府志》約成書於嘉靖四十三年，時州四縣四。增入之縣為隆安，嘉靖十二年添設。增入之州為果化，《南寧志》謂為弘治十八年，而《（嘉靖）廣西通志》於南寧府下不載，咄咄怪事。

《（萬曆）廣西通志》：「本朝改路為府，領宣化、武緣二縣，尋以潯之橫州及永淳屬焉。弘治間，改思明府之上思州為流，而田州之果化、歸德俱改隸焉。嘉靖間，增設隆安縣。隆慶間，增設新寧州，改思明府忠州屬焉。萬曆間，以武緣改屬思恩府，陞下雷峒為州。計領州三、縣三、羈縻州四。」〔註567〕《（萬曆）廣西通志》成書於萬曆二十七年，其時有州七縣三，與《明史·地理志》所載相同。增入之三州為新寧、忠州、下雷。減少之縣為武緣。新寧、忠州為隆慶間增設，下雷為萬曆間所陞。武緣為萬曆間改屬思恩府。

〔註561〕《（嘉靖）南寧府志》卷六，葉二六。
〔註562〕《大明一統志》，第1297頁。
〔註563〕《（嘉靖）廣西通志》卷一，葉二五至二七。
〔註564〕《（嘉靖）廣西通志》卷一，葉二六。
〔註565〕《（嘉靖）廣西通志》卷一，葉二六。
〔註566〕《（嘉靖）南寧府志》卷一，葉二。
〔註567〕《（萬曆）廣西通志》，《明代方志選（六）》，第63頁。

　　《（萬曆）廣西通志》亦以果化在弘治間增入南寧府，與《（嘉靖）南寧府志》所謂之弘治十八年合。而修於嘉靖八至十年之《（嘉靖）廣西通志》於南寧府下缺記，其卷五十於田州下云：「果化州。今隸南寧府。」〔註568〕殊為奇怪。檢《明世宗實錄》卷一二〇嘉靖九年十二月辛巳條：「詔改廣西果化州，隸南寧府管轄。果化原屬田州府，至是田州府降為州，故命改隸。」〔註569〕故《明史・地理志》云：「果化州。元屬田州路。洪武二年屬田州府。嘉靖九年十二月來屬。」〔註570〕當以嘉靖九年十二月果化來屬為是，故修於嘉靖八至十年之《（嘉靖）廣西通志》於南寧府下缺記，卷五十於田州下又云：「果化州。今隸南寧府。」〔註571〕蓋修書已半，未遑修改矣。

　　據《明史・地理志》，新寧為隆慶六年所置，武緣為萬曆五年改屬思恩府，下雷為萬曆十八年陞為州〔註572〕。與《（萬曆）廣西通志》合。唯忠州來屬之時間，二書有異，《明史・地理志》謂：「萬曆三年九月來屬。」〔註573〕《（萬曆）廣西通志》：「隆慶間，增設新寧州，改思明府忠州屬焉。」〔註574〕繫於隆慶間。檢《明神宗實錄》卷四二萬曆三年九月丁未條：「先時廣西忠州原隸思明府，因歷年仇殺，議改直隸布政司。土官黃賢相遂恣肆作孽，為害地方。提督兩廣殷正茂具奏，忠州宜就近改屬南寧府，庶便制馭。部覆如議行。」〔註575〕似當以萬曆三年為是。

　　要之，入明以後，南寧府領州一縣三，橫州，宣化、武緣、永淳。至弘治十八年，增入上思、歸德二州，為州三縣三。至嘉靖九年十二月，果化州來屬，為州四縣三。至嘉靖十二年，添設隆安縣，為州四縣四。至隆慶、萬曆間，增設新寧、忠州、下雷州，改武緣縣屬思恩府，遂為州七縣三。

　　再說，「隆化」為「隆安」之訛。理由如下：

　　《明史・地理志》：「南寧府。元南寧路。洪武元年為府。領州七，縣三。」〔註576〕其下述縣三為宣化、隆安、永淳。《（嘉靖）南寧府志》：「嘉靖十二年，

〔註568〕《（嘉靖）廣西通志》卷五〇，葉七。
〔註569〕《明世宗實錄》，第2872頁。
〔註570〕《明史》，中華書局1974年，第1160頁。
〔註571〕《（嘉靖）廣西通志》卷五〇，葉七。
〔註572〕《明史》，中華書局1974年，第1159～1161頁。
〔註573〕《明史》，中華書局1974年，第1160頁。
〔註574〕《（萬曆）廣西通志》，《明代方志選（六）》，第63頁。
〔註575〕《明神宗實錄》，第954頁。
〔註576〕《明史》，中華書局1974年，第1158頁。

添設隆安縣。」〔註577〕《（萬曆）廣西通志》：「嘉靖間，增設隆安縣。」〔註578〕皆作「隆安」。以是知，當作「隆安」。此作「隆化」誤。

（八三）洪武二年，土官趙榮歸附，授世襲知州，以流官吏目佐之〔註579〕。

今考，「趙榮」或為「趙永全」之誤。辨證如下：

胡起望判定「土官趙榮應係土官趙永全之誤」〔註580〕，乃據《土官底簿》及《（嘉慶）廣西通志》之記載。檢《土官底簿》：「果化州知州。趙永全，本州籍，洪武二年授知州。故，男趙榮宗二十六年襲。永樂四年，隨兵征進，被藥箭傷，不能行動。男趙英，永樂七年八月奉令旨，准他襲職，敬此。趙英被賊藥弩箭射傷，不能管事。男趙勉告替。」〔註581〕謂洪武二年授知州的是趙永全。然《（雍正）廣西通志》卷六一據《舊志》云：「明洪武二年，知州趙榮（《土官底簿》作趙永全）歸附，仍舊職。榮死，傳子榮宗。永樂中隨征交阯，死難。子英襲，亦死於難。子勉襲。」〔註582〕則以為趙永全又名趙榮，與子榮宗並非一人。不知《（雍正）廣西通志》所據《舊志》為何。《（萬曆）廣西通志》：「洪武二年，土官趙榮歸附，授世襲知州，以流官吏目佐之。榮故，子英襲。英故，子勉襲。」〔註583〕對照《土官底簿》之世系，似誤趙榮宗為趙榮，又以趙榮為始授知州者。存疑待考。

（八四）弘治間，州與歸德皆為田州所侵削，因改隸於南寧〔註584〕。

今考，果化改隸南寧，當在嘉靖九年十二月。辨證如下：

此云弘治間者，係抄錄自《（萬曆）廣西通志·左江土官》：「弘治間，為田州所侵削，因改隸南寧府。」〔註585〕《（萬曆）廣西通志》成書於萬曆二十七年。又云：「弘治間，改思明府之上思州為流，而田州之果化、歸德俱改隸

〔註577〕《（嘉靖）南寧府志》卷一，葉二。
〔註578〕《（萬曆）廣西通志》，《明代方志選（六）》，第63頁。
〔註579〕《明史》卷三一七，清乾隆四年武英殿刻本，葉二六。參見《明史》，中華書局1974年，第8225頁。
〔註580〕胡起望：《明史廣西土司傳校補》，《民族研究》，1979年第2期，第47頁。
〔註581〕《土官底簿》，《景印文淵閣四庫全書》第599冊，第389頁。
〔註582〕《（雍正）廣西通志》，《景印文淵閣四庫全書》第567冊，第708頁。
〔註583〕《（萬曆）廣西通志》，《明代方志選（六）》，第637頁。
〔註584〕《明史》卷三一七，清乾隆四年武英殿刻本，葉二六。參見《明史》，中華書局1974年，第8226頁。
〔註585〕《（萬曆）廣西通志》，《明代方志選（六）》，第637頁。

焉。嘉靖間，增設隆安縣。」〔註586〕約成書於嘉靖四十三年之《（嘉靖）南寧府志》：「弘治十八年，上思、果化、歸德三州改附屬。」〔註587〕以果化在弘治十八年增入南寧府，與《（萬曆）廣西通志》所謂之弘治間合。

檢《（嘉靖）廣西通志》於「南寧府圖經」下云：「領州三縣三。」謂州三為橫州、上思州、歸德州，縣三為宣化、武緣、永淳〔註588〕。「上思州。唐置，宋屬邕州□隆寨，元屬思明路，本朝因之。弘治十八年改屬南寧府。編戶三里」〔註589〕，「歸德州。宋熙寧中置，元屬田州路，本朝因之，弘治十八年改今屬。編戶一里」〔註590〕，皆弘治十八年來屬者。未言及果化州。其卷五十於田州下云：「果化州。今隸南寧府。」〔註591〕又云果化州隸南寧。

《（嘉靖）廣西通志》修於嘉靖八至十年。若依《（嘉靖）南寧府志》與《（萬曆）廣西通志》之說，果化於弘治十八年增入南寧府，則《（嘉靖）廣西通志》於南寧府下言及弘治十八年增入之上思、歸德二州時，當言及之。以此知《（嘉靖）南寧府志》與《（萬曆）廣西通志》之說不確。而《（嘉靖）廣西通志》卷五○又於田州下云：「果化州。今隸南寧府。」〔註592〕當是果化之改隸，在修書期間，故已書寫者未遑改訂，未書寫處只能補充說明，成此前後不一之現象。

檢《明世宗實錄》卷一二○嘉靖九年十二月辛巳條：「詔改廣西果化州，隸南寧府管轄。果化原屬田州府，至是田州府降為州，故命改隸。」〔註593〕故《明史‧地理志》云：「果化州。元屬田州路。洪武二年屬田州府。嘉靖九年十二月來屬。」〔註594〕可以解釋《（嘉靖）廣西通志》前後不一之現象。故當以嘉靖九年十二月果化來屬為是。黃明光曾論及之〔註595〕。

〔註586〕《（萬曆）廣西通志》，《明代方志選（六）》，第63頁。
〔註587〕《（嘉靖）南寧府志》卷一，葉二。
〔註588〕《（嘉靖）廣西通志》卷一，葉二五至二七。
〔註589〕《（嘉靖）廣西通志》卷一，葉二六。
〔註590〕《（嘉靖）廣西通志》卷一，葉二六。
〔註591〕《（嘉靖）廣西通志》卷五○，葉七。
〔註592〕《（嘉靖）廣西通志》卷五○，葉七。
〔註593〕《明世宗實錄》，第2872頁。
〔註594〕《明史》，中華書局1974年，第1160頁。
〔註595〕黃明光：《明史廣西土司傳論說》，《廣西民族研究》1988年第2期，第78頁。

（八五）弘治十八年改流官，屬南寧府〔註596〕。

今考，《明實錄》繫在弘治十七年十二月。辨證如下：

《（嘉靖）廣西通志》於「南寧府圖經」下云：「上思州。唐置，宋屬邕州□隆寨，元屬思明路，本朝因之。弘治十八年改屬南寧府。編戶三里。」〔註597〕《（嘉靖）南寧府志》：「弘治十八年，上思、果化、歸德三州改附屬。上思原屬思明府，果化、歸德原屬田州府。」〔註598〕《明史·地理志》：「弘治十八年來屬。」〔註599〕俱繫在弘治十八年。今檢《明孝宗實錄》卷二一九弘治十七年十二月己巳條：「改廣西思明府上思州土官為流官，徙州治於舊治之東，隸南寧府。從總督都御史潘蕃等奏『土官知州爭奪，族絕』也。」〔註600〕繫在弘治十七年十二月。蓋弘治十七年十二月為朝廷發佈命令之時間，而弘治十八年為地方上真正實施之時間。

（八六）正德六年，土目黃鎦聚眾攻城，都御史林廷選捕之，下獄。已，越獄復叛，官軍禦之，詐降，攻破州城，復捕獲之，伏誅〔註601〕。

今考，黃鎦，當作「黃鏐」。辨證如下：

《明世宗實錄》卷一七嘉靖元年八月戊子條：「廣西上思州，舊為土官治所，中更設流官，故土人常為亂。夷目黃鏐等聚眾攻州，欲奪其印，都御史林廷選捕鏐，下潯州府獄。已而越獄，復率眾攻州，官軍禦之，乃詐降。副總兵張祐不為備。四月，鏐復攻破州城，守臣走。都禦史張嵿等以狀聞，並陳督兵會剿之策，兵部覆議，報可。仍命巡按御史查先年，致鏐縱脫者，逮問治罪。」〔註602〕《明世宗實錄》卷二〇嘉靖元年十一月辛亥條：「廣西思明賊黃鏐等伏誅，總督鎮巡官以捷聞。上命賞張嵿及鎮守太監韓慶、總兵朱麒、巡按御史張鉞銀幣有差。土官男黃廷寶先助賊攻城，後擒鏐自贖，得旨免罪，仍給

〔註596〕《明史》卷三一七，清乾隆四年武英殿刻本，葉二六。參見《明史》，中華書局1974年，第8226頁。
〔註597〕《（嘉靖）廣西通志》卷一，葉二六。
〔註598〕《（嘉靖）南寧府志》卷一，葉二。
〔註599〕《明史》，中華書局1974年，第1159頁。
〔註600〕《明孝宗實錄》，第4121頁。
〔註601〕《明史》卷三一七，清乾隆四年武英殿刻本，葉二六。參見《明史》，中華書局1974年，第8226頁。
〔註602〕《明世宗實錄》，第523、524頁。

冠帶犒賞。」〔註603〕皆作「黃鏐」。《國朝列卿紀》於《張嶽傳》云：「時上思州土官黃鏐僭號不臣久矣。」〔註604〕亦作「黃鏐」。故知當作「黃鏐」，此作「黃鎦」誤。黃明光曾論及之〔註605〕。

至於黃〔鏐〕（鎦）攻城，林廷選捕之，本傳此句云是「正德六年」，《明世宗實錄》置於嘉靖元年條目下，似有不同。檢《國朝列卿紀》卷六三：「林廷選，字舜舉，福建福州府長樂縣人。成化辛丑進士，擢監察御史。累官□□布政。正德四年陞南京大理寺卿。本年陞總督兩廣右都御史。九年陞南京工部尚書。十年致仕。」〔註606〕則嘉靖元年不得捕黃鏐。以是知《明世宗實錄》置於嘉靖元年條目下者，係追述其事。仍當以正德六年為是。

（八七）萬曆十八年以地逼交南，奏陞為州，頒印，授宗蔭子應珪為土判官，流官吏目佐之〔註607〕。

舊考，「吏目佐之」下庫本有「忠州，宋始置，屬邕州左江道。元屬思明路。明初屬思明府。隆慶三年改屬南寧府」三十一字。

今按，上文庫本改「南寧領州四」為「南寧領州七」，土官之州唯「忠州」未詳敘，故此處補敘之。唯忠州來屬之時間，《（萬曆）廣西通志》云：「隆慶間，增設新寧州，改思明府忠州屬焉。」〔註608〕繫於隆慶間，與庫本所改同。然《明史·地理志》謂：「萬曆三年九月來屬。」〔註609〕檢《明神宗實錄》卷四二萬曆三年九月丁未條：「先時廣西忠州原隸思明府，因歷年仇殺，議改直隸布政司。土官黃賢相遂恣肆作孽，為害地方。提督兩廣殷正茂具奏，忠州宜就近改屬南寧府，庶便制馭。部覆如議行。」〔註610〕《郭襄靖公遺集》卷四有《議忠州改屬南寧疏》：「查得忠州原屬思明，繼改隸廣西布政司，後因土官黃賢相多年叛亂，錢糧不解，征兵不出，專一劫奪，啟釁地方。隆慶三年擒獲監。故該本府議呈分巡道霍僉事轉詳定屬本府，備行忠州遵照外，就據

〔註603〕 《明世宗實錄》，第 579、580 頁。
〔註604〕 《國朝列卿紀》，《四庫全書存目叢書》史部第 93 冊，第 730 頁。
〔註605〕 黃明光：《明史廣西土司傳續考》，《中央民族學院學報》1989 年第 4 期，第 36 頁。
〔註606〕 《國朝列卿紀》，《四庫全書存目叢書》史部第 93 冊，第 721 頁。
〔註607〕 《明史》卷三一七，清乾隆四年武英殿刻本，葉二七。參見《明史》，中華書局 1974 年，第 8226 頁。
〔註608〕 《（萬曆）廣西通志》，《明代方志選（六）》，第 63 頁。
〔註609〕 《明史》，中華書局 1974 年，第 1160 頁。
〔註610〕 《明神宗實錄》，第 954 頁。

該州管事官男黃有瀚申解。隆慶三年、四年分糧銀共一百六十八兩，到府交納訖。今又告要直隸布政司。緣黃賢相冒稱直隸，得以抗衡鄰境，恣肆暴虐，殺掠無忌。是以議屬南寧，便於控制……該臣會同提督兩廣軍務兼理糧餉兵部尚書兼都察院右副都御史殷正茂、巡按廣西監察御史李采菲議……伏乞聖明軫念邊方，勑下該部，再加查議，合無將忠州就近改屬南寧府，該州兵糧徵輸等項悉由督理。」〔註611〕則忠州正式改屬南寧府在隆慶三年、四年之後。當以《實錄》所記萬曆三年為是。

〔註611〕《郭襄靖公遺集》，《續修四庫全書》第 1349 冊，第 96、97 頁。